教育心理学の神話を問い直す

内発的動機づけと
Intrinsic Motivation
自律的動機づけ
Autonomous Motivation

速水敏彦
Toshihiko Hayamizu

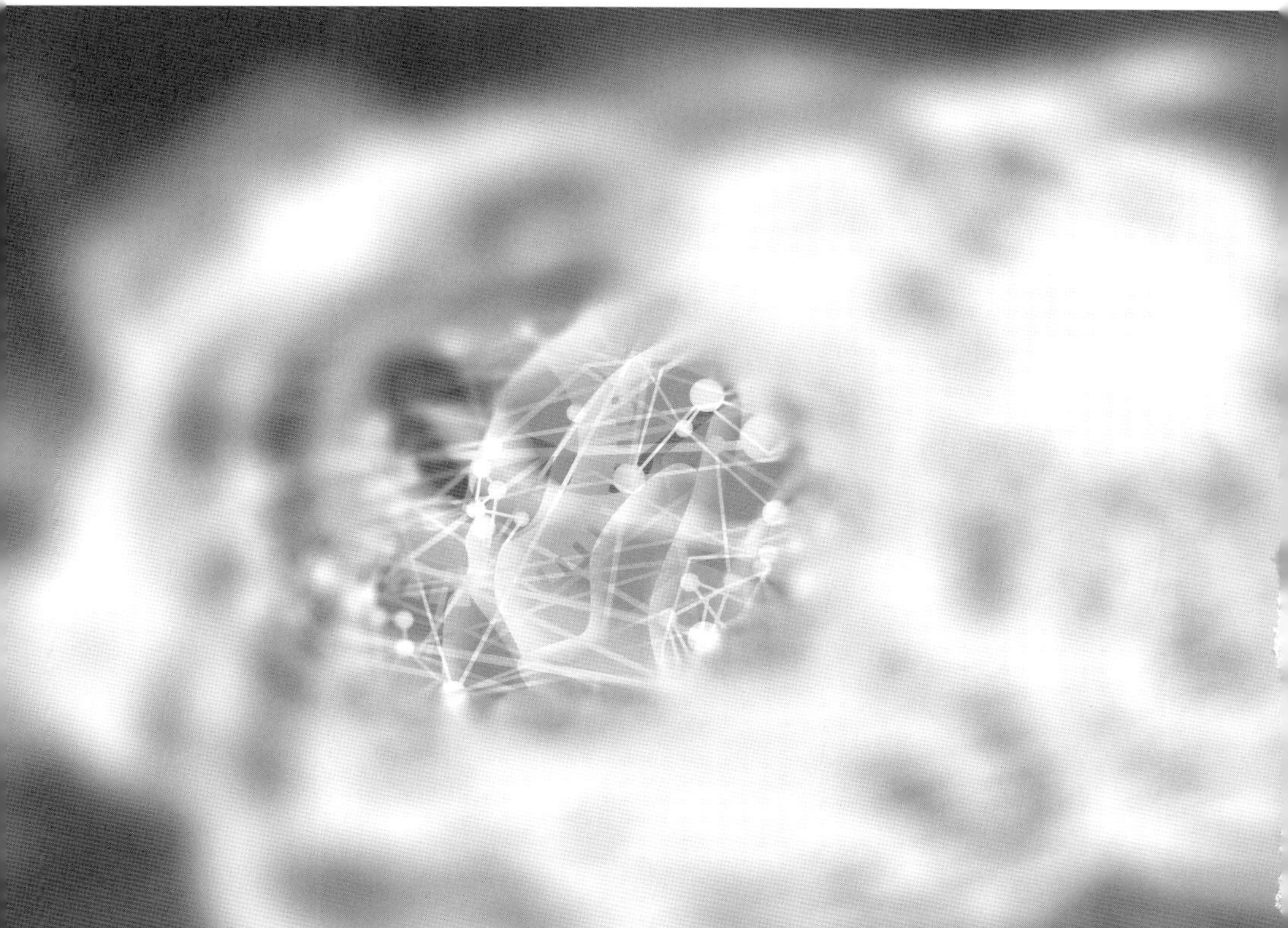

金子書房

はじめに

本書が出版される頃は、華やかに新たな元号の時代を迎えているはずである。しかし、現在、私の大学での研究生活は年齢的にみて、第四コーナーを回った時点にさしかかっていることはまちがいない。そして、今振り返ると時だけがいたずらに流れ去り、自分が学術的に何を残せたかを考えると忸怩たるものがある。それでも二年ほど前から、細々ながらこれまで研究してきた証を何らかの形にしたいと思い立った。とはいっても年齢とともにますます不勉強になり、最近の新たな心理学的知見を吸収できていない。結局、何年か前に取り組んだことで、まだ気にかかっていることについて少しでもデータを集めて検討しようという結論に至った。

私はもともと融通性のない人間なので、学生時代に取り組んだ動機づけ研究を職に就いてからもずっと続けてきた。しかし、今になっても研究を重ねた五〇年余りの間に、人間の動機づけの有様がくっきりと見えてきたとはいいがたい。一つの山を登ろうとは志したが、確実に上ったという実感はつかめていない。いや、時々、老化に伴い、下っているような気がして不安になる。

しかし、上るにしろ、下るにしろ歩いてきたことは確かで、どちらの方向に行ったらよいか迷って何日か、いや何年か足踏みしていた箇所は今でも覚えている。そこで、以前に足が止まった場所のいくつかに戻ってもう一度、歩き直してみることにした。

自己決定理論に取り組んだ時代があり、その時、解決できないままになっている問題のいくつかに焦点を当てて、直接データ収集をして検討し、文献も読み加え、自己決定理論そのものに新たな光を当てることで、少しは役立ち、研究者として僅かながらでも上る実感を味わえるかもしれない。このような意図で本書を作成した。

本書は教育心理学の専門家だけでなく一般の教育に携わる方々にも手に取っていただきたいと願っている。そのため、本文では相関程度のものは数値を直接示しているが、それ以上の統計処理はできるだけ簡単に、わかりやすく表記したつもりである。ただし、専門家の方にはその詳細な計算結果もわかっていただけるように資料にまとめている。一般の方には本文だけ読んでいただければ、大方ご理解いただけると思っている。これが本書の第一の特徴といえる。第二の特徴は本の読み書き自体、動機づけが必要で最後まで動機づけを切らさず読み進めていただく工夫をした点である。筆者自身、この著書の作成にあたって何度も休憩を入れ、他の人の意見を聞いたりして動機づけを持続してきた。読者の方には最後まで何とか読んでいただけるようにとそれぞれの章末に、動機づけ研究に関連した随想とその随想の内容を象徴するような言葉を毛筆で書いたものを入れた。随想は必ずしもその章の内容とは連鎖していないし、動機づけと直接関係しないものも含まれているが、私なりには動機づけ研究の日々の中で心に引っかかったことである。また、自分がこれまで他の方々が書かれた随筆などを読んで研究のアイデアが閃いた経験があったことも研究随想を挿入した意図の一つである。読者の方には、雑文を読んで一度背伸びをし、一息入れていただくことで、次の章にまた進んでいただけるのではないかと思っている。さらに、書〈書といえないかもしれないが……〉を掲げているが、私は特に専門的に書の道を究めているわけではない。それどころか全くの素人といってよい。ただ、高校時代、常に内発的動機づけで取り組んだ唯一の授業が書道の時間だった。この書はできるだけ、文字の意味が字の形態に表れるよう工夫し、その文字が本来の音や意味を伝えられる範囲で勝手に変形させてみた。本書の原稿を書く途中途中で、このような書を書いて研究室の壁にベタベタ貼って嬉々としていた。従ってこちらは自分自身を動機づける役割の方が大きかったかもしれないが、筆者の道楽と思って眺めて、一笑し、次に進んでほしい。

内容的には、実証的データを踏まえているとはいえ、かなり独断と偏見に満ちたものだということは承知している。膨大なデータを踏まえているわけではないのでサンプルの偏りから生じた結果も混入しているかもしれない。さらに統計的処理についても最新の手法でなく自分が納得できる一昔前の手法を使用しているので十分なものでない。しかし、提案からかなり時を経て、あたりまえのように何の疑いもなく利用してきた自己決定理論を見直すきっかけになったり、教育現場でどのような立ち位置で子どもたちを動機づけるのがよいか迷っておられる先生方に何らかの示唆を与えることができるのではないかと考えている。

本書の作成にあたっては実はかつて大学院指導生や研究生だった人たちから多くの助けを得た。実際、何人かは、現在も自己決定理論に関わる仕事も続けていて、何年かブランクがある私より、いつの間にかずっと先を歩いていた。その人たちから新しい動向や文献を教えられ、私が慌てて加筆した箇所も多い。名前は省略するが、その人たちのサポートがなければこの書物は完成できなかった。

また、金子書房の岩城亮太郎氏は私のわがままな本の構想を受容していただき、作成から完成まで、ほぼ毎月、励ましのメールをいただいた。

他にも多くの方々のご協力、ご支援を受け本著が日の目を見ることになった。記して深く感謝申し上げる。

平成三十一年　三月

目次

第二部　心を測り直す

第三部　これからを描く

第一部

これまでを疑う

第1章　学習動機づけを考える

1節　内発的動機づけの時代

1　ロングセラー『知的好奇心』

多くの教育者，研究者が「内発的動機づけ」という言葉に初めて接したのは一九七三年に中公新書として発行された波多野誼余夫・稲垣佳世子著の『知的好奇心』という本を通してではなかろうか。筆者が大学院時代のことだが，ずいぶん興奮して読んだ記憶がある。この本は，たちまちベストセラーになり，毎日出版文化賞特別賞も受賞した。実は今でも版を重ねて読み継がれており，典型的なロングセラーともいえる。そしてこの本のカバーの裏には次のように書かれている。「伝統的な心理学の理論は、人間を『ムチとニンジン』がなければ学習も労働もしない怠けもの、とみなしてきた。それは果たして正しいか。本書は、興味深い実験の数々を紹介しつつ、人間は生まれつき、進んで情報的交渉を求める旺盛な知的好奇心を持ち、それこそが人間らしく生きる原動力であることを実証し、怠けもの説に基づく従来の学習観・労働観を鋭く批判する。特に楽しい学習の設計・幼児の知的教育の可能性を具体的に追究する。」

それまで、教員の免許取得に必修の科目である教育心理学の「動機づけ」や「学習意欲」の章や節にも「内発的動機づけ」という概念は全く記されておらず、賞罰をどのように与えるかの話が主であったが、この頃を境に動機づけの中心的な概念として登場し、やがて主役の地位を獲得する。

この本が教育界に果たした役割は単に学習意欲の考え方を提示したというだけでなく、児童・生徒の授業中のあり方を、教師の授業に静かに耳を傾けることをよしとする受け身的存在から、主体的、能動的に学習しようとする存在へと押し上げたともいえる。その後、今日まで、内発的動機づけの基本的な考え方は日本の教育界では変わることなく続いており、教師が授業を計画する際の最も基本的な勘案すべき観点の一つとなっているといえよう。

特に最近では大学教育においては「アクティブ・ラーニング」という言葉が盛んに用いられるようになった。アクティブ・ラーニングとは主体的に問題を発見し、問題が存在する場で体験を蓄積したり調べたりして、その結果をもちよりグループ・ディスカッションし問題解決を図るような能動的な学修（最近では特に大学での学習をこのように表記する場合が多い）のあり方である。また、二〇一七年二月に公示された小・中学校の学習指導要領改訂案においては定義が曖昧な外来語は法令には適さないとの理由から「アクティブ・ラーニング」という言葉は使われていないもののそれに相当する「主体的・対話的で深い学び」という言葉を用いてこれからの学習（学修）のあり方が示されている。このような教育方法の改革の背景には波多野氏らが述べた人間は怠けものでない、能動的存在だという考えが今も息づいているように思われる。さらにこの方法は生徒の内発的動機づけの前提なしにはできないし、このような学びを通して内発的動機づけの育成も図られるとみることができる。

ただ、一方で確かに「内発的動機づけ」による授業は多くの教師の理想であったが、これまでにその概念を尊重した授業が相当長い間展開されていながら、確かな効果があがったかといえば残念ながらそうとはいいがたい。もし、そうであれば、昔に比べて現在の児童・生徒の学習意欲が飛躍的に高まっているはずである。市川（二〇〇三）によれば、藤沢市が中学三年生を対象に一九六五年から二〇〇〇年まで五年ごとに行った調査で「もっと勉強したい」と回答した子どもの割合は六五％から二四％まで激減しているという。

2　内発的動機づけが滲透した時代背景

一九七〇年代、団塊の世代の人たちが二〇代半ばとなり、日本の経済は上昇気流に乗って日本全国津々浦々まで活気にあふれていた。学校基本調査年次統計によれば、高校への進学率も一九五〇年代にはまだ、ほぼ五割程度であったが、一九七〇年代には急速に伸び、九割を超えている。大学等の高等教育機関への進学率も二割以上と急上昇している。これは六〇年代に日本が戦後の復興をほぼ完了し、七〇年代には高度経済成長の道をひた走ったという史実と対応している。

一方、この世の中の急激な変化の中で教育にも様々な問題が噴出してきた。戦後の教育は民主主義を旗印にしていたが、その内実は大きなズレがあり、まだ戦前のような意識を持った教師も数多く、上意下達的な統制の強い管理教育が続けられている学校も少なくなかった。そういう中で経済的には豊かになり、多くの子どもたちが名門高校や大学を目指し受験戦争に明け暮れるようになり、子どもたちの心にも歪みが生じてきた。「受験地獄」という言葉が流布して、詰め込み教育が子どもたちの持つ本来の柔軟な思考力や創造力を抑制し、侵食していると指摘された。さらに、学習についていけない「落ちこぼれ」が増殖し、それがきっかけとなって「不登校」「校内暴力」「暴走族」「非行」などの問題行動が露になってきた。そのような教育の流れの中で子どもの主体性を重んじ、子どもを信頼に足るものとして位置づける「内発的動機づけ」の考え方の登場はその後の教育を展望するうえでの貴重な光であったように思われる。

一九八〇年代になると中曽根内閣が発足し、主要政策として教育改革を掲げ、諮問機関として「臨時教育審議会」をたちあげた。そして、今後の教育改革の基本方針として①個性重視の原則、②生涯学習体系への移行、③国際化、情報化など変化への対応などを提案した。人間を、内発的動機づけを有するものとして捉える見方はこのような政府の基本方針にも沿うものと考えることができる。個性を重視した教育をするためには外部から方向づけるような動機づけの仕方でなく、本人自身のなかに湧き上がる動機づけこそ大切である。いつでもどこでも学べるという生涯学習もまた、自発的な内発的動機づけを前提とした学習である。さらに、国際化、情報化という現代的変化に対しても能動的に関わり、自ら情報を発信していくことが重要で、本来的に自ら学ぶ動機づけを有していることを前提としていよう。

3 「生きる力」と「ゆとり」

文部省の中央教育審議会（一九九六）は「21世紀を展望した我が国の教育の在り方について」で、これからの変化が激しい先行き不透明な時代を生きる子どもたちには①自分で課題を見つけ、自ら学び、自ら考え、主体的に判断し、行動し、よりよく問題を解決する資質や能力、②自らを律しつつ、他人とともに協調し、他人を思いやる心や感動する心など、豊かな人間性、③たくましく生きるための健康や体力、が肝要だと指摘した。そして、①から③のようなものを総称して「生きる力」と呼び、子どもの生きる力を育てるためには、学校、家庭、地域社会全体が連携して教育していく必要があり、その育てる側にも「ゆとり」が大切であるとした。「生きる力」と「ゆとり」は二つの世紀を跨ぐ頃、日本の教育改革を支える重要なキーワードであった。「ゆとり」教育が目にみえるかたちで実行されたのは学校週五日制の実施であり、学校生活に「ゆとり」をもたせるために授業時間数も縮減させた。戦後五〇年ほどが経ち、さすがに管理教育的な側面は影が薄くなり、この頃から実質的に子どもの「内発的動機づけ」を信頼した教育が展開されるようになったといえる。

また、同じ九〇年代から実施された「総合的な学習の時間」は各教科の壁を越えて子ども自らの創造力を駆使して国際理解、環境教育、情報教育などを総合的に学ぶものであるが、このような学習活動も子どもの「内発的動機づけ」が前提となって考えられたものといえよう。かつて私が関わっていたある国立大学附属中・高等学校は総合的な学習の時間の先進校であった（その学校ではその学習活動を総合人間科と呼んでいた）が、その授業では他の授業に比べて生徒たちは生き生きと活動していた。そして、私たちの調査（速水ら、一九九七）では総合人間科は他の教科に比べて、例えば「疑問点を自分で調べるのに役立つ」という項目に対して、中学一年生から高校三年生まで全ての学年で、最も肯定率が高かった。明らかに内発的動機づけが高まる教科であった。

4　学力の問い直し

だが一方で「ゆとり教育」に対する批判はそれを推進する二〇〇二年版学習指導要領が実施される前から始まっていた。大学生でも分数の計算ができないといった基礎学力の低下を嘆く声も聴かれた。二〇〇〇年から三年おきに実施されているOECDの学習到達度調査（PISA）でも日本の高校生の学力は当初に比べて一定の低下傾向がみられた。これは外からの子どもの勉強への圧力を弱め、彼らの内発的動機づけを過信した結果といえなくもない。

その後、ゆとり教育から少し距離をおいた「確かな学力」観の提唱や、授業時間数の増大などによってPISAの成績も回復傾向にある。しかし、だからといって教育界で「内発的動機づけ」の価値が低下したわけではない。現在も教育は子どもに強制することでなく、子どもが本来有している「内発的動機づけ」を喚起するようなしかけをつくることだという認識が教師たちに広く行き渡っている。

さて、二〇一七年には次期学習指導要領が告示され、①知識・技能、②思考力・判断力・表現力、③学びに向かう力・人間性等、という三本柱を立てて「学びを通してどのような力をつけるか」という視点から教科の目標や学習内容が整理して示された。そして先にも述べた「主体的・対話的で深い学び」を通して生きる力を育むという基本理念を実現するという。「生きる力」という言葉は、人間の本質を支えるものであり、内発的動機づけの成長を予期させる。だが、この学習指導要領ではこれまでに重視されてこなかった小学校英語教育の教科化（五年生以上。併せて外国語活動を三年生、四年生対象に早期化）やプログラミング教育の必修化も盛り込まれ、それゆえ授業数の増加が生じることになる。それはさらなる「脱ゆとり」を実行することでもある。そのような中で内発的動機づけは十分機能するのかと疑念を抱く教育者たちも少なくない。

5　悪者扱いされる外発的動機づけの真の姿

ところで、内発的動機づけという概念が登場するまで教育界に君臨してきたアメとムチによる教育を支えた外発的動機づけはその後どのような歩みをしてきたのだろうか。これまで、内発的動機づけと外発的動機づけについて明確な定義もせず話を進めてきたが、ここでいう内発的動機づけと外発的動機づけの最も典型的な区別は前者が目的的行動の背景にある動機づけ、後者が手段的行動の背景にある動機づけという点にあるといえよう。つまり、あることをやること自体が目的で行っている場合は内発的動機づけが存在することになり、現在やっていることはあくまで手段であれば、外発的動機づけが存在すると考える。従って、勉強すること自体が楽しくやっていれば内発的動機づけで動いていることになるし、受験に合格するためや、ほめてもらいたくて勉強していれば外発的動機づけが機能していることになる。

外発的動機づけにとって不幸だったのは内発的動機づけの概念の登場によって主役の座を奪われただけでなく、罪悪的なものとして位置づけられるようになったことである。すなわち、アンダーマイニング効果と呼ばれる心理学的概念が登場した。これは例えば、レッパーら（Lepper et al.,1973）により実証されたもので、内発的動機づけの高い幼児たちにお絵描きをさせ、上手に描けたら賞状をあげると約束して、後で賞状を与え、次に自由にお絵描きもできるが、上手に描けても賞状はもらえない状況をつくると、先に賞状をもらった子どもたちは、何ももらわなかった子どもたちよりもお絵描きをしなくなった、つまり、内発的動機づけがかえって低下するというセンセーショナルなものであった。同じような研究がいくつか発表されると、たちまち、教育界には外発的動機づけは悪というような雰囲気が広まった。

ただ、このような効果が全ての実験で同じように示されたわけではなく、条件によっては異なる結果も少なくないが、子どもの人権、主体性や自主性が声高に叫ばれるようになった教育界にとっては外発的動機づけの蔑視はその流れに沿う知見であったことは間違いない。私の見方がやや歪んでいるかもしれないが、心理学の実験結果はそれほど確実な知見でなくとも時代の流れの中で結果を受けとめる側に受容的態度が備わっている時は、一般の人たちにも広く、さらにより信頼のおける知見として認知されるように思われる。例えば有名な教師期待効果、ピグマリオン効果のローゼンサールら（Rothenthal & Jacobson, 1968）の実験は対象者が極めて少ないうえに、低学年だけで効果が認められているにすぎないのに、教育界では疑いのない事実のように扱われている節がある。

デシとライアン（Deci & Ryan, 1985）の説明では内発的動機づけが低下するのは外発的動機づけとしての物理的報酬を受けた場合、他者から物をもらったせいで勉強したという認識に至り、統制感が増し、自己決定感が低減するためというが、一方で、賞や賞品を受け取ったのは自分が優秀だったからだと考え、その情報的側面が機能して有能感が高まることもある。

最近ではセラソリーら（Cerasoli, et al., 2014）の四〇年間のアンダーマイニング効果の研究を総合的に検討しようとしたメタ分析が参考になる。ここで分析対象となったのは学習だけでなく、仕事やスポーツの領域も含んだものであるが、内発的動機づけは結果としての行動指標であるそれぞれのパフォーマンス（例えば学業なら成績、スポーツなら獲得した得点など）とある程度の相関（.21〜.45）があり、内発的動機づけの高さによってパフォーマンスが一定程度予測できるとしている。また、誘因とはあらかじめ決められた基準や標準で、割り当てられる報酬といえるが、内発的動機づけに誘因（具体的にはグレード、賞、昇進、賞賛等）が伴っていても変わらないとしている。つまり、アンダーマイニング効果は支持されていないことになる。また、誘因が明確で直接パフォーマンスに結びつく時は、内発的動機づけはパフォーマンスに重要でないが、誘因が不明確で間接的にパフォーマンスに結びつく場合は、内発的動機づけはパフォーマンスに重要な影響を与えるとしている。例えば、大学で「優」の数のような誘因はクラスの成績に直接反映するので、内発的動機づけが影響する部分は小さいが、単位取得条件として求められる実験の授業に参加することで得られるコースクレジットのような誘因はあっても成績には間接的にしか反映しないので内発的動機づけの影響が大きいことになる。さらに内発的動機づけはパフォーマンスの質に対する優れた予測変数で誘因はパフォーマンスの量に対する優れた予測変数であることも報告された。これは、例えば、内発的動機づけは主に自由記述内容の質の評価等を予測でき、誘因の存在は主に取り組んだ計算問題の数等を予測できるということを意味している。すなわちパフォーマンスに関して内発的動機づけと誘因は必ずしも対立的なものでなく、むしろ二つ合わせてパフォーマンスを促進するものだということになる。

ところで、現実に目をやれば、我々の周りには外発的動機づけによって行動していることがあまりに多い。例えば、われわれが属している様々な学会でも、最近では数多くの学会賞を設けて研究の活性化を図ろうとしている。昔は心理学関係でも学会賞は一つか二つしかなかったが、今やどの領域の学会にもあるのが普通だし、一つの学会内にいくつもの賞を準備している場合も少なくない。これは、極端にいえば、本来、内発的動機づけにより研究しているとされる研究者も本音は外発的動機づけが有効と考えている証左でもある。さらに世界的な規模では科学者に対してはノーベル賞などもあるが、毎年、その季節になって受賞者が決まる頃に、小・中学生などにインタビューすると「自分も大きくなったらノーベル賞をとれるようになりたい」と夢を語る子どもは少なくない。そんな時、誰もそんな外発的動機づけで勉強などするものではありませんなどとは言わない。それは多くの人たちがノーベル賞を、動機づけを引き出すものとして暗黙裡に認めているからともいえる。

2節　私の視点

1　筆者の『知的好奇心』の読後感

先の『知的好奇心』を筆者も興奮して読んだと書いたが、その時、その考え方に諸手を挙げて賛同したという意味ではない。確かにこれまでに見聞きしたことのない考え方の枠組みだったのでそれこそ新奇性に驚いたが、どうも今までの自分の勉強との関わり方とはあまりに異なるので納得できなかった。筆者は少なくとも中学・高校時代の勉強については面白いと感じたことはほとんどなかった。団塊の世代で、受験競争に四苦八苦してきた人間なので正直なところ「知的好奇心が喚起される」などという余裕がなかったというのが本当のところだった。私の親は家が貧しかったこともあり、高等教育を受けてはいなかったし、おそらく遺伝的にも環境的にも劣る自分が地方の国立大学を目指すには時間的に自分を追い込むより仕方がないと考えていたためだろう。そして、もしこんなふうに知的好奇心をもとに内発的動機づけだけで勉強できる自分だったら、何と楽で幸せなことかと考えたりした。

当時、『知的好奇心』の二人の著者は学会で、売り出し中の優れた若手研究者であった。特にお一人は著名な心理学者夫妻の御曹司で、遺伝的に頭の構造が自分たちとは全く異なるようにも思われた。そのように遺伝的にも優れた有能な人だからこそ「人間は怠けものではない」などと断言できるのではないか、もともと頭の良い人は、どんなことも苦労することなく吸収できてしまい、あえいで努力して疲れることがないので、怠けたいという欲求がわかないのではないかと考えた。凡人である自分はどうみても、できれば少しでも怠けたいと常に考えているという意味で納得がいかなかった。

最近、将棋界で藤井聡太七段（平成三十年七月現在）の快進撃が続いている。数カ月前、朝刊のトップニュースは彼の二九連勝という快挙を伝えていた。これだけ世の中を熱くしている天才的少年なので、当然、どのように育てられたのかが周囲の関心事となる。「幼児教育は心育てから！　実践ママの子育てブログ」（二〇一七）によれば、母親が子どもの動機づけを高めようとしたわけではなく、子どもが興味のあることをするのを静かに見守っていた、それが本人の動機づけをさらに高めたのではないか、としている。また、幼稚園では自発性を重視するモンテッソーリ教育を受けていたらしい。まさに内発的動機づけに基づく教育といってよい。それは十分了解できることで、将棋の才のある子どもが自ら練習を重ねることで対戦相手にも勝ち、どんどん前に進んでいけば、何もそれ以上あれこれ言う必要もなく、見守ることで十分だろう。ただし、これは相当高い関心や能力を有している子どもに対する親の態度であろう。

しかし、多くの普通の子どもの親は、特に中学生くらいの年頃の子どもを持つ親は、漫画ばかりを見ていたり、スマホばかりをいじっている子どもについつい「早く勉強したら」とか「今、勉強しないと後悔するぞ」と叱ったり愚痴をこぼすのが日常ではなかろうか。現実をみれば、もちろん、部分的にある教科は楽しいとか、ある先生の授業は面白いという生徒はいるが、中学生で毎日の授業が楽しくて仕方がないと感じている生徒は少ないだろう。従って、家に帰れば勉強を始めるエンジンがなかなか、かからないのである。つまり、実際の小・中・高校生の生活の中で内発的動機づけが働くのは一般的というよりむしろ特殊な場合だと考えられる。それは大人の仕事でも同じことだろう。楽しい部分がないとは言えないが、おそらく大部分ではない。なぜなら学校での学びも職場での仕事も、自分が選択した好きなことだけをやれば事足りるわけでなく、多くの場合、規約により定められた内容や上司から指示された内容全てを学んだり処理したりすることが要求されるからである。つまり、多くの場合、勉強も仕事も本人にある程度の苦役を強いることになる。この時代に一教育心理学者として勉強を苦役だなどと書くと軽蔑されるかもしれないが、私には内発的動機づけの偏重が学習なり勉強の持つ本質を軽視し過ぎているように思われる。

2　人間は本来「怠けもの」では？

『知的好奇心』の著者たちの「人間は本来怠けものではない」との断言は多くの読者には魅力的ではあったようだが、私の生活実感としてはどうしても納得できない言葉でもあった。

福岡（二〇一七）によれば、カール・マルクスは働くことは労働者の権利であると論じたが、娘婿のポール・ラファルグは怠けることこそが人間本来の権利であると主張したという。そして集団生活をしている社会性昆虫（アリ）についても、働かないアリがいるという指摘をしている。ある生物学者のアリのコロニーの観察によると、ある瞬間、何もしていないアリは七割近くもおり、ほぼ二割近くのアリは常にさぼり続けているという。そして、さぼっているアリを排除しても、残りの集団の中からまたさぼるアリがでてくるという事実から、働きものと怠けものはあらかじめ遺伝的に決定されているのではなく、社会的な関係性の中で必然的に生じているという。そして、結論として「むしろ生物は、もし何もしないでいられるなら、できるだけさぼろうとしている、と見ることができる。」「勤勉は美徳で、怠惰は悪徳だ。あるいは仕事を見つけることが最大の自己実現の方法だ。おそらくこれは誰かが作りだした物語なのだ。あるいは、為政者が思いついた徴税の論理かもしれない。」としている。
だとすれば、「人間は怠けものではない」と一刀両断に言明することはできない。確かに集団の中には常に好奇心旺盛で何かに取り組んで活動的な人もいるが、少しでも手を抜いて、何もしないでボーッとして休んでいたい人も多々いる。

もっとも「怠けもの」という判断の仕方は、仕事でなく遊び中心の暮らしをしている人にも使われる。例えば一週間のうち三日しか会社に行かずに、残りの日はゴルフ三昧の生活をしている人がいたら、それは「怠けもの」と言われる可能性が高い。しかし、ゴルフにそれほど惹かれるのはゴルフに内発的動機づけを抱いているという言い方もできる。遊びやスポーツのように生産的でないものへの好奇心の強さが「怠けもの」を想定させるとしたら、内発的動機づけという概念はそれが向けられる内容によって評価が異なることになる。

筆者は特に夏場の夜はプロ野球のナイターに長時間テレビのチャンネルを合わせて寝転がって見ている、学者としては怠けものであるが、よく映し出される応援席の人たちの、幼児から大人まで家族全員で鉢巻きをして大声で、体も大きく動かして応援している姿に釘付けになってしまうことがある。そして、あの人たちは、昼間はちゃんと仕事をしているのだろうか、ウィークデイにもかかわらず子どもは夜遅くまで球場にいて翌朝、遅刻せず学校に行けるのだろうかなどと想像する。応援で燃焼する内発的動機づけのエネルギーが全ての面で発揮できるとは考えられない。ひいきのチームが負けでもしたら、それこそ昼間の日常生活では怠けものぶりを露呈することになるのではと思ったりする。

最近の若者の中には、学校にも行かず仕事もしないいわゆる「ニート」でなく、生活に必要な最低限の仕事をしている「フニーター」といわれる「フリーター」がいると言われる。外部からみれば彼らは怠けものに見えるかもしれないが、その仕事と余暇や日常生活のバランスが彼らにとって最適で日常生活を楽しんでいるとしたら彼らも基本的には「内発的動機づけ」で動いているといえるかもしれない。

人が本来怠けものか否かの判断はなかなか難しい。

3　楽しいことへの価値づけと教師の立場

ところで、我々の日常生活を見回してみると、現代は「楽しいこと」や「面白い」ことへの価値づけがいかに強いかを感じる。テレビをつければ、お笑い芸人がどこの局にでも、クイズ番組から料理番組まで顔を出し、時々茶々を入れて番組を、視聴者を盛り上げている。芸人や司会者たちは話術に巧みで、何分かに一度は皆の笑いを取るようなしゃべりをする。そういうテレビをみている現代人たちは公の場面では笑いを取ることが必須と考えるのか、私が先日参加した学生対象の集まりでも、若い先生の中に、盛んに笑いを取ろうとしてつまずいていた人もいた。

もっとも最近の子どもたちはテレビなどよりネット動画への接触時間が長いとも言われている。それはテレビのように番組が始まるのを待たずとも好きな時に直接、自分の望む情報に接触できるところに好まれる理由があろう。そして、執行（二〇一二）によれば内容的には動画の主な視聴ジャンルは「音楽」「アニメ」「バラエティ・お笑い」であり、やはり楽しいこと面白いことへの接触が多いようである。

戦前は涙することや暗いことがまじめさや誠実さに繋がっていたと聞いたことがあるが、今や暗い傾向の人は周囲から忌避される存在でもある。昼食をとるのも皆と和気あいあいと食べずに、孤食をするような輩は皆から嫌われる。もちろん人生を悲しく過ごすよりは楽しく過ごした方が幸福感は高いに決まっている。しかし、筆者は時々現代人がやや無理をしているのではないかと感じている。悲しい時もつらい時もそのまま表出できず、中途半端に笑って過ごしているように思われる。

教室場面も同様に、特に小学校では先生は楽しい雰囲気づくりに必死である。特別悪さをするような子どもがいても体罰はもちろんしてはならないことだが、大声で叱ることも躊躇する。子どもの背後にいるモンスターの存在を意識するからかもしれないし、自分が子どもたちから嫌な奴と思われることを恐れるからかもしれない。

そしてもっと気がかりなことは、教師たちが教育を語る時、子どもたちはすべからく内発的動機づけを有し、積極的な望ましい存在であるということに拘泥しているところである。教師本人にとってそれは実感とは異なるものかもしれない。しかし、教師になるために教えられたことがそうであったとしたら、それを無視することはできないのであろう。

森（二〇一三）は、現代は「楽しさを演出する時代」だとし、次のように言っている。「ここ数十年の傾向として、子供たちには勉強の『楽しさ』を知ってもらいたい、社員には仕事の『楽しさ』を見つけてもらいたい、という考えが浸透している。幼い子に対しても、『ほら、楽しいよう』と誘うのと同じだ。単に『やらなければならないこと』を『楽しんでやれ』と条件をつけているだけである。」さらに「だから、なんでもまず好きになってもらうようしむける。勉強なんてものは、そもそも遊びに比べたら面白いはずはないのに、あたかも『面白い』『楽しい』というように見せかけて子供を騙すようになった。」としている。

4　行動喚起中心の内発的動機づけ

さて、動機づけは行動を規定するという意味で重要なものであるが、内発的動機づけは行動の一側面にしか影響を与えていないのではなかろうか。動機づけの機能には大きく分ければ、行動を開始させる機能と行動を持続させる機能があるとされるが、知的好奇心などは主に行動開始に関わるものであると考えられる。教師が子どもの前であっと驚くような実験をして子どもの知的好奇心を喚起させたとすれば、それは子どもが学ぼうとする行動を開始させたといえる。具体的には注視することだ。第一段階としては大切なことである。

しかし、注目しさえすれば理解が深まるわけではない。動機づけのさらに重要な働きはその行動を持続させるところにあるといえる。つまり、注意深く先生の説明に耳を傾け、例えば実験によって物体がどのように変化していくかじっくり観察し、それはどのようなメカニズムによるのかを深く考える行動を粘り強く続ける必要がある。

行動の喚起には感情が作用する場合が多い。例えば、「面白そう」とか「楽しそう」「不思議だ」といった驚きによってもたらされるのである。しかし、多くの感情は一時的で消滅しやすいことも確かである。もちろん、強い感情は時間を経てもなかなか消えないことはある。

しかし、動機づけはある目標に向かわせる力のようなものなので、その目標に到達するまで行動を持続させる必要がある。これは概してあまり楽しくない過程であるように思われる。この過程を我々は努力と呼んでいる場合が多い。先に筆者は人間は怠けものに近いと考えていると述べたが、それはおそらく筆者が動機づけの持続の側面を主に想定しているためである。それに対して内発的動機づけを持つことこそ人の特徴と考える人は行動の開始時点に主に注目しているように思われる。

内発的動機づけは確かに行動の開始時に、起爆剤的な役割を果たすが、行動の持続にまで常に影響力を持つとは限らない。その意味で、内発的動機づけで行動の全てを説明できるわけではない。

内発的動機づけによる行動の喚起はある特定の時間の特定の環境条件によって生じる。しかし、時が移り、特定の環境条件が消滅するか、消滅せずとも慣れが生じてしまえば機能しない。

5　内発的動機づけの効用

これまで述べてきたように一九七〇年代に登場した内発的動機づけはこれまで教育現場で一貫して尊重されてきたが、それはその教育的効用を期待してのことといえるだろう。学ぶこと自体が楽しいならば、そのような児童、生徒は成績もよいと考えるのは自然だろう。

しかし、これまでの何十年かの間に日本の子どもたちの学力が飛躍的に伸びたという証拠は残念ながらみつからない。もちろん、学力を持続的に妥当に評価することが国レベルでなされていないこともあるし、そもそも学力とは何かという問題もある。従来の知識・理解が学力の中核でなく、むしろ、関心・意欲・態度であるといったいわゆる新しい学力観に基づく指摘が一九九〇年代にはなされている。ならば、内発的動機づけ重視によって、子どもたちの学びへの関心・意欲・態度が大いに変化しただろうか。しかし、国際比較研究等でも各教科の学習が好きだという子どもは日本の場合、他国に比べて特に少ない。例えば文部科学省国立教育政策研究所（二〇一六）の報告によると、生徒の科学に対する態度に関する調査でも「科学の楽しさ」（項目例：科学の話題について学んでいる時は、たいてい楽しい・科学についての本を読むのが好きだ等）について OECD 平均と比較すると二〇〇六年の場合も二〇一五年の場合もかなり低い評定値になっている。また、内発的動機づけに関連すると思われる「科学に関連する活動」（項目例：科学を話題にしているインターネットを見る・科学に関するテレビ番組を見る）も OECD 平均と比較するとさらに低い。ただ、「理科学習に対する道具的な動機づけ」（項目例：将来自分の就きたい仕事で役立つから、努力して理科の勉強をすることは大切だ・理科の科目を勉強することは、将来の仕事の可能性を広げてくれるので、私にとってやりがいがある）については、二〇〇六年はかなり低かったが二〇一五年にOECDの平均に近づいている。

内発的動機づけと学業成績についてももちろん検討されている。我が国の研究として西村ら（二〇一二）では、中学生を対象にして動機づけを測定し、ほぼ一年後に後期中間テストの五教科の合計得点を学業成績としてその関係を分析したところ、内発的動機づけは学業成績の高さを予測できなかったとしている。また、岡田（二〇一二）は一九八五年から二〇〇九年までの内外二〇論文を分析して内発的動機づけと学業達成の間には正ではあるが、弱い関係しか認められなかったとしている。

このように内発的動機づけとその成果に関しては様々な知見がみられるが、特に学校場面での成績との関係については意外にも必ずしも明確な関係が示されていないのである。もちろん、それは現在のように学業成績が主にペーパーテストでの記憶力や理解力を中心としたもので示されていることにも関係しているのかもしれない。

6　複数の動機づけから学習行動が生まれる

ところで、多くの動機づけ研究ではある目標となる課題や教科の達成には一つの動機づけだけが働いているかのように研究が展開されていることが少なくない。しかし、例えば一時間のある教科の授業への動機づけを考えても、先生の「授業を始めます。では教科書〇〇ページを開いてください」などという言葉で授業が始まった場合、児童・生徒には、最初は、まだ遊びを続けたい気持ちが残っていて外発的動機づけが働いて勉強を開始する。しかし、しばらくすると先生は興味深い教材を提示してみんなを引きつけ、今度は内発的動機づけが喚起される。次にその教材の内容に関して先生から「どうしてそのような結果になったか考えてみてください。思いついた人から手を挙げてください。競争ですよ」と投げかけられると今度は、また、前とは別の外発的動機づけが働きだす。一時間の授業の中でもこのように様々な動機づけが機能している。

いわんや長期的な達成行動では多くの種類の動機づけが働くのは当然である。例えば私が永年みてきた心理学科の大学生の卒業論文作成の動機づけを考えてみよう。入学時から卒業には卒論の提出が必要だということは知らされているが、あまり現実的でない時点では時々それが頭をよぎるだけである。しかし、先輩の話を聞いて急に興味がわき、図書館に行き、過去の先輩たちの卒論をパラパラとめくってみる。これはどちらかといえば生まれて初めて挑戦する卒論はどんなものかという興味から発しており内発的動機づけだといえる。そして二年生になるとSPSS（Statistical Pacage of Social Science：統計処理のソフトウェア）の使い方を学ぶ授業に、卒論作成時には統計処理ができることが必要条件だからという理由で参加する（外発的動機づけ）。だが、彼らにとっては意外と難解で、徐々にやる気をなくす人も少なくない（動機づけ無）。そして、その後、卒論に関した準備は何もせずに大学生活を送り、卒論提出年度の夏休み明けくらいから指導教員に呼び出され「あと一、二週間で調査なり、実験を実施しないと間に合わないよ」と叱られ、やっと重い腰を上げる（外発的動機づけ）。しかし、やりだすと、授業で聞いたことと実際のデータが対応していることで結構のめり込むという具合である（内発的動機づけ）。

すなわち、あることを目標にした達成行動の多くはその過程で一つだけでなく実際は多くの種類の動機づけに支えられているということである。これまでの例は一人の生徒・学生が時間経過とともに異なる種類の動機づけを持つものであるが、実は同じ時間帯に複数の種類の動機づけが働くことも少なくない。中学受験の子どもが、親に勉強しないと叱られるからという気持ちもあるが、自分でも将来にとって希望の私立中学に進学することは重要だと自覚もしているというような場合である。

調査的研究などをするとAさんは内発的動機づけで、Bさんは外発的動機づけで学習をしているというような印象を受けることが多いが、それは相対的にそのような動機づけが多く働いているということであって、現実には誰でもどのようなことにも一種類でなく質の異なる複数の動機づけが働いていることの方が多いと考えられる。このような視点も当然の事実とは言え、念頭においておく必要がある。

引用文献

波多野誼余夫・稲垣佳世子　一九七三　知的好奇心　中央公論新社

市川伸一　二〇〇三　「学力論争から見えてきたもの」　連続シンポジウム「転機の教育」第2回「学力・学ぶ意欲・競争—教育改革の行方」　http://www.asahi.com/sympo/kyoiku2/03.html

学校基本調査年次統計　進学率（一九四八年〜）https://www.e-stat.go.jp/dbview?sid=0003147040

文部省中央教育審議会　一九九六　「21世紀を展望した我が国の教育の在り方について」第一次答申　http://www.mext.go.jp/b_menu/shingi/chuuou/toushin/960701.htm

速水敏彦・吉田俊和・田畑治・安彦忠彦・山田孝　一九九七　総合人間科はどのように役立つか　名古屋大學教育學部紀要（心理学）　四四、三三一—四四

Lepper, M. R., Greene, D., & Nisbett, R. E. 1973 Undermining children's intrinsic interest with extrinsic reward: A test of the "overjustification" hypothesis. *Journal of Personality and Social Psychology*, 28(1), 129-137.

Rothenthal, R., & Jacobson, L. 1968 *Pygmalion in the Classroom: Teacher Expectation and Pupils' Intellectual Development*. New York: Holt, Rinehart & Winston.

Deci, E. L., & Ryan, R. M.　1985　*Intrinsic motivation and self-determination in human behavior.* New York: Plenum Press.

Cerasoli, C. P., Nicklin, J.M., & Ford, M. T.　2014　Intrinsic motivation and extrinsic incentives jointly predict performance: A 40-year meta-analysis　*Psychological Bulletin*, 140(4), 980-1008.

幼児教育は心育てから！　実践ママの子育てブログ　モンテッソーリ教育と藤井聡太四段
https://smile-mama.com/?P=1600

福岡伸一　二〇一七　怠け者のマナー　中央公論新社編　楽しむマナー　中央公論新社　一九〇―一九一.

執行文子　二〇一二　若者のネット動画利用とテレビへの意識―「中高生の動画利用調査」の結果から―　ＮＨＫ放送文化研究所年報　五六、五一―九五.

森博嗣　二〇一三　「やりがいがある仕事」という幻想　朝日新聞出版社　五四―五六.

文部科学省国立教育政策研究所　二〇一六　ＯＥＣＤ生徒の学習到達度調査　二〇一五年調査国際結果の要約
http://www.nier.go.jp/kokusai/pisa/pdf/2015/03_result.pdf

西村多久磨・河村茂雄・櫻井茂男　二〇一一　自律的な学習動機づけとメタ認知的方略が学業成績を予測するプロセス―内発的な学習動機づけは学業成績を予測することができるのか？―　教育心理学研究　五九（一）、七七―八七.

岡田涼　二〇一二　自律的な動機づけは学業達成を促すか―メタ分析による検討―　香川大学教育学部研究報告第一部（一三八）、六三―七三.

研究随想 1
単純作業の効用

週末には家の仕事をすることが多くなった。仕事の種類は様々で、家での庭木の剪定や消毒、畑での野菜の栽培や除草等々である。いずれも二、三時間で終えるような仕事だが、不思議と達成感を感じることができる。私たち研究者の仕事は一日中机に向かって考えていても、研究の突破口となるようなアイデアが思い浮かばず、毎日十ページは書くと決意した本の原稿が一ページも進まないということは少なくない。しかし、先にあげたような仕事の多くは出来栄えには個人差もあるが、誰でも時間を一定程度かければ終えることができる。仕事を終えて「今日は畑で一〇坪ほどの雑草が消滅した」などということになると結構いい気分になって、それこそ自分をほめてあげたい気分になる。

若い頃はそのような家の仕事は苦痛で、とにかく早く片づけたいとしか思っていなかったためか、自分の本職に対しても家の仕事は疲れるだけでいい影響を与えないように思っていたが、最近はむしろ、そういう時間を持つことで気分転換でき、その達成感が本職のエネルギー源になるような気がしている。

そういえば、私が若い頃はデータ入力などを週に何度かカード穿孔機を使って自分でやっていた。キーを押すたびにカードに穴をあけるガサッという音が仕事が進んでいることを認識させてくれた。一定時間が経過すれば、確実に仕事が進むことで、結構快適な時間だったように思われる。さらに言えば、データ入力は今ではキーボードから直接パソコンに入れているが、カードに穴をあけるという手間が多かった分、目標に向かって階段を上っているという快感があった。

先が見えないような仕事に取り組む場合は、時々、単純作業をして小さな達成感を感じることは一つの動機づけの自己調整方略かもしれない。

第2章　自己決定理論の光と影

1節　自己決定理論の功績

1　内発的動機づけ概念の成立から自己決定理論へ

内発的動機づけの概念が提唱されて以来，それとは独立に，しかし，その一つの側面とでもいえる個人の主体性に着目した様々な動機づけ概念が次々と出されてきた。例えばロッター（Rotter, 1966）は統制の位置（locus of control）という概念を提案したが，これは人には世の中の様々な事象の原因を自分の内部の能力や努力に求める傾向の強い内的統制型と，逆に運や他者の力に求めやすい外的統制型があることを指摘したもので、内的統制型の傾向が強いほどあらゆることに対する自分でできるという期待が高まり行動への動機づけが高いと考えられた。

また、同じような意味でド・シャーム（de Charms, 1968）は個人的因果性（personal causation）という概念を発表し、人間には指し手（Origin）という自分の行動が自分自身により決定されていると認知しやすい人とコマ（Pawn）という自分の行動が自分の統制できない外的な力により決定されると認知しやすい人がいることを指摘し、人間はすべからく能動的な指し手になるべきだとした。もちろん、指し手の方がコマより一般的に動機づけが高いとされた。

これらのある行動が結果をもたらすかどうかの期待を問題にした概念に対してその行動を実際、自分の力で遂行可能か否かについての主観的認知を問題にした概念が、セルフ・エフィカシィ、つまり、自己効力というバンデュラ（Bandura, 1977）の提案によるものである。これは自分自身の人生に影響する事象を自分で制御できるという信念のことである。彼は人がどのように動機づけられ行動するかは、この主観的な信念である自己効力が大いに機能すると考えた。

ただこれらは直接的に内発的動機づけに関係するものというより先にも述べたように個人の主体性を尊重するという意味で間接的に関係する概念といえる。内発的動機づけに直接関係すると思われる概念としてドベック（Dweck, 1986）の達成目標理論での学習目標をあげることができる。これは、達成行動において自分自身の能力を高め、知ることや獲得すること自体を目指すことを意味している。この対極の概念として自分自身の能力に対して良い評価を得、悪い評価を避けることが目標である場合を遂行目標という。そして、遂行目標を持つと自分の能力に自信があれば達成志向行動をとるが、自信がない場合には達成志向行動は生じないとする。他方、学習目標を持つと能力に対する自信の有無に関係なく熟達的、達成志向の行動を示すと予想している。学習目標を持つことは内発的に動機づけられている状態とみなすことができる。一方、遂行目標を持つことは他者からの承認を期待して取り組んだり、他者からの酷評をさけるために取り組むという意味で、外発的動機づけで行動することに等しいといえよう。

そして、これらの理論や概念は一様に内発的動機づけ的であることが社会的に望ましいことであることを印象づけ、古くは動機づけの中心として注目されてきた外発的動機づけは教育場面でも徐々に影が薄くなった。それどころか、前にも述べたようにアンダーマイニング効果の指摘によって悪者視されるようになって外発的動機づけそのものに焦点があてられることは少なくなった。

しかし、次にあげる自己決定理論は自律性という概念を軸に内発的動機づけと同じように外発的動機づけにも注目したものとして日本では一九九〇年代後半から二〇〇〇年代にかけて多くの動機づけ研究者や教育関係者の注意を引くことになった。本書はこの自己決定理論の問題点を検討することで、内発的動機づけおよび、外発的動機づけの一部を含めた自律的動機づけと呼ばれるものの概念およびその適用について深く考察しようとするものである。

2　自己決定理論とは

自己決定理論は一九八〇年代にデシとライアン（Deci & Ryan, 1985）によって提唱されたものである。わが国でも筆者（一九九八）などが紹介し、その後多くの人たちによって研究が積み重ねられてきたもので近年では最も有力な動機づけ理論の一つである。

すでに幾多の紹介がなされているのでここではその骨子だけをまとめたい。鹿毛（二〇一三）によれば、自己決定理論は「成長と統合に向かう自己の傾向性および、より統合された自己の感覚を発達させていく傾向性を生得的に備えているとする生命体論的視座に立脚した動機づけの考え方」だという。つまり「人は生得的な欲求と成長に向けた傾向性を持っていて社会文化的な環境に関わろうとする一方、その社会文化的な環境はその個人の動機づけに対して支援的、あるいは妨害的に機能するのだ」という。そして、「このような個人と環境の間の『弁証法的』(dialectical)な相互作用(葛藤、対立、矛盾を経て高次の段階へと発展していくプロセス)によって学習や成長が規定されることになる」としている。

さて、自己決定理論は当初、五つのミニ理論から構成されていた。それは認知的評価理論、有機的統合理論、因果志向性理論、基本的心理的欲求理論、目標内容理論である。さらに最近(Ryan & Deci, 2017)ではもう一つ関係性動機づけ理論(Relationships Motivation Theory)が加えられ、合わせて六つのミニ理論から構成されることになった。

これらのうち、最もよく知られているのが有機的統合理論であり、多くの人には自己決定理論といえばその理論のことだととらえられている。有機的統合理論は、それまで動機づけの分野で二律背反的に捉えられていた内発的動機づけと外発的動機づけという固定的概念に一つの楔を打ち込んだものとして注目されるところとなった。すなわち、この理論ではこれまで外発的動機づけと十把一絡げに論じられてきたものの中にも自律性、自己決定性の程度において異なるものが含まれており、全く自己決定的ではない非動機づけは別として極めて統制的、他律的な外発的動機づけから、相当に自律的な外発的動機づけまであるとした。さらに最も自律性が強い動機づけとして内発的動機づけを位置づけた。これは図2-1(鹿毛、二〇一三)に示されるとおりであり、内発的動機づけと外発的動機づけを二分法的に見るのでなく、連続帯上のものとしてとらえたのである。

他律的な動機づけから自律的な動機づけへの連続性を考えれば、それは他者からいわれてやむをえずや

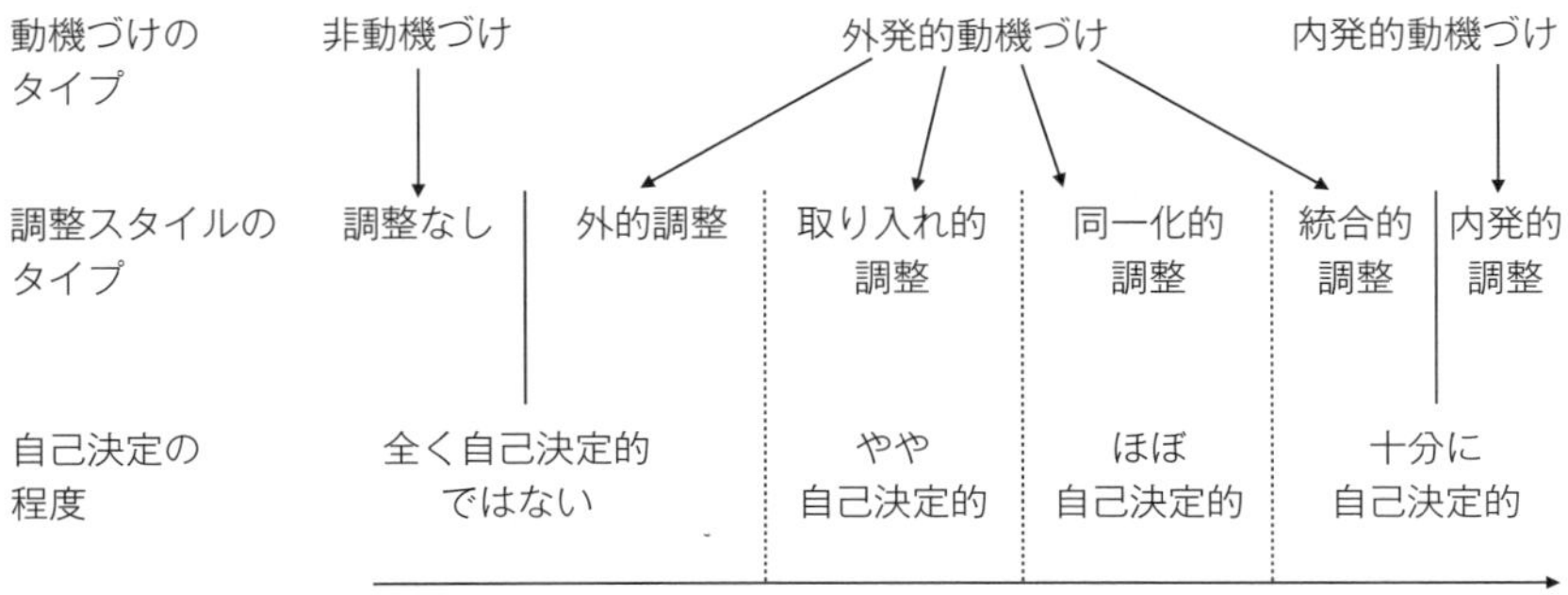

図2-1　自己決定の連続帯としての動機づけタイプ
（Reeve, Deci & Ryan, 2004 を鹿毛，2013 が翻訳）

るといった段階から自分なりにやる意味や価値を理解し納得してやるという段階への移行であり、それは社会化の過程に他ならない。有機的統合理論では、外発的動機づけがより他律的なものからより自律的、自己決定的なものになっていく過程について述べている。その過程は自律化ともいえるが、自律化は価値や調整を本人の中にとりこんでいく「内面化」が生じる過程でもある。

図2–1に示されているように左端の全く自己決定的ではない、自分で何ら調整しようとしない段階の動機づけを非動機づけと呼んでいる。これは全くある活動をする意図がない場合のことを指している。無気力な状態といえる。次は外的調整といわれるもので、最も他律的、統制的な外発的動機づけである。賞罰による動機づけがそれに該当し、勉強はしたくはないが先生や親から、やれば褒美をやるとか、やらなければ罰を与えるという具合に指示されて行動する場合の調整である。次にもう少し自律性が高くなったものは取り入れ的調整で外的な働きかけを自分の内部に取り込んで一応自分の決断で行動しようとはするが、まだ、自分のものとして十分に受容できていない段階である。例えば、今度の試験で不合格になると恥ずかしいからという理由で勉強するような場合である。それは自分の存在価値を保つためという心理から発

している。さらに自律性が高くなった段階が同一化的調整である。これは活動の目的を自分の内部に価値づけ、自分にとって重要なこととして活動する場合である。ある教科の勉強が自分の将来にとって重要な役割を果たすと認識して勉強する場合がそれにあたる。さらに自律性の高いのは統合的調整と呼ばれるものである。これは先の同一化的調整が進化したもので、通常、自分にとって重要なことであれ、それを実行する場合には、自分にとって好きな他のことができないために多少のストレスを感じるのが常であるが、それがほとんどない状態を指している。ただし、この統合的調整は質問紙で測定することがやや難しいため実証的研究は少ない。本書でもこの段階についての実証研究は扱わない。さらに最も自律性の高い動機づけとして内発的調整が位置づけられている。

ところで、前述したようにデシら（Deci & Ryan, 1985）は「調整」という用語を使用しているが、それは行動を心理的にどのようにコントロールするかということと考えられ、「動機づけ」とほぼ同義とみなせるので、余計な紛らわしさを避けるため、筆者は前著（一九九八）から調整という用語と動機づけという用語を併用せず、それを全て「動機づけ」と表現してきた。それゆえ、本書でもそのように表記する。すなわち、外的調整は外的動機づけ、取り入れ的調整は取り入れ的動機づけ、同一化的調整は同一化的動機づけ、統合的調整は統合的動機づけ、内発的調整は内発的動機づけとする。改めて本書における動機づけの用語の使用法と定義を表2-1に示す。

また、デシら（Deci & Ryan, 1985）は自己決定性と自律性という用語をほぼ同義で併用しているが、本書ではできるだけ自律性という用語で統一して表現する。

六つのミニ理論の中で有機的統合理論の基礎をなすものとして触れておきたいのは、基本的心理的欲求理論である。これは、人はコンピテンスへの欲求、自律性への欲求、関係性への欲求の基本的な三つの欲求を充足させることで意欲的になり、パーソナリティが統合的に発達していくという考え方である。つまり、これらの基本的な欲求が充足されるほど自律性の高い動機づけが促進され、充足されないほどそれが抑制されると考えることができる。本書ではこの二つの理論に主に焦点を当てて検討し、論じていく。他の四つのミニ理論については、他書を参考にしてほしい。

3 支持されてきた有機的統合理論

有機的統合理論の核は自律性という一次元上で、いくつかの外発的動機づけと内発的動機づけが順序よく並ぶということであろう。つまり、具体的には概念的に自律性の次元上で隣り合うもの同士（表2-1でいえば内発的動機づけと統合的動機づけなど）の関係が最も強く、両者が概念的に離れるに従って低くなり、概念的に最も離れているもの同士（内発的動機づけと非動機づけなど）の関係が最も弱いといういわゆるシンプレックス構造が成立していることである。これまでの数多くの研究ではこれを支持していない研究は少

表2-1　本書における動機づけ用語の表記と定義

動機づけのタイプ	調整スタイルのタイプ	本書での表記	定義
非動機づけ	調整なし	非動機づけ	活動する意図をもたない状態。
外発的動機づけ	外的調整	外的動機づけ	他者から報酬をえるためや罰を避けるために動機づけられる。行動する理由は外的要求をみたすため。
	取り入れ的調整	取り入れ的動機づけ	外的統制を自分にとりこんでいるが十分自己受容できておらず，他者から統制された感覚がある。しかし，消極的だが自分から行動をおこそうとする。
	同一化的調整	同一化的動機づけ	行動目標や統制を意識的に価値づけ，自分にとって価値あるもの，重要なものとして行動する。
	統合的調整	統合的動機づけ	同一化されたものが自己に完全に吸収され，他の欲求や価値と矛盾しないかたちで行動する。
内発的動機づけ	内発的調整	内発的動機づけ	すること自体が目的で行動する。自己目的的な行動の生起，維持，発展過程をいう。

自律性低
↕
自律性高

なく、基本的に一つの次元にそって、内発的動機づけからいくつかの外発的動機づけ、非動機づけが位置づけられるのは大方、支持されている。

この関係について岡田（二〇〇九）はメタ分析（既に分析された多くの研究を統合し分析する研究法）により、有機的統合理論における動機づけ概念間の相関係数の程度を特定し、動機づけ概念の背後にある次元を探ろうとした。一九八五年から二〇〇七年までに掲載された内外八七論文、一一五の相関行列を収集し、そこから動機づけ間の関係を推定した。その結果、シンプレックス構造は大方、支持されたが、その他に自律的になるほど隣り合う動機づけ間の相関が強くなる傾向が示された。つまり、非動機づけと外的動機づけとの間では弱く、外的動機づけと取り入れ的動機づけ、取り入れ的動機づけと同一化的動機づけの間では中程度で、同一化的動機づけと統合的動機づけ、統合的動機づけと内発的動機づけとの間ではかなり強かった。すなわち、隣り合う動機づけ間でも自律性のより高い動機づけ間になるほど類似性が高いという新たな知見が見出された。さらにこれらの動機づけについて分類の一つの手法である因子分析を実施したところ、内発的動機づけ、統合的動機づけ、同一化的動機づけが一つのグループを形成し、外的動機づけと取り入れ的動機づけがもう一つのグループを形成していることが示された。これはこれらの動機づけは前者の自律性の高い動機づけのグループと逆に後者の自律性とは反対の他者からの指示に従うような統制性の高い動機づけのグループの二つに大別されることを意味していよう。

自己決定理論の各動機づけをまとめて表現する場合、ＲＡＩ（Relative Autonomy Index）と呼ばれる動機づけの自律性の程度を示す指標がよく使われる（Grolnick & Ryan, 1987）。これは通常、RAI=（-2×外的動機づけ）＋（-1×取り入れ的動機づけ）＋（1×同一化的動機づけ）＋（2×内発的動機づけ）により算出される。なお、この式に統合的動機づけが入っていないのは、前述したように尺度化が困難なため実際には研究ではあまり使用されていないことと、概念上、同一化的動機づけと内発的動機づけの中間に位置し両動機づけと距離的に接近しているためと考えられる。この考え方はそれぞれの動機づけが同じ次元上にほぼ等間隔で並ぶことを前提としていよう。シンプレックス構造がほぼ支持されていることでこの指標は多くの研究でよく使用されている。ただ、せっかく意味内容で動機づけを分化させてとらえたのに、また圧縮して表現することが本当に望ましいのか考えてみる必要がある。さらに自律性の程度で重みをかけたことになっているが、等間隔の重みのかけ方が妥当なのかに関しては詳しく検討はなされていないように思われる。先の岡田（二〇〇九）の指摘によれば、それは正しくないことになろう。

また、相対的に自律性の高い内発的動機づけと同一化的動機づけおよび統合的動機づけを自律的動機づけと呼び、相対的に自律性の低い取り入れ的動機づけと外的動機づけを統制的動機づけ（本書ではわかりやすくするため他律的動機づけともいう）と呼ぶ仕方も一般化している。

4　多様な応用分野

自己決定理論が登場して、外発的動機づけにも他律的なものだけでなく、比較的自律的なものがあることが知られるようになり、有機的統合理論は学習場面のみならず、様々な分野、領域で応用されることになった。筆者（一九九八）が紹介した時点でも人間関係、宗教への信仰、愛他的行動、レジャー・趣味、反社会的行動の動機づけまでこの理論が適用できることを示唆した。

ライアンとデシ（Ryan & Deci, 2017）の著書では、最初のイントロダクションで、自己決定理論が応用される生活領域として次のような領域が掲げられている。「学校と学習」「仕事場での動機づけ」「スポーツとエクササイズ」「ヘルスケアと心理療法」「文化と宗教的社会化」「ヴァーチャルな世界」。また、自己決定理論の応用分野としてまとめられた章の論文の表題は「心理療法と行動変容」「ヘルスケアと患者の欲求満足―持続的健康行動変容を支援する―」「スポーツ、身体的活動、身体教育」「ビデオゲームとヴァーチャル環境での動機づけと欲求満足」「仕事と組織―ウエルネスと生産性を促進する―」などとなっており、新たな研究分野が開けていることがわかる。

ただし、本書では学校での学習の動機づけに限定して探究していく。

2節　気がかりな問題

1　疑似内発的動機づけ

ところで筆者（一九九八）は自己決定理論で提案された動機づけを分類する他律―自律の次元に、これまでの外発的動機づけ―内発的動機づけを区分する手段―目的の次元を加えて二次元で動機づけを分類することを試みた（図2-2参照）。ここで示されている完全なる外発的動機づけの象限に、いわゆる外的動機づけが位置づけられ、完全なる内発的動機づけの象限に通常の内発的動機づけが位置づけられる。だが、外発的動機づけでも一定程度の自律性を持つ、取り入れ的動機づけや同一化的動機づけは手段的ではありながらやや自律的なものとして位置づけられる。ここでは統合的動機づけは扱われていないが、もし位置づけるとすれば同一化的動機づけよりもさらに自律性の高い場所に置かれることになろう。ただ、非動機づけといわれるものはこの図が何らかの動機づけがあることが前提で作成されているので図中に示されて

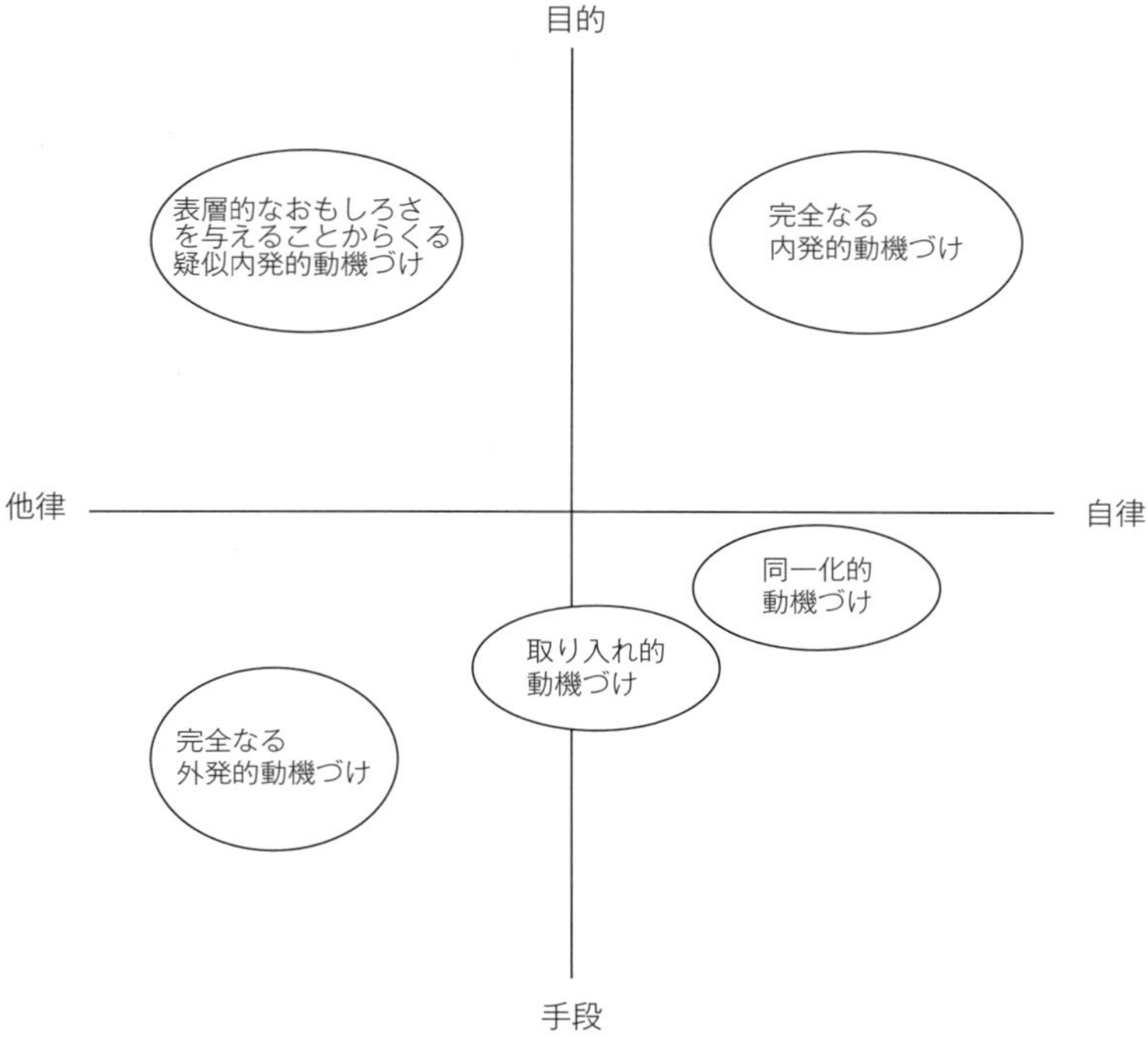

図2-2　動機づけの二次元分類（速水，1998）

いない。

一方、この図では他律と目的に囲まれる象限に「表層的な面白さを与えることからくる疑似内発的動機づけ」を位置づけた。これは筆者の独自の推測によるもので、自己決定理論の中で述べられていることではない。ただ、自己決定理論との関係でいえば、その理論での内発的動機づけは学ぶことの楽しさや価値が本人に内面化されたものであると考えられるのに対して、内面化されない、いわば表層的な内発的動機づけというものもありうると考えたためである。内発的動機づけで面白いとか、楽しいという場合、他者から与えられ、その場の状況に依存して他律的、受け身的に感じる場合があり、それと自律性の高い内発的動機づけは区分すべきと考えたからである。

内発的動機づけという概念が本来、本人の内部から発するものなので、それに対して「他律的」とか「受け身的」という語を冠して語るのは矛盾をはらんでいるように思われるが、教育を考えた場合、内発的動機づけもそれを喚起するなり促進したりするために教育者が何らかの働きかけをする必要がある。そして、それは児童・生徒側で受けとめられ、内面化されていくことが期待されている。しかし、多くの教育的働きかけがそうであるように、それは児童・生徒の内面に染み込むことなく、表層的、一時的な楽しさ、面白さだけで消滅することも少なくないように思われる。

否、さらに悪い状況も想定される。それは、彼らが授業で楽しさや、面白さに遭遇することに慣れ、常にそのような状況を過剰に期待し、楽しさの待ちの姿勢が定着することである。それは一般的には授業に期待し、望ましい面もあるが、教師側も常に楽しい授業を用意することは難しい。そして現実には漢字の習得や英単語の習得のように繰り返し練習するというやや苦役を伴う方法で学ばねばならないことも少なくない。だとするとそのような他律的、受け身的内発的動機づけを持つ人はそのような場面での耐性が弱くなることが懸念される。そのような動機づけを「表層的な面白さを与えることからくる疑似内発的動機づけ」と名付けたのである。

しかし、前著（速水、一九九八）ではそのような考えを呈示しただけで、実証的研究はこれまで全くしてこなかった。そこで今回、その気がかりな問題についてデータも収集して第3章で検討してみたい。

2　プシュルモデルに基づく自律的動機づけの内面化の促進

自己決定理論を参考にして前著（速水、一九九八）では自律的動機づけの形成過程、動機づけの内面化過程を図2-3のように表現した。これは先の基本的心理的欲求理論と関わりが強いものである。自己決定理論では子どもの発達水準の相違をあまり考慮していないが、筆者は大まかに三つの発達段階に分けてプシュルモデルと命名したモデルを用いて考えた。

外界からの働きかけとして「PUSH（プッシュ）」と「PULL（プル）」という二つを想定している。前者は子どもがある目標に到達した後になされる行動結果に対する働きかけを意味しており、優れた成果に対して賞賛あるいは承認し、子どもの背中を押してやるようなことである。このような「プッシュ」によって当然、子どもは有能感や自信を抱くことになろう。これは自己決定理論では自律的動機づけの形成にコンピテンスへの欲求、つまり有能感が充足される必要があるとされていることを紹介したが、まさにそれにあたる。他方、「プル」とは子どもが行動する前に、これからの行動目標に対して働きかけられるもので、魅力的な課題や将来像の提示がある。「ここに君が対峙したい意味あるものがあるよ」と言って手を差し伸べ引っ張ってやるような働きかけである。そこで両者を合わせてプシュルモデルと名づけた。

図2-3の①は就学前を想定しているが、この段階では自己が未分化で外界からの働きかけで比較的簡単に自律的動機づけを引き出すことができる。小さい頃は好奇心旺盛で面白そうな課題を与えてプルし、一方で成果、結果に対して目に見えるかたちで褒美を与え、ほめてやれば、大方、動機づけを高めることができる。乳幼児ですら好奇心やコンピテンスを持つ能動的存在であることは否定しないが、外からの働きかけに対する応じやすさも所有している。ただし、それは内面化するようなことは少なく、一時的、状況依存的な面が大きいと考えられる。

②は主に児童期を指し、プッシュとしての承認が持続されるとそれが内面化して自尊感情というものになると考えられる。コンピテンスへの欲求が充足されるとも解釈できる。ただし、この頃になると働きか

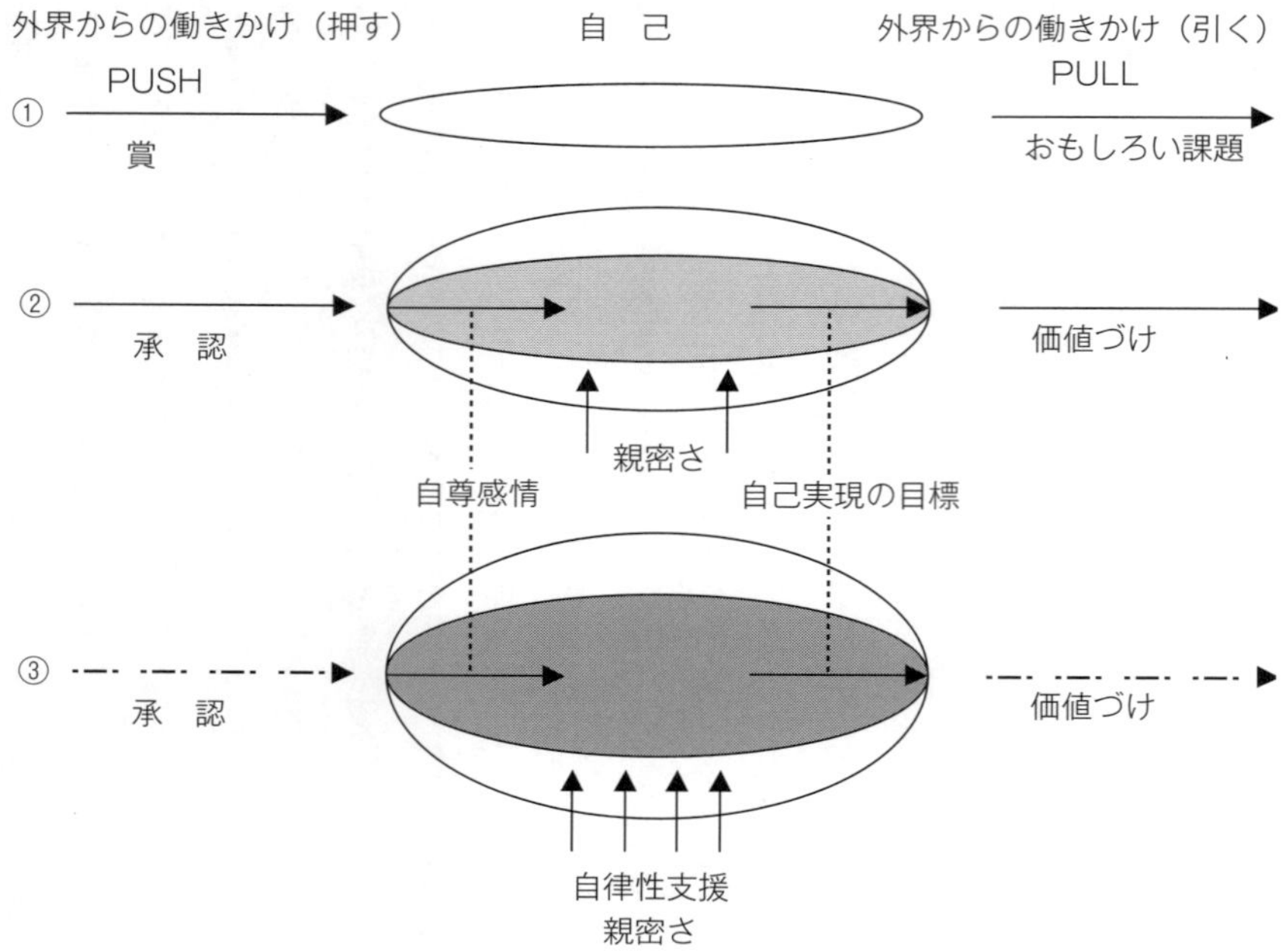

図2-3　動機づけの内面化過程（速水，1998）

けが本人とどのような関係がある人からのものであるかが影響する。相手に対する好き嫌いや相手に対する信頼感の違いが働きかけをいかに内面化させうるかに関係する。たとえ働きかけがあっても、両者にまずい人間関係が形成されていれば、むしろ反発を招き、動機づけを低下させることもある。プルの与え手についてもそのことはいえるが、プルの内容自体も先の面白そうな課題といった一時的、短時間のみ、機能するものというより、もう少し長時間機能するものが働くことになる。「価値づけ」という言葉で表現しているが、これは例えば信頼できる親密な大人から「これからの情報社会は算数ができることが最も大切だ」というようなことを聞かされ、それを固く信じて算数の勉強に打ち込もうとするような場合が考えられる。いずれにせよ、働きかける人との人間関係が重要な役割を持つようになる。自己決定理論では「関係性への欲求」と言われるものに該当し、それが充足されることが前提となろう。

次に③の段階は中学以降の青年期である。この段階でも承認により自尊感情が形成されさらに価値づけによって自己実現の目標が本人の内面に形成されていくことは②と同様であるが、特にプルの働きかけが重要と思われる。なぜなら成長に伴い、将来の目標をより現実的に考える発達段階に差しかかるからである。そのためには何よりも様々な広い体験や経験が必要である。子どもの生活を有意義に感じるような手がかりを多く与えてやる必要がある。それは実体験だけでなく、書物や映画、芸術なども含まれよう。そして、この時期最も注意すべきは大人が一方的に働きかけるのでなく、本人の自律性を重視することである。基本的に多くの選択肢は与えるが本人自身が選択するように助長することである。これは自己決定理論では「自律性への欲求」の充足に対応する。

筆者は前著ではモデルを提出しただけで基本的心理的欲求の充足がより自律的な動機づけの形成につながることを確認していないのでまずそれを第4章で検討したい。さらにこのように筆者のプシュルモデルでは、基本的心理的欲求の充足という視点で、発達という補助線を引いて、発達的に「コンピテンスへの欲求・有能感」「関係性への欲求」「自律性への欲求」の順で充足させることを想定している。自己決定理論では基本的心理的欲求の順序性はほとんど問題にされていないように思われるがこのように自律的動機づけをどのように育成していくのかという観点に立てば順序性も気がかりである。この問題に関しても第4章で今回の研究を通して少しでも明らかにしていきたい。

3　発達という視点

先のプシュルモデルは発達を想定しているが、これまで検討されてきた自己決定理論の枠組みを自己決定理論の提唱者たちは小学生でも大学生でも同じように適用できると考えているようである。つまり、発達的な普遍性が主張されている。ただし、小学生と大学生で動機づけを測定する尺度は必ずしも同じではない。例えば、小学校~高校では質問紙として Self-Regulation Questionnaire (Ryan & Connell, 1989) が、大学生に対しては Academic Motivation Scale (Vallerand. et al., 1992) が比較的よく使われている。

同じ学校段階内では横断的なものも縦断的なものも存在するが、異なる学校段階間を跨いで異なる年齢層を実際に比較した研究はほとんどないように思われる。そして同じ学校段階間で比較された研究として例えば次のような研究がある。オーティスら (Otis. et al., 2005) は自己決定理論に基づき八年生から十年生までの三年間の縦断調査を実施し、動機づけの変化を調べた。その結果、外的動機づけ、取り入れ的動機づけ、同一化的動機づけ、内発的動機づけの全てが三年間で低下していた。ダリィ (D'Ailly, 2003) は台湾の小学四年生から六年生までを比較して、高学年ほど同一化的動機づけや内発的動機づけが低いことを明らかにした。さらにゴットフリッドら (Gottfried. et al., 2009) は、九歳から一九歳までの数学と科学に対する内発的動機づけが漸次低下していくことを示した。

わが国では速水ら（一九九六）は総合人間科（総合的な学習に対応する）について中一から高三までの動機づけを横断的に比較した結果、取り入れ的、同一化的、内発的動機づけだけでなく、外的動機づけも中一から中三にかけて、また高一から高三にかけては自律的動機づけが減少する傾向を見出している（図2-4を参照。なお対象者数や尺度の信頼性については資料二七三ページを参照のこと）。ただし、中三から高一では一旦増加する。対象となった中高一貫校は、高校から入学する生徒が三分の一程度いるという特殊性が関係しているのかもしれない。また、岡田（二〇一八）が小学三年生から六年生までの縦断調査で協同的な学習に対する動機づけについて、内発的動機づけ、同一化的動機づけ、取り入れ的動機づけが一様に学年が上がるとともに低下する傾向があることを指摘している。

これらの研究結果は比較的一貫して、各学校段階での学年の進行に伴う動機づけの低下を示すものであるが、特に内発的動機づけに限っていえば、我が国では古くから発達とともに低下していくことが報告されている。

しかし、このような研究結果は理論的な発達的観点からすれば納得できないように思われる。なぜなら、子どもから大人に成長するにつれて人はより自律的になるものであり、動機づけもその方向にシフトしていくのが当然とも考えら

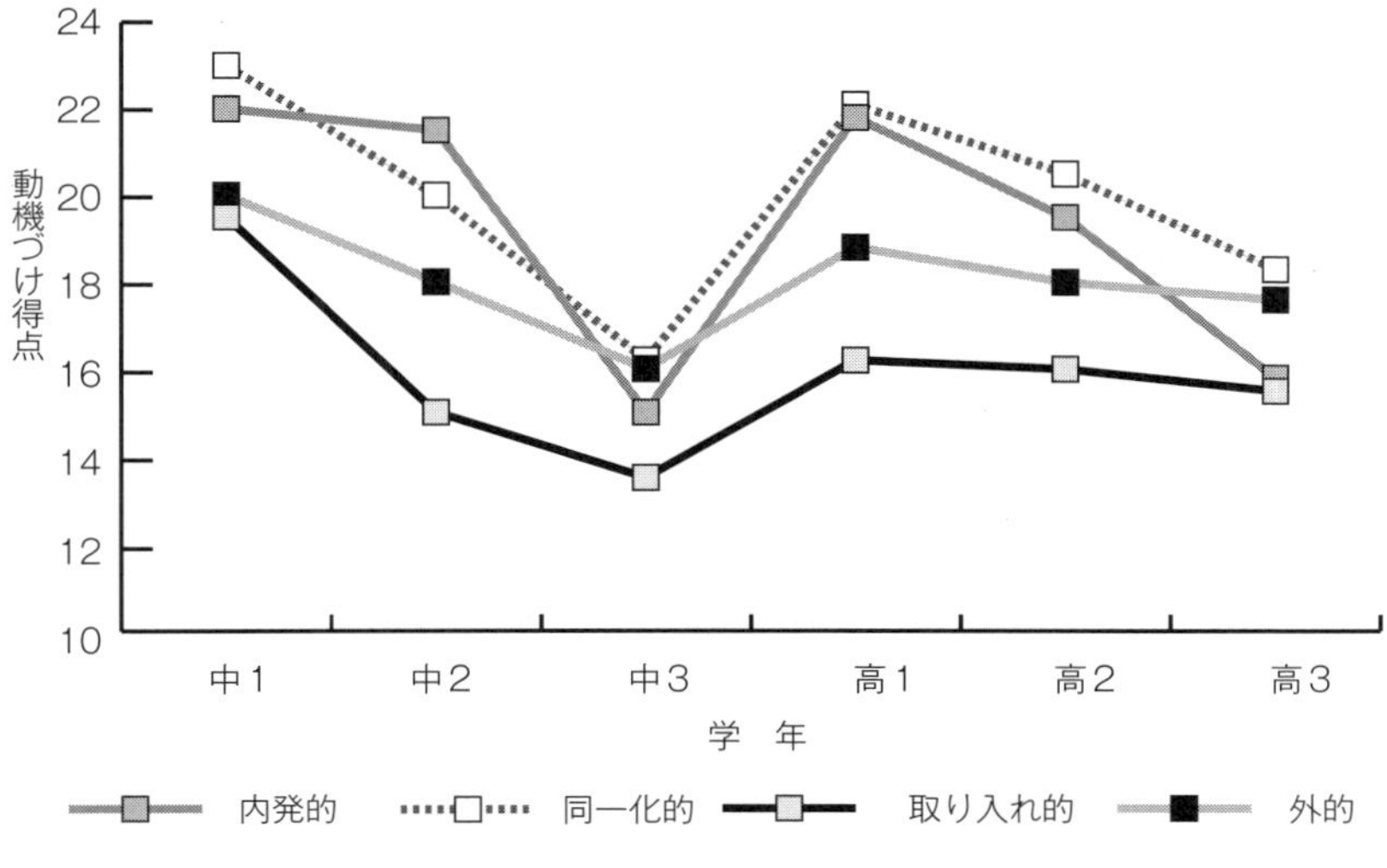

図2-4　各動機づけの学年比較（速水ら，1996 をもとに作図）

れるからである。自己決定理論の提唱者が言うように本当に内発的、統合的、同一化的、取り入れ的、外的が自律性、自己決定性の順に概念化されているのであれば成長とともに当然、自律性が増すことが想定され、外的動機づけや取り入れ的動機づけが減少し、むしろ統合的動機づけ、同一化的動機づけや内発的動機づけが増大してしかるべきである。このような結果がみられないのは理論そのものや動機づけの測定の仕方に何らかの問題があるためではなかろうか。これも筆者にとっては自己決定理論で納得のいかない気がかりな問題である。この点に関しても今回の調査研究を通して第3章および第7章で何らかの回答を導きたい。

以上は動機づけの量的な高低の変化であるが、動機づけ相互の関係、すなわち、シンプレックス構造という関係も発達とともに何らかの変化はみられないのであろうか。

図2-5は速水ら（一九九六）が総合人間科

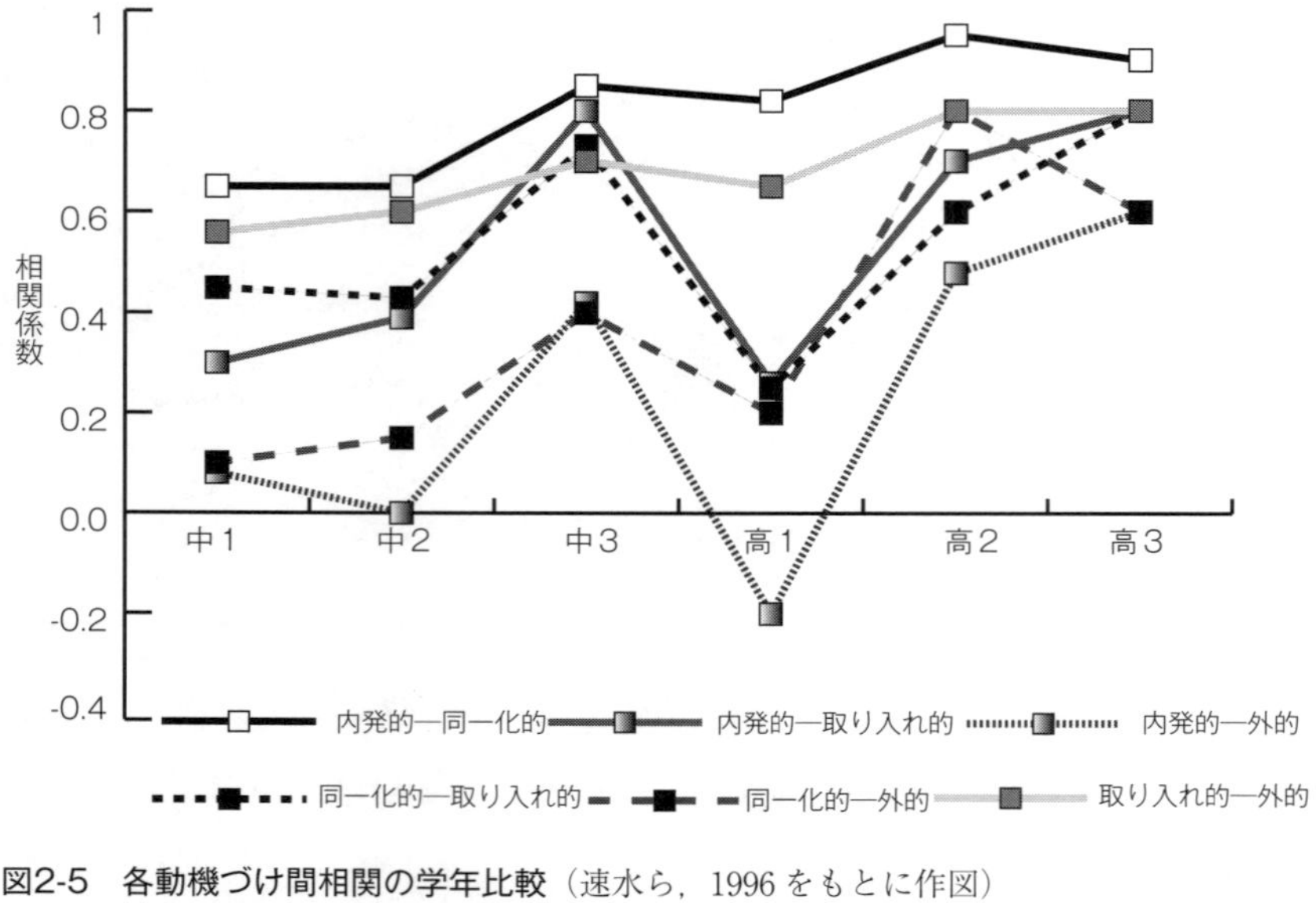

図2-5　各動機づけ間相関の学年比較（速水ら，1996 をもとに作図）

について中一から高三までの自己決定理論に基づく動機づけを測定してその相互関係についてまとめたものである。これを見るとシンプレックス構造は一定程度保持されているものの概して学年が進行するにつれて動機づけ間の関係が高くなっていることがわかる。そして大まかには中学では中三で相互相関が高くなると高一ではまた一旦少し低くなり高三で再度高くなる。中三や高三では両端の内発的動機づけと外的動機づけの間にさえ、この種の研究ではあまりみられないほどかなり高い相関になっている。これは概念的に分化していたものの境界線が徐々に薄くなり、他律と自律が区別しにくくなることでもある。第1章で、現実場面では一つの動機づけでなく複数の動機づけが同時に働くのが普通ではないかと述べたが、この相関を見ると、学年が進むにつれてそれぞれの動機づけが別々のものというよりも重なって働くようになる傾向が強くなるともいえる。なぜ、そのような現象が生じていたのか、これは教科の特殊性によるもので一般化できない現象かもしれないが、このような事実をふまえさらに年齢の幅を広くして動機づけ間の関係を検討してみることも必要であろう。

前に述べたように現実に個人個人ではある学習に取り組む場合も一つだけの動機づけが働くのではなく、複数の動機づけが働いていると考えられる。そして学習の動機づけ全体は成長するにつれてふつう個人差が拡大すると考えられる。だとすれば例えば内発的動機づけが高い人は同一化的動機づけも高くなる傾向に、逆に外的動機づけが低い人は取り入れ的動機づけも低くなるという形で相互の相関は高まることも考えられる。この問題についても第7章で若干ではあるが検討してみたい。

4　自己調整学習の理論との接点

二〇世紀後半は様々な動機づけ理論や概念が矢継ぎ早に提案された時代といえる。ここで問題にしている自己決定理論の他にも、達成動機やコンピテンスに始まり、統制の位置、オリジン・ポーン、自己効力、原因帰属、学習性無力感、フロー、達成目標理論等々、数え上げればきりがない。ただ、二一世紀に入ってからはこれまでのような激しい変化は見られないが、比較的多くの人たちに注目されている理論としてジマーマンとシャンク（Zimmerman & Schunk, 2001）が提唱した自己調整学習の理論がある。本邦でも彼らの著作の訳書が次々と著されている（例えば塚野ら訳、二〇〇九）。自己調整学習とは他者から言われるのでなく自ら持続的に学ぶことが重視され、そのためには「予見」「遂行」「自己省察」の段階で、児童・生徒が能動的に「動機づけ」「学習方略」「メタ認知」に関わって適切に自己調整していくことが必要とされる。神藤（二〇一七）によれば、「自己調整学習論はこれまでの内発的動機づけの議論とは異なり、楽しい、おもしろいという理由のみではなく、自ら重要と考えた内容を、粘り強く学習していくということにスポットを当てている。このことは、社会との接続、すなわち、自らの好奇心からだけでなく、社会的に重要であると思われる事象（例えば環境問題）について、自ら重要と認知し、動機づけていくプロセスを含んでいる。その意味で内発的動機づけに比べると『社会性』を有していると言える。」としている。一方で神藤は「自己調整学習研究において『なぜ学ぶのか』の問題の扱いは、必ずしも明確でないように思われる」とも述べている。

このような指摘に鑑み、なぜ学ぶのかの視点から考えられた自己決定理論と社会性を有している自己調整学習の理論の接点を探ることは内発的動機づけや自律的動機づけの意味を明らかにするために必要と思われる。しかし、実はこの問題に関してもこれまで実証的研究がないわけではない。伊藤・神藤（二〇〇三）や後藤ら（二〇一七）などの動機づけの自己調整方略と動機づけに関する先駆的研究がある。ただし、これらの研究では内発的動機づけが、自らを動機づけるために自己調整方略を最も多用するはずという前提に立っているように思われる。しかし、後でも説明するようにそのような考え方に納得できない。動機づけの自己調整方略は内発的動機づけのように快感情を伴う状況よりはそれほど快でもない状況の中で、なんとかやりとげたいという気持ちが強い時にこそ最も駆使される。つまり、内発的動機づけよりも同一化的動機づけの場合に特に必要と思われるからである。先に神藤が「自己調整学習論は内発的動機づけに比べると社会性を有していると言える」と述べていたが、その意味でも、社会的価値が個人に内面化し、自分にとって重要だから学ぶというような同一化的動機づけの場合こそ動機づけの自己調整方略が駆使されると予想される。この問題については第8章で検討される。

5 「自律性」概念に立脚しているか

だが、最も自己決定理論で気がかりなのは、この理論の中心的概念とも思える「自律性」の意味をめぐる問題である。現在の心理学研究でも「ジリツセイ」という同じ音の自律性と自立性は混同されて使われている場合も多々見受けられる。日本語の意味としての違いは前者が「自由気ままを抑えたり、自分の規範に従って自分のことは自分でやっていくこと」、後者が「他の人の助けなしに自分の力だけで物事をやっていくこと」というようなことになろう。

ライアンとデシ（Ryan & Deci, 2017）は「自律的であることとは内省的考えにより活動することを意味する。それゆえ、自律的活動とは自分で責任を持つ自己承認しうる活動である。さらに我々は自律性を独立性・自立性（非依存）や自由（無強制）と区別する。」としている。この定義から自律性は人が成長していく過程で用いられ、自立性は成長の結果としてほぼ一人でできるようになった時点で用いるのが適切な概念ともいえる。そして、子どもが大人としての行動様式を習得していく社会化の過程は自律性形成の過程でもある。従って、自律性を身につけるには外部、あるいは他者からの情報を受け入れる段階があり、それを自分なりに吸収して、自分の中に取り込み、それを自ら使っていくという流れがあると考えられる。

逆説的なことだが、自律とは、勉強も含めて様々な行動様式を自己コントロールできるようになるために、まずはどうすべきかを他者から教えられる過程があるという矛盾した面を持つ。そう考えると自己決定理論自体、再考、あるいは再検討すべきことは他にもある。例えば、自律性支援することで自律的動機づけを高めることが想定されているが、子どもに対して初めから自律性支援をしていれば自律的動機づけが高まるものではないように思われる。まずはどのようにすべきかという指示的な指導的なものがないと自律性そのものの芽が育たないのではなかろうか。この自律性支援という概念をめぐる問題についても第5章で検討していきたい。

そして、これは先の4で述べたことにも関連するが、自律性を自己コントロールする力と考えると内発的動機づけを他の動機づけよりも自律性が高いものとして位置づけることが適切だろうか。自律性は本来、自然に自らやろうという気持ちが生じないことを身につける際に必要とされる力ではなかろうか。やること自体が楽しいことに対して何も自分を律する必要はないように思われる。つまり、図2-2の二次元モデルで内発的動機づけは、自己決定理論に従い、最も自律性の高いものとして一番右端に描いたが、内発的動機づけが目的的であることだけを強調すると、自律的ということと矛盾が生じると考えるようになった。端的に言おう。自律性という観点からすれば内発的動機づけよりも同一化的動機づけの方が高い位置にあってしかるべきではなかろうか。そのような観点からも本調査結果を総合して第9章、第10章で論じてみたい。

3節　問題解決に近づくために

1　調査の目的と本書の目的

本書では、まず、以下に先の気がかりな問題を解決することを中心に行った研究を紹介する。ここでの研究の大きな目的は自己決定理論の特に有機的統合理論に焦点をあててその理論を再検討してより現実的でかつ教育実践につながるような枠組みを提案することである。それは、自律性をキーワードにして、発達的視点を持ち、内発的動機づけ、外発的動機づけ、自律的動機づけ、それぞれの性質について根本的に見直しをしてこれまでの概念自体を考え直そうという挑戦的な試みでもある。筆者の調査結果がベースになるが、自己決定理論を検討した他の研究者たちの論文でも補完しながら新たな見方を提案してみたい。

2　調査研究の内容

前節のような自己決定理論に関する気がかりな問題についていくつかの研究を通して理論を再考するのが本書の目的である。そのために大きく分けて二種類の調査を実施している。

一つは小・中、高、大学生に同じ調査を実施した。そこでは主に、疑似内発的動機づけの検討、基本的心理的欲求と動機づけの関係、動機づけと動機づけにより変化する行動との関係、さらには発達という視点からの比較検討などが中心となる。気がかりな問題の主に1～3に関連する。

もう一つは大学生だけを対象に行った調査である。この内容は自律性支援と動機づけの関係、動機づけの自己調整方略と動機づけの関係、回顧的、俯瞰的にみた各学校段階別の各動機づけの高さの調査である。気がかりな問題の主に3～5に関連するもので、いずれもこれまでの自己決定理論を精錬するために計画した研究である。

ただし、本書は多くの教育関係者に読んでいただくために、細かな統計的分析結果については資料にまとめて載せ、本文では省略している。統計的検定の結果についても有意水準の詳細は煩雑になるので大方省略し、本文では「有意」とか「差がある」とだけにとどめている。これは5％水準以下のことである。

3　本書の構成

本書は三部立てになっている。第一部「これまでを疑う」の第1章と第2章では本書を書くに至った動機や本書で何を明らかにしていこうとするのかについてふれた。次の第二部「心を測り直す」は第3章から第7章までで構成される。まず四つの学校段階を対象にした同一の調査による結果について報告する。第3章では疑似内発的動機づけ、第4章では先行変数である基本的心理的欲求と動機づけの関係および後続変数であるメタ認知方略および粘り強さと動機づけの関係についての研究について述べる。第5章からは大学生だけ対象にした調査をもとにしており、第5章は自律性支援と動機づけの関係、第6章は動機づけの自己調整方略と動機づけの関係、そして第7章は回顧的、俯瞰的に見た各学校段階での動機づけの高さについて論じる。

最後の第三部「これからを描く」は第8章から第11章までで第二部の調査結果を通して自己決定理論を問い直す。まず、第8章では内発的動機づけについて再考する。第9章はそれまでの調査結果や理論的検討をふまえ、筆者なりの自己決定理論に立脚した動機づけの新たな枠組についての提案をする。続く第10

章では、新たな枠組みを教育実践にどのように役立てるべきかを考える。そして最後の第11章では内発的動機づけも外発的動機づけも一方だけで働くのでなく、相互に影響しあい融合することで極上の動機づけが生成されることを述べる。

引用文献

Rotter, J. B. 1966 Generalized expectancy for internal vs. external control reinforcement. *Psychological Monographs*, 80, 1-28

de Charms, R. 1968 *Personal causation*. New York: Academic Press.

Bandura, A. 1977 Self-efficacy: Toward a unifying theory of behavioral change. *Psychological Review*, 84, 191-215.

Dweck, C. S. 1986 Motivation processes affecting learning. *American Psychologist*, *41*, 1040-1048.

Deci, E. L., & Ryan, R. M. 1985 *Intrinsic motivation and self-determination in human behavior*. New York: Plenum.

速水敏彦　一九九八　自己形成の心理―自律的動機づけ―　金子書房

鹿毛雅治　二〇一三　学習意欲の理論―動機づけの教育心理学―　金子書房

Ryan, R. M., & Deci, E. L. 2017 *Self-determination theory: Basic psychological needs in motivation,development and wellness*. New York London: The Guilford Press.

Reeve, J., Deci, E. L., & Ryan, R. M. 2004 Self-determination theory: A dialectical framework for understanding sociocultural influences on student motivation. In D. M. McInerney & S. Van Etten (Eds.) *Big theories revisited* (pp.31-60). Greenwich, CT: Information Age.

岡田涼　二〇〇九　自己決定理論における動機づけ概念間の関連性―メタ分析による相関係数の統合―　パーソナリティ研究　一八（二）　一五二―一六〇.

Grolnick, W. S., & Ryan, R. M. 1987 Autonomy in children's learning: An experimental and individual difference investigation. *Journal of personality and Social Psychology*, 52(5), 890-898.

Ryan, R. M., & Connell, J. P　1989　Perceived locus of causality and internalization: Examining reasons for acting in two domains. *Journal of Personality and Social Psychology*, 57(5), 749-761.

Vallerand, R. J., Pelletier, L. G., Blais, M. R., Briere, N. M. Senecal, C., & Vallieres, E. F　1992　The academic motivation scale: A measure of intrinsic, extrinsic, and amotivation in education. *Educational and Psychological Measurement*, 52, 1003-1017.

Otis, N., Grouzet, F. M.E., & Pelltier, L. G.　2005　Latent motivational change in an academic setting: A 3-year longitudinal study. *Journal of Educational Psychology*, 97, 170-183.

D'Ailly, H.　2003　Children's autonomy and perceived control in learning: A model of motivation and achievement in Taiwan. *Journal of Educational Psychology*, 95, 84-96.

Gottfried, A. E., Marcoulides, G. A., Gottfried, A. W., & Oliver, P. H.　2009　A latent curve model of parental motivational practices and developmental decline in math and science academic intrinsic motivation. *Journal of Educational Psychology*, 101(3), 729-739.

速水敏彦・田畑治・吉田俊和　一九九六　総合人間科の実践による学習動機づけの変化　名古屋大學教育學部紀要—教育心理学科—四三、二三—三五.

岡田涼　二〇一八　児童期における仲間との協同的な学習に対する動機づけの発達的変化　パーソナリティ研究二六（三）、一九四—二〇四.

Zimmerman, B. J., & Schunk, D. H.　2001　*Self-regulated learning and academic achievement*. Lawrence Erlbaum Associates（バリー・J・ジマーマン　ディル・H・シャンク（編著）　塚野州一（編訳）　伊藤崇達・中西良文・中谷素之・伊田勝憲・犬塚美輪（訳）　二〇〇六　自己調整学習の理論　北大路書房）

Schunk, D. H, & Zimmerman, B. J.,2008 *Motivation and self-regulated learning*: Theory, research and applications. Routledge（ディル・H・シャンク　バリー・J・ジマーマン（編著）　塚野州一（編訳）　中谷素之・伊藤崇達・岡田涼・犬塚美輪・瀬尾美紀子・秋場大輔（訳）　二〇〇九　自己調整学習と動機づけ　北大路書房）

神藤貴昭　二〇一七　「自己調整学習」論の可能性—動機づけと個人差にかかわる課題に焦点を当てて—　立命館

教職教育研究　四、二三―三二.
伊藤崇達・神藤貴昭　二〇〇三　中学生用自己動機づけ方略尺度の作成　心理学研究　七四（三）、二〇九―二一七.
後藤崇志・川口秀樹・野々宮英二・市村賢士郎・楠見孝・子安増生　二〇一七　自律的動機づけと動機づけ調整方略の双方向的関係　心理学研究　八八（二）、一九七―二〇二.

過大評価

研究随想　2

夫が推測する家事の割合

還暦を過ぎた頃から少しだけ家事を分担するようになった。といっても朝の味噌汁の用意と夕食後の食器洗いを娘と分担して週に二、三度やり始めたにすぎない。しかし、当初は家事にかなり貢献しているつもりで周りの学生たちにも自慢げに話していた。一年ほど前、娘が嫁いで、味噌汁の用意はほぼ毎日、自分の分担となった。それだけではない。最近は週末には風呂の掃除もいつの間にか私の役目になっていた。かなり貢献していると自分では思っている。しかし、妻の用事が多い時期になると、妻が「家のことは何もしてくれない」と小言を言いだし、私はむっとする。

先日、テレビのクイズ番組で年末の大掃除について夫と妻がどれほどの割合でしているかを大規模な調査結果に基づいて当てさせるものがあった。興味深かったのは、妻側は一〇対〇と答えた人が多かったのに対して、夫側は五対五と答えた人が最も多かったことだ。主観的感覚はかくもずれが生じるものかと驚いた。妻にとっては全く戦力にならなかったとの判断であるが、夫自身は対等に貢献したと考えている。

私がやったつもりになっていたことも世の妻側からみれば、それほど些細なことかと愕然としたが、一方で私の妻だけが特別に歪んだ認識をしているわけでもなさそうに思われた。

今の若い人たちは夫が家事を一緒にするのは当然というような認識があり、娘の亭主たちもごく自然に家事をしているのに感心することがあるが、我々の世代は私のように家事は女の仕事などという偏った観念を抱いている者が多い。従って家事を自律的動機づけで始めるものは少なく、配偶者に強制されてやむをえなく始めるという、まさしく外的動機づけで始める人が多い。だからこそ、本人は自己犠牲的に貢献したと思っているので自分の努力を過大評価するのだろう。

第二部

心を測り直す

第3章　もう一つの内発的動機づけ

1節　他律内発的動機づけ

1　他律内発的動機づけの一部としての疑似内発的動機づけ

本章では疑似内発的動機づけの存在を確認することに主眼がある。そのために、まず、他律内発的動機づけという新たな構成概念を設けることにする。これまでにも述べたように、教室で教師をはじめ周りの人たちは子どもたちに内発的動機づけを形成させるような働きかけをする。それは働きかけの時点では外部から他律的に動機づけられるものといえる。他律とは意味的には強制も含む強い言葉であるが、内発的動機づけが自己決定理論では最も自律的なものとして位置づけられていることから対比的な表現として使用している。それゆえ，「他者から本人の内発的動機づけを高めるためになされる働きかけで本人の内発的動機づけが喚起されるもの」を他律内発的動機づけということにする。外部からの働きかけなので「内発的」という言葉を使うのはおかしいという見方もあろうが，ここではその働きかけによって子ども自らが学習に向かおうとする，いわゆる内発的動機づけと同様の現象がみられることを想定している。もちろん，それが極めて短時間の状態でしかない場合もある。しかし，それを子どもが積極的に受容して自分の中に取り込めば，いわゆる内面化して子どもの内側に内発的動機づけが形成されることになる。そして，多くの教師はそれを目指していよう。しかし，外部からの働きかけが全て子どもの側に吸収されるわけではない。むしろ，その場だけの一時的な動機づけに留まることも少なくない。筆者が指摘した疑似内発的動機づけとは他律内発的動機づけが全く児童・生徒個人に内面化されることなく，むしろ常に他律内発的動機づけだけを希求している場合に生じるものである。

図3-1は他律内発的動機づけ，内発的動機づけ，疑似内発的動機づけの関係を図示したものである。右側の他律内発的動機づけは他者からの働きかけで，受け手である児童・生徒が一時的には楽しいから

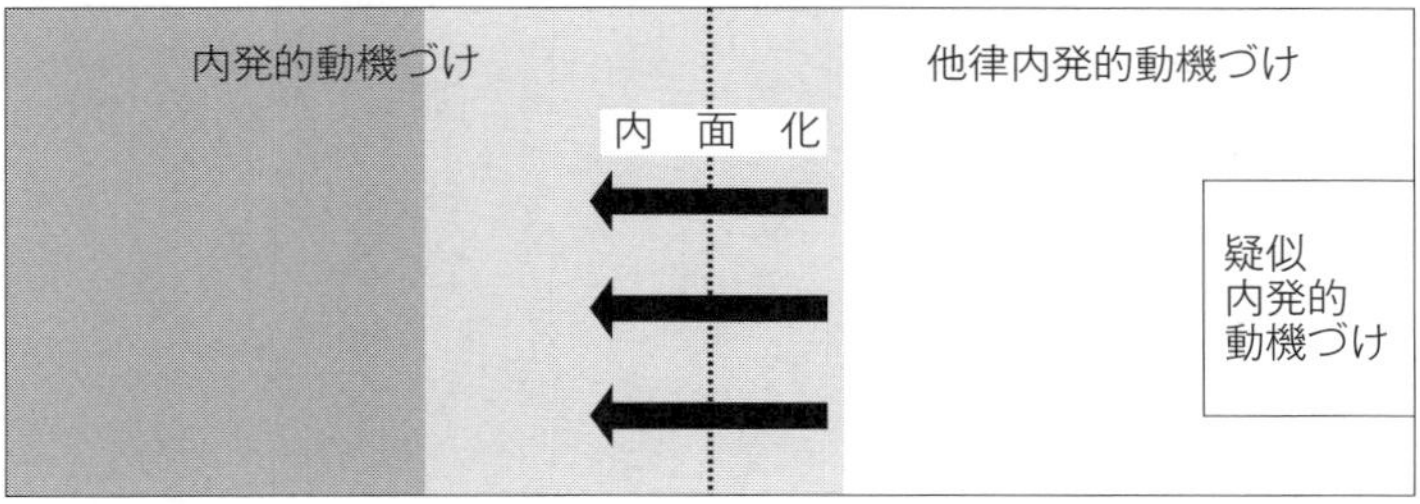

図3-1　他律内発的動機づけ，内発的動機づけ，疑似内発的動機づけの関係

やろうという内発的動機づけが喚起された時と同じような状態になるものである。

左側には児童・生徒の内部から湧き上がる本来の内発的動機づけが描かれている。他律内発的動機づけは第4章でふれる本人の基本的心理的欲求や第5章でふれる教育者の自律性支援、あるいはその他の条件が整うことで内面化され本人の内側に内発的動機づけとして蓄積されると考えられる。そして右側から左側への移行は内面化過程であり左側にいくほど安定した内発的動機づけといえる。一方、他律内発的動機づけの右隅に疑似内発的動機づけを図示しているが、これは他律内発的動機づけが全く内面化しないまま存在する状態という意味である。つまり他者からの内発的動機づけ状態になる働きかけだけを大いに期待しているが、それを自分の内側に全く吸収しようとしていないので通常の学習場面で働く比較的持続的な動機づけがもてないのである。ここで改めて筆者のいう疑似内発的動機づけを定義すれば、「他者から与えられる表層的な面白さや楽しさからくる受け身的な動機づけで学習行動にはむしろネガティブに機能するもの」といえる。図3-1に沿って2節では疑似内発的動機づけの検討もしていく。

2　他律内発的動機づけの存在と特徴を知るための研究の進め方

まず、他律内発的動機づけが存在することを明らかにして、さらに、それが、自己決定理論の他の動機づけとの関係でどのように位置づけられるのか、その特徴を明らかにする必要がある。そこで、まず、独自に他律内発的動機づけを測定する項目を作成した（速水・梅本　二〇一七、梅本・速水、二〇一七）。さらに、内発的動機づけ、同一化的動機づけ、取り入れ的動機づけ、外的動機づけの測定については、筆者らが作成した項目（速水ら、一九九六）だけでなく、西村ら（二〇一一）の自律的学習動機尺度および他の人たちが作成した項目も参考にして項目を収集した。そして、表3-1に示すように他律内発的動機づけと内発的動機づけはそれぞれ一〇項目、同一化的動機づけ、取り入れ的動機づけ、外的動機づけはそれぞれ五項目からなる動機づけ質問紙を構成した。なお、実施する際の項目の並び順は表3-1のようではなく、前後には異なる性質の動機づけ項目を配置した。また、小学生用の質問紙については彼らにとって難しいと思われる漢字にはふりがなをつけた。

教示文は「あなたは日頃、どのような理由で、学校で様々な教科を学習しているのでしょうか。次にあげられているそれぞれの理由について、すべての、教科の学習を総合して考えて、1『どんな時もあてはまらない』、2『めったにあてはまらない』、3『どちらともいえない』、4『しばしばあてはまる』、5『いつもあてはまる』のどれかを選んでください」となっていた。

調査実施対象は小・中・高・大の四つの学校段階の生徒で小学生が小学六年生、中学生が中学二年生、高校生が普通科および職業科の一、二、三年生、大学生が大学一、二、三、四年生であった。なお、男女別の人数は資料二七二ページに記載している。

3　因子分析から見る

他律内発的動機づけは他者により喚起される内発的動機づけで本来の本人自身の内部から湧き上がる内発的動機づけとは性質を異にするはずである。そこで、他律内発的動機づけを測定するはずの質問一〇項目と内発的動機づけを測定するはずの質問一〇項目が異なる群、分類になるのかを見る目的で因子分析が各学校段階別に実行された。

その結果、各学校段階で二因子が抽出され、二つの動機づけが異なる性質を有することが示されたが、それぞれが、予測したような一〇項目ずつに完璧に分かれたわけではなかった（因子分析結果は資料

表3-1　学習動機づけの質問項目

速水ら（1996），西村ら（2011）を参考に作成

他律内発的動機づけ
教材や教科書などがおもしろいから　○
先生の教え方が楽しいから
ゲーム感覚でできる授業だから
先生が授業で退屈しないようにしてくれるから
教室全体が楽しい雰囲気だから
グループ学習が楽しいから
わかりやすい内容だから　○
おもしろい先生だから
やさしい問題を解くことが多いから
仲間が授業を盛り上げてくれるから
内発的動機づけ
自分でわからないことを調べるのが楽しいから
わかるようになっていくのがおもしろいから
理解できると達成感が生じるから
勉強していると疑問が次々でてくるから
むずかしいことに挑戦していくことが好きだから
新しい解き方ややり方を見つけることがおもしろいから
知識や技能が高まるのがうれしいから
次々考えていくことが楽しいから
疑問を解決するのがおもしろいから
勉強している内容をもっと詳しく知りたいから
同一化的動機づけ
将来の成功につながるから
自分の夢を実現したいから
自分の希望する進学をしたり、自分の希望する職業に就いたりしたいから
自分のためになるから
勉強するということは大切なことだから
取り入れ的動機づけ
勉強で友だちに負けたくないから
友だちより良い成績をとりたいから
まわりの人にかしこいと思われたいから
友だちにバカにされたくないから
勉強ができないとみじめな気持ちになるから
外的動機づけ
やらないとまわりの人がうるさいから
まわりの人から、やりなさいといわれるから
成績が下がると、怒られるから
勉強するということは、規則のようなものだから
みんなあたりまえのように勉強しているから

○印は削除した項目

二七一―二七二ページを参照)。他律内発的動機づけとして考えた二項目は、むしろ内発的動機づけに属すると考えられる場合もあったので、それを削除して八項目を使用することにした。ここでその八項目の内容を改めて記述すると次のようである。「先生の教え方が楽しいから」、「ゲーム感覚でできる授業だから」、「先生が授業で退屈しないようにしてくれるから」、「教室全体が楽しい雰囲気だから」、「グループ学習が楽しいから」、「おもしろい先生だから」、「やさしい問題を解くことが多いから」、「仲間が授業を盛り上げてくれるから」である。他方、内発的動機づけの方はそのまま一〇項目使用することにした。

4 他律内発的動機づけの高さについて―学校段階比較、ならびに他の動機づけとも比較して―

それぞれの学校段階での動機づけの高さを比較するにあたって、まず、それぞれの動機づけ尺度の学校段階別の信頼性係数(α係数)を算出した。なお、他律内発的動機づけは前述の因子分析結果を受けて八項目からなるものである。その詳細は資料(二七一ページ)に記載しているが、ほとんどが.75以上の値を示し、信頼性が高いといえる。ただし、外的動機づけ尺度では.75以下の値も示されたが、極端な低さではないのでこのまま使用することにした。そして各動機づけごとに項目得点を合計し下位尺度得点を算出した。図3-1は学校段階ごとに五つの動機づけの下位尺度得点(実際には合計点を項目数で除算した値)の平均値をグラフ化したものである。

まず、他律内発的動機づけの学校段階の違いに着目すると、小、中、高と年齢が上がるにつれて低下していることがわかる。しかし、高校生と大学生での差は見られない。詳細は資料(二五五ページ)を参照。これは、年齢の低い小学生ほど他者から内発的動機づけを喚起されているということになろう。それは現実に小学生に対して他者からの内発的動機づけを高める働きかけが多いことを意味していようが、その働きかけを素直に受けとめていることも意味していよう。逆にいえば、成長に伴って、他者からの内発的動機づけを高める働きかけが実際に弱まることが考えられるが、たとえ同じように働きかけられたとしても、それを受容しなくなることも考えられる。

他の動機づけの高さについてもこの図で見ることができるが、どの発達段階でも、同一化的動機づけの値が最も高くなっている特徴がある。そして小学生は外的動機づけ以外の動機づけではどの動機づけでも最も高い値をとっている。なお、他律内発的動機づけ以外の他の動機づけの学校段階差の詳細についてはここでは図示するだけにとどめ、第7章で詳しく扱うことにする。

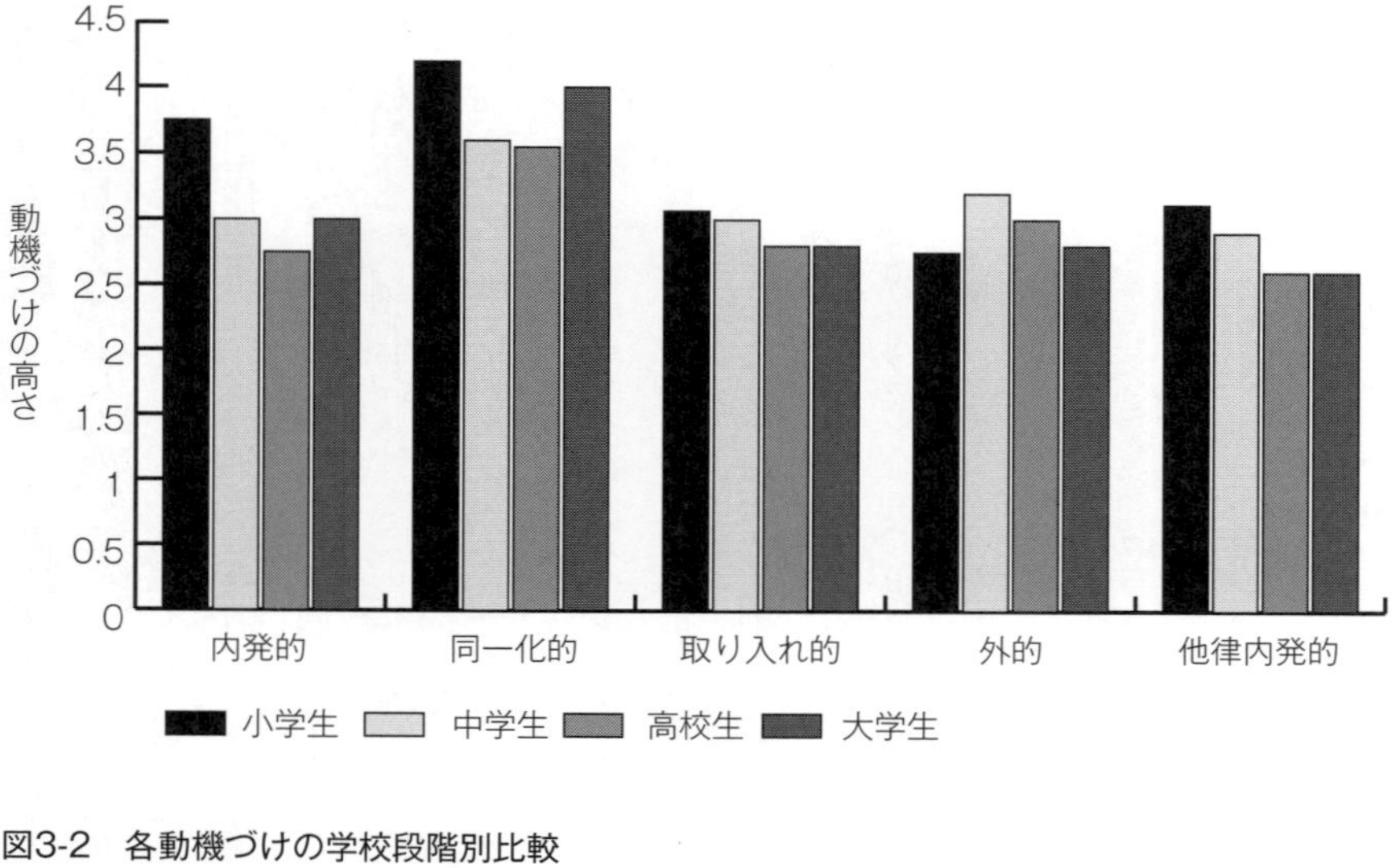

図3-2　各動機づけの学校段階別比較

5 シンプレックス構造内での他律内発的動機づけの位置づけ

自己決定理論では動機づけ間にシンプレックス構造が成立するとされている。そこで、動機づけ間の相互相関を学校段階別に示したものが表3-2と表3-3である。今回取り上げる他律内発的動機づけは一番右側においてある。数値の右肩のアステリスクは統計的有意性を示し、アステリスクの数が多い箇所ほどより確実に相関関係があるといえる。自律性の順序で内発的、同一化的、取り入れ的、外的の並びで概念的に近いもの同士の相関が高ければシンプレックス構造ということであるが、ここで提案した他律内発的動機づけは概念的に複雑な位置づけである。なぜなら、本来自律的であるはずの内発的動機づけの性質を有していながら他律的なものだからである。

他律内発的動機づけを視野外において表3-2、表3-3を見ると、既成の概念の動機づけはほぼどの学校段階でも自律性の高さで理論的に隣り合うもの同士の相関が高くなっており、離れているもの同士は低くなっているのでシンプレックス構造が成立しているといえる。

注目の他律内発的動機づけであるが、小学生では最も相関が高いのは内発的動機づけとであり、続いて取り入れ的動機づけ、同一化的動機づけ、外的動機づけの順で、いずれも有意な相関である。次に中学生についてみてみるとここでも内発的動機づけとの関係は他との関係に比べて最も強く、大きさの順序も同じである。そして、高校生も同じ傾向を示している。ただし、大学生だけはわずかな違いであるが取り入れ的動機づけと同一化的動機づけの順が逆転している。

つまり、小・中・高校生までは他律内発的動機づけとの相関が高いのは、内発的動機づけ＞取り入れ的動機づけ＞同一化的動機づけ＞外的動機づけの順である。

表3-2　各動機づけの相互相関

右上は小学生，左下は中学生の場合

	内発的	同一化的	取り入れ的	外的	他律内発的
内発的		.715***	.403***	-.051	.519***
同一化的	.623**		.372**	-.049	.302***
取り入れ的	.491**	.498**		.375**	.410***
外的	.137	.151*	.487***		.261***
他律内発的	.586***	.367***	.373***	.242**	

＊…p<.05　＊＊…p<.01　＊＊＊…p<.001

表3-3　各動機づけの相互相関

右上は高校生，左下は大学生の場合

	内発的	同一化的	取り入れ的	外的	他律内発的
内発的		.613***	.544***	.132**	.643***
同一化的	.511***		.493***	.160***	.393***
取り入れ的	.402***	.408***		.333***	.411***
外的	.045	.092	.288***		.265***
他律内発的	.589***	.306***	.300***	.235***	

＊…p<.05　＊＊…p<.01　＊＊＊…p<.001

表3-4　他律内発的動機づけと他の動機づけとの偏相関係数

	小学生	中学生	高校生	大学生
内発的	.448***	.471***	.526***	.527***
同一化的	-.139	-.023	-.033	-.018
取り入れ的	-.152*	.032	-.029	.014
外的	.250***	.163*	.219***	.244***

＊…p<.05　＊＊＊…p<.001

さらにもう一つの特徴は、他律内発的動機づけは相対的には最も弱い関係にある外的動機づけとも統計的には有意な相関が示されていることといえる。他律内発的動機づけは、シンプレックス構造という枠組みではとらえられない性質を有していると考えられる。

6　偏相関係数から見る他律内発的動機づけと他の動機づけとの関係

表3-2と表3-3でみたように自己決定理論での四つの動機づけ間には相関があることからこれらの関係を除いたうえで他律内発的動機づけとそれぞれの動機づけとの純粋な意味での相関である偏相関係数を算出したものが表3-4である。これはどの学校段階でも共通の傾向が認められる。すなわち、内発的動機づけとは.45～.53程度のかなり高い偏相関係数が認められるが、同一化的動機づけと取り入れ的動機づけとの関係は小学生の場合にのみ、例外的に取り入れ的動機づけとの負の偏相関係数が有意であるが、他の学校段階では無相関である。表3-2と表3-3でみた有意な相関係数は純粋にその変数だけを取り出して関係を見ると全く消えてしまうのである。

さらに興味深いのは外的動機づけとの相関である。ここではまた、全ての学校段階で有意な正の偏相関係数が認められる。つまり、他律内発的動機づけは最も自律的である内発的動機づけと最も他律的である外的動機づけとの間に有意な関係がみられ、中間の同一化的動機づけ、取り入れ的動機づけとの間には関係がみられないという実に奇妙な関係なのである。これをそのまま解釈すれば、他者からの内発的動機づけを高める試みは多くの教育者が想定しているように内発的動機づけそのものも高めているが、一方で最も統制的、他律的な外的動機づけも高めていることになる。

2節　疑似内発的動機づけを考える

1　疑似内発的動機づけに関する先行研究との相違点

第2章で筆者が指摘した疑似内発的動機づけに関しては，例えば伊田・乾（二〇一一）など，すでにいくつかの研究がなされている。以下にその内容に関してみることにする。ただし，伊田は過去の波多野ら（一九七三）の指摘に鑑み，疑似でなく擬似内発的動機づけと表記している。

伊田・原田（二〇一五）は擬似内発的動機づけの概念を「学習内容との関連が薄い（あるいは無関係な）表層的なおもしろさによって生じる動機づけ」として定義し，その表層的な面白さを他者が与える場合を「他者喚起型擬似内発的動機づけ」，学習者自身が作り出す場合を「自己喚起型擬似内発的動機づけ」と二つに分けて考えている。そして，表層的面白さとは内容同質性の欠如，つまり，学習の目的と学習内容の間に本質的な関係性を伴わない楽しさとも表現できるとしている。

まず，前者の他者喚起型擬似内発的動機づけに関しては次のような具体的エピソードがあげられている。小学校段階の具体例として「小三の頃，漢字ドリルのノートの表紙にやってきた題数分のシールが貼られた。誰よりもシールの数を集めようと必死にやったら，嫌いだった計算ドリルもできるようになった」。中学校段階の具体例として「中二のときに，理科の化学式を覚える授業で，先生が化学式カルタを作って，ゲーム感覚で化学式が覚えられた。最終的にテストでも間違えずに化学式を書けるようになった」。高校段階の例として「高三の時の英語の先生が面白かった。音楽科のいるクラスだったので，それにかこつけて『お前たちは耳がいいんだから！』とやたら念押ししてきて発音練習を盛り上げ大声で発音した。そのため、発音を通して単語を覚えていき、単語がわかるので長文も読めるようになり、英語が好きになった」などである。

後者の自己喚起型擬似内発的動機づけに関しては先にもあげた伊藤・神藤（二〇〇三）のいう自己動機づけ方略の一部がそれに相当するという。つまり、自己調整学習方略と考えてよい。特に学習内容との関連が薄いという観点では、ながら方略（音楽やラジオ等）、報酬方略（勉強が終わったらお菓子を食べる）、社会的方略（友だちと一緒に勉強）の三つをあげている。しかし、他にも整理方略（ノート作成等）、想像方略（将来の自己像をイメージ）、負担軽減方略（得意なところを多く勉強）、内容方略（身近なことに関連付け）などが考えられるとしている。具体的な例として「中二のとき、受験勉強中に、何分以内に解けたら○○のごほうび！と自分で目標を決めていた」「歴史の年号を覚える時、重要だと思われる年号全ての語呂を考えた。これを繰り返すことで年号を覚えることへの抵抗が少なくなっていった」「いつも筆記用具と一緒に『ふせん缶』を持ち歩いていて、大量の色んな種類の付箋をペタペタノートや教科書に貼ることが楽しかった。そのうち内容に意識が向いて勉強を進められるようになった」などである。

そして、この二種類の擬似内発的動機づけを発達的に検討したところ、他者喚起型の数はあまり変化しなかった。一方、自己喚起型は小学校段階では極めて少ないが、発達とともに徐々に多くなることが認められたとしている。

筆者の疑似内発的動機づけの意味や働きは前に述べたとおりであるが、前述の伊田の概念区分とはやや相違点がある。まず、一つは、伊田が自己喚起型としているものは、自己調整学習方略としてあくまで自律的に働かせるもので、それが自分をあえて騙すような性質があるにせよ、それを通じて生じたものを疑似的なものとは筆者は考えない。むしろ、真の自律性が反映されたものと考えている。そして、自己調整学習方略との関係は第6章で別に扱うことにする。

それゆえ、基本的には伊田の言う他者喚起型が他律内発的動機づけに相当する。ただし、伊田の定義は内容同質性の欠如を明確にしているが、筆者は、項目作成の段階では教材や教科書の内容の面白さ、やさしさも表層的な面白さを導くものとして想定している。

さらに大きな相違点は、前述したようにここでは他律内発的動機づけ＝疑似内発的動機づけ、とは考えていないことである。伊田は、擬似内発的動機づけは常に子どもの動機づけにマイナスに作用するわけではないと指摘しているが、ここでいう他律内発的動機づけも基本的にはそのように考えられる。しかし、筆者のいう疑似内発的動機づけは学習動機づけとして特にネガティブに作用するものだけを想定している。

2　他律内発的動機づけは内発的動機づけにいかに影響するのか

この問いに対して調査から完璧な答えを導くのは難しい。そもそも調査的方法では他律内発的動機づけの喚起が内発的動機づけに先行してなされているという時間関係が明確でない。しかし、他律内発的動機づけが内発的動機づけにいかに影響しているかの何らかの手がかりをこの調査からえられないものであろうか。教室での様々な他者からの他律内発的動機づけの働きかけは児童・生徒側に内発的動機づけが形成されることを想定してなされることが多い。これは働きかけが内面化する過程を想定していることになる。

そこで、やや粗雑な見方ではあるが、児童・生徒個人個人がその過程のどこに存在するのかを大まかに区分して見ることにする。第一は他律内発的動機づけの影響がなくとも、すでに一定程度の内発的動機づけが形成されている場合である。これは、内面化の過程がすでに終了しているものと考え内面化完了群とする。第二は、まさに内面化が進行している段階である。その場合、他律内発的動機づけが高く、それを反映して、内発的動機づけも高くなっているものと考えられる。これを内面化進行中群とする。第三は、他律内発的動機づけだけは高まっているが、内面化がまだ生じておらず、内発的動機づけは低いままである場合である。これを内面化前疑似群と呼び、先に述べた疑似内発的動機づけに相当するものと考える。そして第四は他律内発的動機づけも内発的動機づけも両方が低い場合である。これは内発的動機づけも、他律内発的動機づけも低いので両内発低群とした。先の図3－1に返って説明すれば、内面化前疑似とは自律的な内発的動機づけに全く内面化されることなく、他律内発的動機づけだけが滞った状態で、図の右端に位置する。内面化進行中とは内面化が現在行われている状態で図では他律内発的動機づけと内発的動機づけの中間あたりをさしている。内面化完了とは図では最も左側にあたり、安定した内発的動機づけが形成されていることを意味している。なお、両内発低群は他律内発的動機づけ自体が少なくこの図では表現できない。

ここではその四群を操作的に次のようにして区別した。第一の内面化完了群は他律内発的動機づけが平均値以下で、内発的動機づけは平均以上の得点をとっている人、第二の内面化進行中群は他律内発的動機づけも内発的動機づけも平均値以上の人が該当すると考えた。そして、第三の内面化前疑似群は他律内発的動機づけが平均値以上であるにもかかわらず、内発的動機づけが平均値以下の人たち、さらに第四の両内発低群は他律内発的動機づけも内発的動機づけもともに平均値以下の人たちで構成された。平均値は学校段階ごとで異なるのでそれぞれの学校段階ごとにこの四群を抽出して、他の同一化的動機づけ、取り入れ的動機づけ、外的動機づけの高さをみたのが図3－3～図3－6である。

ただし、この群分けはあくまで便宜的なものである。例えば、内面化完了群は他律内発的動機づけが平

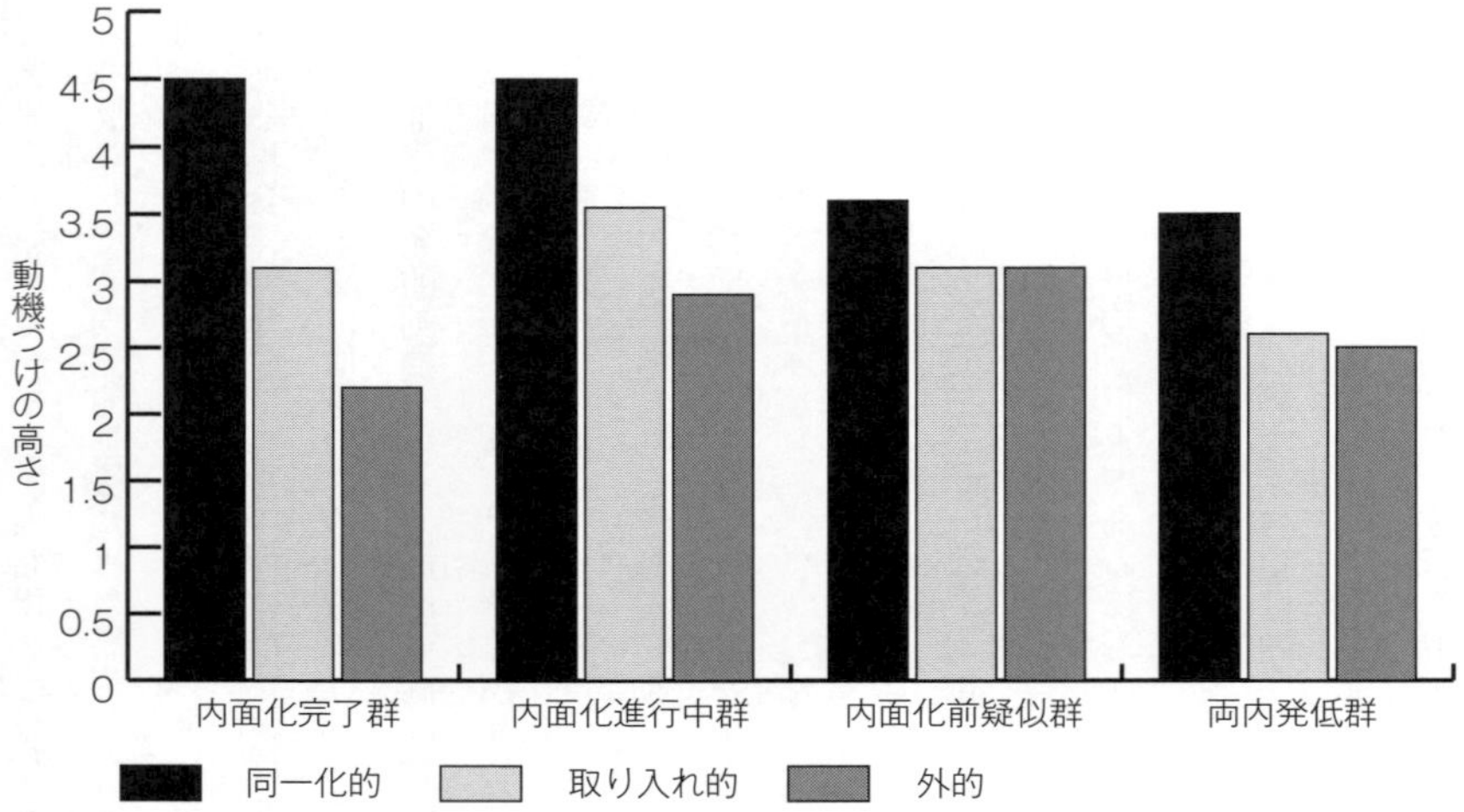

図3-3　他律内発的動機づけ内面化４群の同一化的・取り入れ的・外的動機づけの比較（小学生）

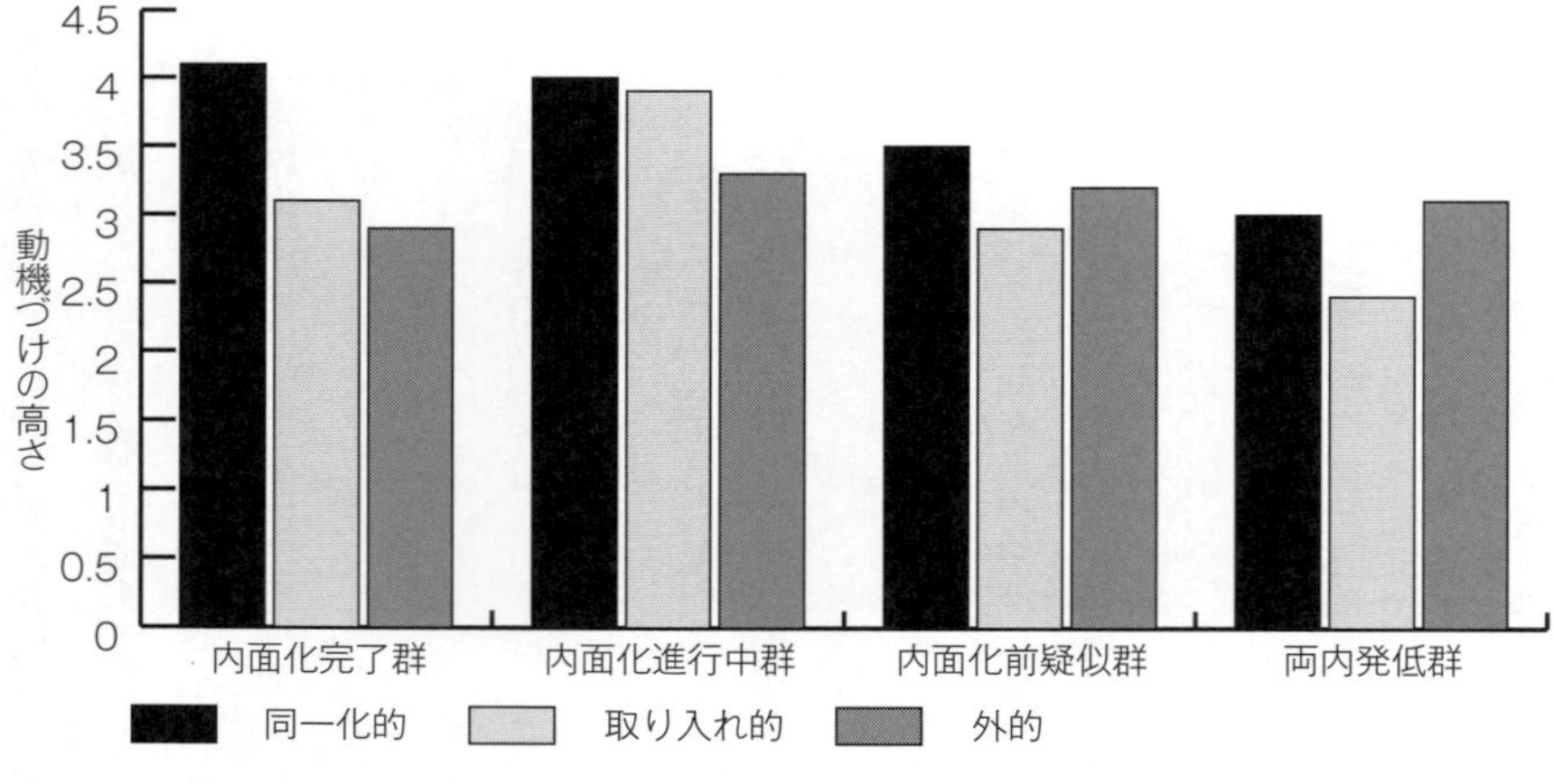

図3-4　他律内発的動機づけ内面化４群の同一化的・取り入れ的・外的動機づけの比較（中学生）

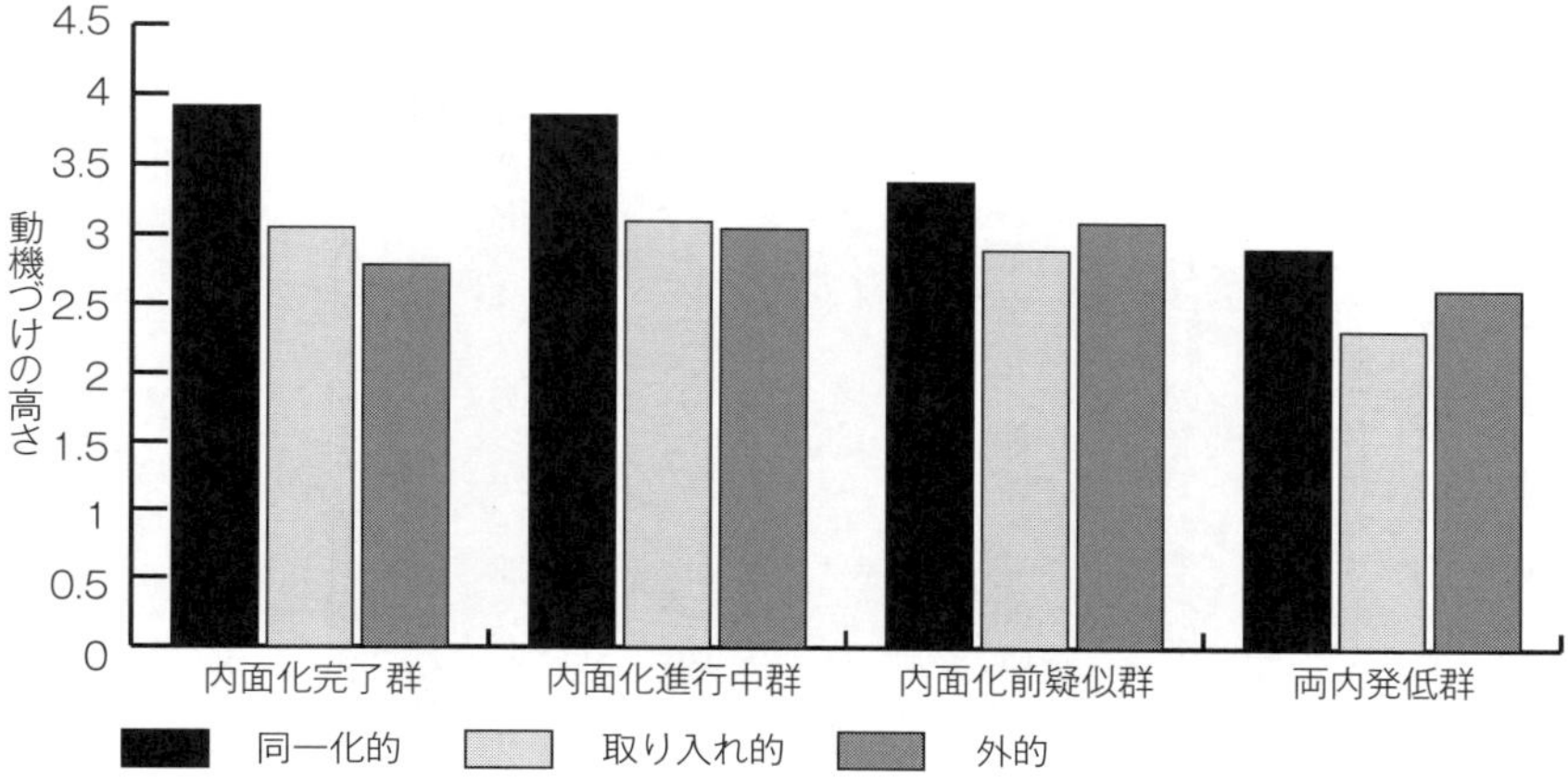

図3-5　他律内発的動機づけ内面化４群の同一化・取り入れ・外的動機づけの比較（高校生）

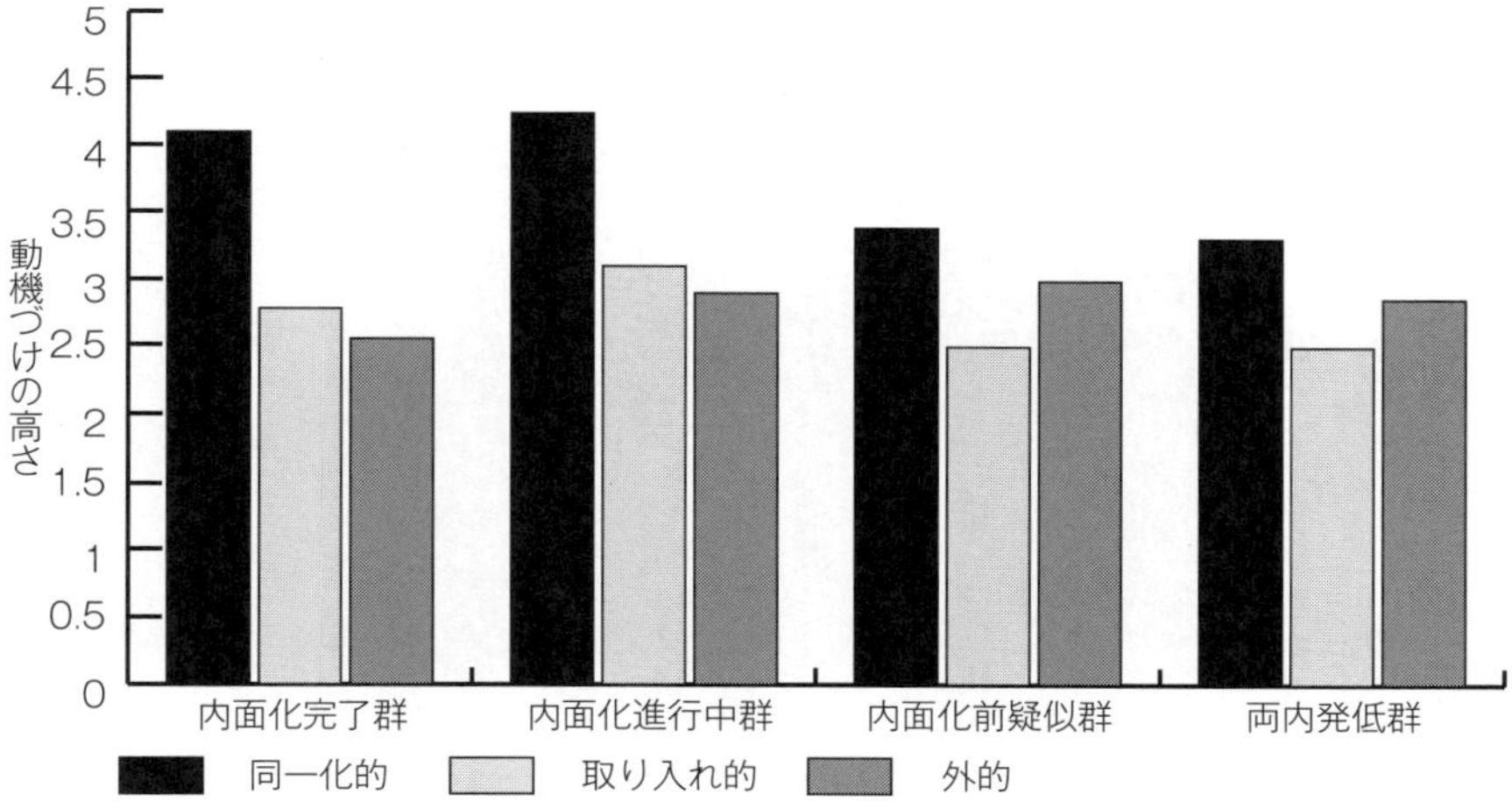

図3-6　他律内発的動機づけ内面化４群の同一化・取り入れ・外的動機づけの比較（大学生）

均値以下の人をここでは当てているが、一定程度、内発的動機づけが形成されてもさらに高い他律内発的動機づけに影響を受け続ける場合も考えられなくはない。

3　他律内発的動機づけと疑似内発的動機づけの関係

ところで本研究では他律内発的動機づけという新たな概念を立てて、それを測定してきたわけであるが、前著（速水、一九九八）で指摘した疑似内発的動機づけとの関係はどのように考えるべきであろうか。他律内発的動機づけは明らかに他者により引き起こされた、現在の学習が面白い、楽しいということで動機づけられるものである。しかし、通常、それがきっかけとなって本来の内発的動機づけが形成され、一層強まることが想定されている。その想定通りになった場合には疑似内発的動機づけは生じない。疑似内発的動機づけとは他律内発的動機づけが受け身的、表面的楽しさ、面白さに留まるもので、自己の中に溶けてゆくことのない一時的なものといえる。先の分類でいえば、第三の他律内発的動機づけだけは高いが、それに対応して内発的動機づけが高まっていない場合、他律内発的動機づけだけが空回りしている状態と考えられる。つまり、他律内発的動機づけが内発的動機づけとして内面化しない場合の他律内発的動機づけを疑似内発的動機づけと考える。

そこで、それぞれの群での他の動機づけの高さを比較することでそれらの群の性質を明らかにする。他律内発的動機づけが高いにもかかわらず、内発的動機づけの低い、疑似内発的動機づけを持つと想定される群は、第一や第二の内面化がすでに生じて内発的動機づけの高い群に比べて、自律性が比較的高いと考えられる同一化的動機づけは相対的に低く、他律的な外的動機づけが相対的に高いと予想される。また、第四群はやや特殊な群であるが、内発的動機づけが低い分、より外発的動機づけが高いことも考えられるが、他律内発的動機づけも低いことからどの動機づけも低いのかもしれない。

4　内面化前疑似群を他群と比較する

小学生の場合、内面化完了群四〇名、内面化進行中群七一名、内面化前疑似群三三名、両内発低群五二名となっている。六〇ページで先にみたように内発的動機づけは他律内発的動機づけとかなり高い正の相関関係がみられたので内面化完了群や内面化前疑似群の人数が少なくなるのは当然である。

ここでは主に、自律性の高い同一化的動機づけと自律性が低い外的動機づけについて内面化前疑似群と内面化完了群および内面化進行中群を比較してみよう。図3-3からわかるように内面化前疑似群は他の二群に比べて同一化的動機づけが低く、外的動機づけが高いといえる（検定結果を確認する場合は資料二六八―二七一ページを参照のこと）。

次に中学生についてみていこう。中学生の場合、内面化完了群二六名、内面化進行中群八〇名、内面化前疑似群三二名、両内発低群六二名となっている。中学生の場合の内面化前疑似群は同一化的動機づけについては確かに他の二群に比べて低い。一方、外的動機づけに関しては内面化完了群よりは高いが、内面化進行中群とは差がほとんどない（図3-4）。

高校生に関しては内面化完了群六八名、内面化進行中群二六〇名、内面化前疑似群六四名、両内発低群一八六名となっている。そして、内面化前疑似群は他の二群に比べて同一化的動機づけは低く、逆に外的動機づけは高い傾向が示されているといえる（図3-5）。

最後に大学生であるが、内面化完了群四八名、内面化進行中群一〇五名、内面化前疑似群五三名、両内発低群九二名となっている。大学生の場合も内面化前疑似群は他の二群に比較して同一化的動機づけは明らかに低く、外的動機づけは高い傾向が示されている（図3-6）。

すなわち、内面化前疑似群は同一化的動機づけに代表される自律的動機づけが低く、外的動機づけに代表される統制的、他律的動機づけが高い群といえる。彼らは他者からの内発的動機づけの喚起を受容するが、本人自身の自律的な動機づけに変換することはなく、むしろ他律的で受け身的な動機づけのあり方を持続させるものと思われる。

5　疑似内発的動機づけ形成メカニズム仮説

ところで、周りから他律的に形成される内発的動機づけが内面化されず、疑似内発的動機づけになるのはどのようなメカニズムが働いているのだろうか。彼らにとってはいくら外から働きかけがあっても学習そのものへの深い関心を向けられず、あくまでその場の楽しい面白いという感情だけが変化することになる。彼らは外的動機づけが高いことから通常は外部から強制されて学習に注意を向けさせられていると感じているゆえに逆に、授業中、楽しい部分に遭遇するとそこだけに注意が焦点化されるのかもしれない。

彼らにとっての内発的動機づけとは学習というストレスのかかる時間からの一時的回避ができる時間とも考えられる。それゆえ、彼らは授業中にそのような場面に多く出会い、息抜きできることを渇望しているようにも思われる。一方、内面化完了群や内面化進行中群は授業の中では一定のストレスに対峙することをも承知で内発的動機づけを働かせているのかもしれない。特に内面化進行中群は取り入れ的動機づけも相対的に高いことが示された。内面化は単に楽しさだけを求めていればできるわけでもないのではなかろうか。他律内発的動機づけが内発的動機づけに変化するためには実は取り入れ的動機づけのような自律性の低い動機づけも必要なのかもしれない。

3節　本章のまとめ

1　他律内発的動機づけの概念

本研究で「他律内発的動機づけ」と命名した概念は、他者から働きかけられて高まる内発的動機づけ、のことである。内発的動機づけは本来、個人の内面から生じる動機づけであるので矛盾するという見方もあるが、授業などで児童・生徒の学習の内発的動機づけは、教師が全く何も働きかけないで生じる場合は多くはない。最初は教師からの何らかのきっかけが与えられて、つまり一時的な内発的動機づけが喚起され、それが内面化して比較的恒常的な内発的動機づけが形成されることが多い。しかし、全てが内面化されるわけではなく、その場限りで終わる場合も少なくない。そして、他律内発的動機づけが全く児童・生徒側に沁み込まず、むしろ習慣的に他律内発的動機づけが与えられることだけを期待する人たちが現れることが懸念される。それが、速水（一九九八）で指摘した「疑似内発的動機づけ」を持つ人たちである。つまり、他律内発的動機づけは内発的動機づけを高めるためにポジティブにも働くが、逆に、一時的に内発的に動機づけられることを待つだけの「疑似内発的動機づけ」も生成される可能性がある。

これまでに、この種の動機づけについて調査的研究はされていない。そこで、本研究では他律内発的動機づけを測定する質問紙を作成し、小、中、高、大学生に同じように実施して、まず、その存在を確認することにした。因子分析を実施したところ、項目により一部例外はあったが、他律内発的動機づけと従来からの内発的動機づけは別の因子であることが明確になった。

次に他律内発的動機づけの性質をより明らかにするために他の動機づけ（内発的動機づけ、同一化的動機づけ、取り入れ的動機づけ、外的動機づけ）との比較をすることにした。まず、その高さについてであるが、内発的動機づけと比較すればどの学校段階でも低かった。また、学校段階では小学生で一番高く、高・大はほぼ同じではあるが発達に伴い減少傾向にあるといえた。

次に動機づけ間の関係に関してであるが、他律内発的動機づけとの相関の高さは、大学生以外は内発的動機づけ＞取り入れ的動機づけ＞同一化的動機づけ＞外的動機づけの順であった。大学生では同一化的動機づけと取り入れ的動機づけの順が逆転していたがその差はわずかであった。そして最も興味深いのは、相対的順序は先のようにつけられるが、他律内発的動機づけと外的動機づけとの最も低い相関も全ての学校段階で統計的に有意な正の相関であったことである。

ところで本来他律的な性質を持つ他律内発的動機づけが内発的動機づけと最も近い関係にあるということ自体概念的に矛盾する。内発的動機づけ、同一化的動機づけ、取り入れ的動機づけ、外的動機づけが自律―他律の一次元上に位置づけられているとすれば、その関係性は逆になるはずなので、別の次元で類似していると考えるべきであろう。

だとすると他律内発的動機づけと内発的動機づけの正の相関の高さを支える共通の要素は、おそらく楽しい、面白いという快感情が含まれていることにあろう。しかし、一方で不快な感情を含む外的動機づけとも正の相関がみられることは、両者に他律的という共通性が存在するためと考えられる。

そして、最も興味深いのは他律内発的動機づけと他の動機づけの関係を偏相関係数で見た結果である。その結果、他律内発的動機づけは内発的動機づけと外的動機づけとの間に有意な相関が示され、同一化的動機づけと取り入れ的動機づけとの間はほぼ無相関であった。最も自律的な内発的動機づけと最も他律的な外的動機づけと関係が深いという奇妙な結果が浮き彫りになったわけである。

結論として他律内発的動機づけは自己決定理論の四つの動機づけの連続帯上のどこかに位置づけるのでなく、別の次元上に位置づけるのが妥当であろう。

2　疑似内発的動機づけ

他律内発的動機づけは内発的動機づけとかなり高い正の関係にあることから推測するとやはり、内発的動機づけを高めるものになっているようである。一方で他律内発的動機づけは外的動機づけとも正の関係が認められた。その点からすると筆者が前著で予想したように他律内発的動機づけの一部は本来の内発的動機づけとは全く異なるネガティブな意味を持つ疑似内発的動機づけになるという見方は妥当だろう。

それを論証するための最善の方法はわからないが、外から内発的動機づけを喚起するためになされる働きかけである他律内発的動機づけが内面化して本来の内発的動機づけになっている状態か否かという観点で分類し、それぞれの内面化段階にある人たちのその他の同一化的動機づけ、取り入れ的動機づけ、外的動機づけの高さを比較して特徴を見ることにした。

そのために内発的動機づけと他律内発的動機づけの平均値を用いて折半し、高群、低群を設定し、他律内発的動機づけ低・内発的動機づけ高を内面化完了群、他律内発的動機づけ高・内発的動機づけ高を内面化進行中群、他律内発的動機づけ高・内発的動機づけ低を内面化前疑似群、他律内発的動機づけ低・内発的動機づけ低を両内発低群とした。これは内面化の時間的経緯別に分類したともいえる。いうまでもなく、疑似内発的動機づけは、他律内発的動機づけが高いのに内発的動機づけが低いままという内面化前疑似群で生じると考えた。

そこで、各群の三つの動機づけを比較したところ、内面化前疑似群は内面化後や内面化中の群に比べてより自律的な同一化的動機づけが低く、外的動機づけが高いことが示された。彼らは他者からの内発的動機づけ喚起の働きかけを享受しながら、実際は内発的動機づけや自律的な同一化的動機づけで学習することは少なく、他者からいわれてやっと学習する傾向が強いようであり、疑似内発的動機づけの存在が確認された。

引用文献

速水敏彦・梅本貴豊　二〇一七　2つの内発的動機づけ―自律内的調整と他律内的調整の間―　日本パーソナリティ心理学会第二六回大会発表論文集　四一.

梅本貴豊・速水敏彦　二〇一七　他律的な内発的動機づけ―自己決定理論による検討―　日本教育工学会　第三三回全国大会論文集　七一九―七二〇.

速水敏彦・田畑治・吉田俊和　一九九六　総合人間科の実践による学習動機づけの変化　名古屋大學教育學部紀要教育心理学科　四三、二三―三五.

西村多久磨・河村茂雄・櫻井茂男　二〇一一　自律的な学習動機づけとメタ認知的方略が学業成績を予測するプロセス―内発的な学習動機づけは学業成績を予測することができるのか?―　教育心理学研究　五九（一）、七七―八七.

伊田勝憲・乾真希子　二〇一一　学習意欲研究における自律性の位置づけ―内発的動機づけの批判的検討を通して―釧路論集：北海道教育大学釧路分校研究報告　四三、七―一四.

波多野誼余夫・稲垣佳世子　一九七三　知的好奇心　中央公論新社

伊田勝憲・原田唯司　二〇一五　学校段階別に見る「擬似内発的動機づけ」のエピソード―他者喚起と自己喚起の視点から学習相談を考える―　静岡大学教育実践総合センター紀要　二三、一四一―一五〇.

伊藤崇達・神藤貴昭　二〇〇三　中学生用自己動機づけ方略尺度の作成　心理学研究　七四（三）、二〇九―二一七．
速水敏彦　一九九八　自己形成の心理―自律的動機づけ―　金子書房

研究随想　3

野良仕事対散歩

幸福感

夏場の野良仕事はつらい。今日は雨上がりで比較的涼しいので朝早く畑にでかけて鍬で土をおこし、新しい畝を作り、白菜の種まきをする準備をした。それでも一時間もすると額から首にかけて汗がしたたり落ち、二時間後にはズボンにも汗がにじんだ。もちろん五、六回鍬をおろすたびに息があがり、休憩する。肉体労働はたいへんだと実感する。

しかし、近所のＡさんは隣接している農道を、犬をつれて優雅に散歩している。その姿を見ていると、ずいぶん身分が違うようで彼がうらやましい。彼は私がいた三時間ほどの間に少し時間をおいてではあるが二度同じ道を散歩していた。今日だけではない。私が畑に行く時は、よくそのような姿をみる。彼は私よりは確か少し若いはずだ。毎日、時間をもてあまして一日に何回も農道をくるくる回り、散歩しているのだろうか。それほど時間的ゆとりがあることは果たして幸福なのか。自分はあえぎながら野良仕事をしているが、実は自分の方が幸せかもしれないとふと思い直す。やり終えれば確かにくたくたに疲れるが、意外と幸福感や充実感が残る。

概して散歩のような軽い行動は内発的動機づけで生じ、野良仕事のような肉体労働は外発的動機づけで生じているようにみえる。しかし、活動後の気持ちよさは案外、逆転しているのかもしれない。少なくとも私にとっては野良仕事をした日の夕食はいつもよりおいしい気がするし、加齢とともに眠りが浅くなったが、野良仕事をした日は熟睡できる時間が長いように思う。

やり始めは気が重いが、やってみれば案外、幸せの女神がちらりと微笑んでくれることは他にもあるような気がする。

第4章　自律的動機づけを規定するもの、自律的動機づけが予測するもの

1節　基本的心理的欲求と自律的欲求との関係

1　基本的心理的欲求と自律的動機づけの関係の研究の進め方

この章では自律的動機づけを規定するものおよび自律的動機づけが予測するものについて検討していく。そこで、まず、前者であるが、自己決定理論の中の基本的心理的欲求理論では、先に述べたようにライアンらは自律的動機づけを規定する三つの基本的心理的欲求として自律性への欲求、コンピテンスへの欲求(有能感)、関係性への欲求をあげている。これらは対象の年齢に関係なく自律的動機づけにポジティブに働く、つまり、これらが充足されるほど自律的動機づけが高まることが想定されている。それを確認する

のがここでのねらいである。また、基本的心理的欲求の発達的な順序性についても検討を加えたい。ただし、本研究では調査の都合で関係性への欲求についてはその概念に近いソーシャルサポートと社交性でそれを代替している。また、コンピテンスへの欲求に対応するものを有能感という。

中・高・大学生に対しては、自律性は四項目、有能感は八項目、ソーシャルサポートは一二項目、社交性は三項目で測定している（表4-1）。小学生に対しては調査の心理的負荷を軽くするため、一部項目を削り、それぞれ、三、三、六、三項目で測定している（項目数が異なり、厳密には結果を整理する段階で学校段階間の比較は問題があるが、傾向を知るために同じ尺度として以後扱っている）。

自律性および有能感は桜井（一九九三）の自己決定とコンピテンスに関する大学生用尺度の項目の一部を使用した。また、ソーシャルサポートに関しては久田・千田・箕田（一九八九）の学生用サポート尺度の項目の一部を使用した。また、社交性に関しては平野（二〇一〇）のレジリエンス尺度から久保（二〇一五）が因子分析の結果、抽出した項目を用いた。実際に使用された項目内容は表4-1に示すとおりである。

なお教示文は自律性、有能感、社交性については次のようである。「あなたの普段の生活および学習についてて教えてください。次にあげられているそれぞれの項目について、1『全くあてはまらない』、2『あてはまらない』、3『どちらともいえない』、4『あてはまる』、5『よくあてはまる』のどれかを選んでください」。五段階評定である。

ソーシャルサポートは別の教示文で、以下のようである。「あなたは、あなたのまわりの人たちが、どのくらいあなたの助けになっていると感じますか。次にあげられるそれぞれの場面について、1『絶対ちがう』、2『たぶんちがう』、3『たぶんそうだ』、4『きっとそうだ』のどれかを選んでください」。四段

表4-1　基本的心理的欲求の質問項目

桜井（1993），久田・千田・箕田（1989），平野（2010），久保ら（2015）を参考に作成

自律性
自分の思い通りに行動している（小共通）
何かやりたいときには，他人に頼らず自分の判断で決めている（小共通）
他人の考えにこだわらず，自分の考えどおりにしている（小共通）
自分の生き方は自分で決めている
有能感
物事はほかの人より上手にしている（小共通）
まわりの人ができないことも，うまくやっている（小共通）
難しい課題でも，うまくやり遂げている（小共通）
有能な人間である
やりかけたことは，うまくやり遂げている
ほかの人には難しいようなパズルや課題を簡単に解く方である
現在所属するクラスでは優秀な方である
なるべく簡単にできる課題をしている
ソーシャルサポート
あなたがミスをしても，そっとカバーしてくれる
あなたに何かうれしいことが起きたとき，それをわがことのように喜んでくれる（小共通）
あなたが大切な試験で失敗したと知ったら，一生懸命なぐさめてくれる（小共通）
あなたが何かを成し遂げたとき，心からおめでとうと言ってくれる
あなたが人間関係に悩んでいると知ったら，いろいろと解決方法をアドバイスしてくれる
あなたがする話はいつもたいてい興味をもって耳を傾けてくれる（小共通）
あなたが元気がないと，すぐに気づいて気づかってくれる
良いところも悪いところもすべてを含めて，あなたの存在を認めてくれる
一人ではできそうにない課題があったときは，快く手伝ってくれる
あなたが落ち込んでいると，元気づけてくれる（小共通）
ふだんからあなたの気持ちをよく理解してくれる（小共通）
あなたが不満をぶちまけたいときに，話を聞いてくれる（小共通）
社交性
自分から人と親しくなることが得意だ（小共通）
交友関係が広く，社交的である（小共通）
昔から，人との関係をとるのが上手だ（小共通）

注）小共通とは小学生に使用された項目である。

階評定である。

対象者は第3章の研究と全く同一である。

各尺度の信頼性係数（α係数）はどの学校段階でも有能感、ソーシャルサポート、社交性に関しては.75以上で十分信頼性があるといえたが、自律性に関しては.70に届かない場合もあったが、極端に低い値ではないのでこのまま用いることにした（詳細は資料二六七ページを参照）。

2　基本的心理的欲求の学校段階別比較

まず、三つの基本的心理的欲求を表す四変数の学校段階別平均値をプロットしたものが図4-1である。この図から一目瞭然なのは、自律性についてはほとんど学校段階で違いがないことである。有能感については小学生で特に高く、中学生で低くなり、高校生で最も低くなり大学生でまた少し高くなる。ソーシャルサポートに関しては高校生で少し低下す

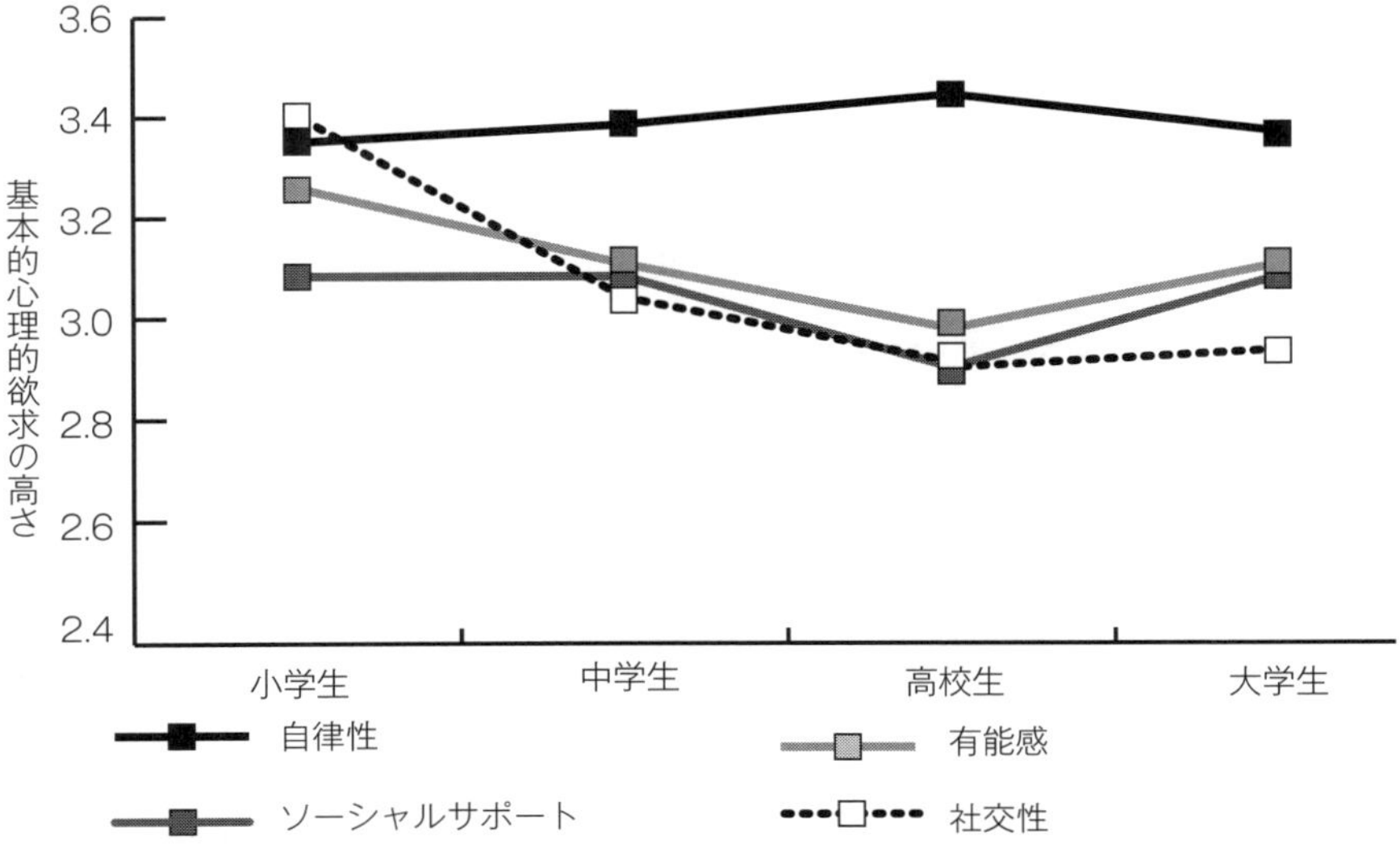

図4-1　基本的心理的欲求の学校段階による比較

る傾向がみられる。社交性については小学生で最も高く、中学生、高校生と徐々に低下して、大学生は高校生とほぼ変わらない。ただし、自律性、有能感、社交性は五段階評定で最大値が5、ソーシャルサポートだけは四段階評定で最大値が4をとることに注意してほしい（この学校段階別の平均値の比較の詳細および、基本的心理的欲求間の学校段階別の相互相関については、資料の二六六―二六九ページを参照）。

3　基本的心理的欲求はどのように各動機づけを規定するか

基本的心理的欲求がそれぞれの動機づけをどのように規定しているかを明らかにするために、学校段階ごとに、それぞれの動機づけを基準変数、自律性、有能感、ソーシャルサポート、社交性の四変数を説明変数として重回帰分析という統計的手法を実行した。これによって、それぞれの説明変数がどの程度基準変数を説明できるかどうかがわかる。ここでは算出されたパス（標準偏回帰係数）が5％以下で有意だったか否かだけに着目して表4-2～4-6を作成した。有意であり、基準変数であるそれぞれの動機づけを説明できると判断される場合は表中に〇が示されている。特にそれが負のパスであった場合は―〇と表記している。なお、正のパスが認められるということは、その基本的心理的欲求が高いほどそれに対応した動機づけが高くなることを意味しており、逆に負のパスが認められるということは、その基本的心理的欲求が高いほどそれに対応した動機づけが低くなることを意味している（数値の詳細は資料の二六四―二六五ページを参照）。

まず、内発的動機づけについてみてみよう（表4-2）。これは理論からすれば最も自律性の高い動機づけであるので、全てに有意なパスが認められることが期待される。小学生で三つ、中学生で二つ、高校生で一つ、大学生で二つの有意なパスがみられる。全ての対象群から正のパスが示されているのは有能感

表4-2　内発的動機づけを規定するもの

	小学生	中学生	高校生	大学生
自律性	○			○
有能感	○	○	○	○
ソーシャルサポート	○	○		
社交性				

表4-3　同一化的動機づけを規定するもの

	小学生	中学生	高校生	大学生
自律性			○	○
有能感	○	○	○	
ソーシャルサポート	○	○	○	○
社交性				

表4-4　取り入れ的動機づけを規定するもの

	小学生	中学生	高校生	大学生
自律性				
有能感	○	○	○	○
ソーシャルサポート				
社交性				

表4-5　外的動機づけを規定するもの

	小学生	中学生	高校生	大学生
自律性	—○			—○
有能感				
ソーシャルサポート	—○			
社交性	○			

表4-6　他律内発的動機づけを規定するもの

	小学生	中学生	高校生	大学生
自律性		—○	—○	
有能感	○	○	○	○
ソーシャルサポート	○	○		
社交性		○	○	○

だけであり、どの学校段階からも有意なパスが示されていないのは社交性である。本来、内発的動機づけは自律性が最も高いはずなので、この欲求から全ての学校段階で有意なパスがでるものと期待していたが、小学生、大学生のパスだけが有意で、やや予想外であった。

次に、もう一つの自律的動機づけである同一化的動機づけへのパスについては（表4-3）、自律性からは高校生と大学生からのパスが有意であるが、小・中学生からのパスは有意ではない。これも予想とは異なる結果といえる。有能感からのパスは小、中、高校生で有意である。そして、最も特徴的なのはソーシャルサポートからのパスが全ての学校段階で有意という点である。同一化的動機づけは主に有能感の充足と他者からのソーシャルサポートを受けることで形成されると考えられる。しかし、ソーシャルサポートと比較的類似した本人側の要因として考えた社交性からは有意なパスは全くない。

取り入れ的動機づけは自律性が低い動機づけとして位置づけられているので基本的心理的欲求の高さがあまり影響しないと予想される。だが、分析結果（表4-4）は、ここでも有能感からは全ての学校段階で有意なパスが認められた。有能感が高いほど取り入れ的動機づけも高いといえる。逆にいえば、たとえ統制的な取り入れ的動機づけでも有能感が高いことによって生じるものと考えられ、それが低ければ取り入れ的動機づけも生じないものと考えられる。他の変数との関係は全く見られない。

外的動機づけは自律性を全く欠くものなので自律性からの正のパスはないか、あるいは負が予想された。そして予想通り、小学生と大学生から負の有意なパスが示された（表4-5）。自律性が低い人ほど外的動機づけが高まるといえる。そして、さらに社交性からは小学生の場合に正のパス、すなわち社交性の高い人ほど外的動機づけが高くなるといえる。小学生の場合、社交性と同じ関係性の概念として考えたソーシャルサポートについては逆の負のパスが出ており、ソーシャルサポートを多く受けていると感じる人ほど、外的動機づけが低くなっている。ここでは両者は逆方向の働きをしていることになる。

他律内発的動機づけの概念はここで構成されたものなので基本的心理的欲求との関係についての理論は存在しない。探索的に分析を行った結果が表4-6である。まず、自律性から中・高校生で負のパスが示された。自律性が低いほど他律内発的動機づけが高まることになる。これは他律内発的動機づけが他律的な性質を強く有しているためであろう。また、有能感からは全ての学校段階で有意な正のパスがみられた。有能感を感じている人ほど他律内発的動機づけも高いのである。さらに特徴的なのは社交性からのパスであり、中・高・大学生から正のパスが認められる。もともと社交的な人が他者からの楽しい働きかけに反応しやすいのかもしれない。ソーシャルサポートからは小・中学生で正の有意なパスが認められた。年齢の低いうちは周りからのソーシャルサポートが他律内発的動機づけを高める働きをするが、成長するにつれて、特性的な社交性の有無が他律内発的動機づけを促進するのに有効な働きをすると考えられる。いずれにせよ、この動機づけがかなり人間関係に支えられたものであることが推測される。

本研究では基本的心理的欲求の強さそのものが動機づけにどのように影響するかという観点で検討しているが、シェルドンとニーミック（Sheldon & Niemiec, 2006）は三つの欲求のバランスも影響することを明らかにしている。具体的には三つの欲求の強弱の散らばりが小さく、バランスの取れていた方が自律的動機づけを高めることを明らかにしている。

4　基本的心理的欲求の順序性

第2章で自律的動機づけの形成には基本的心理的欲求の充足に順序性があるのではないかと述べた。すなわち、有能感、関係性、自律性という順に満たされていくのではないかと予想した。果たしてこの調査結果からそのような傾向が見いだせるだろうか。関係性は本調査ではソーシャルサポートおよび社交性ということになる。

このことを見るためには自律的動機づけと基本的心理的欲求との関係を示した表4-2および表4-3あたりを中心にみていくことになる。有能感は自律性のより低い段階の動機づけから満たされて、その次に関係性、自律性は最も自律性の高い動機づけで充足されるという結果が期待されよう。

そのような視点で見てみると有能感は同一化的動機づけの大学生の場合以外は規定因になっていることがわかる。そして、最も興味深いのは通常、統制的動機づけとして位置づけられるが、少しは自律的な取り入れ的動機づけの規定因としても有能感は全ての学校段階で有意だということである（表4-4）。それゆえ、有能感がまず満たされて自律的動機づけの形成が始まると解釈できる。

次に関係性であるが、ソーシャルサポートについては同一化的動機づけを規定するものとして全ての学校段階で有効に働いていることが明らかである。ただ、内発的動機づけでは小学生と中学生の場合のみ有意である。関係性への欲求充足の一つであるソーシャルサポートは有能感ほどではないが同一化的動機づけを中心とした自律的動機づけの形成に寄与していると考えられる。また、社交性に関しては自律的動機づけを規定する要因とは全くなっていない。

さらに自律性に関して内発的動機づけについては小学生と大学生で有意、同一化的動機づけについては高校生と大学生で有意となっており、結果が一貫しているわけではない。しかし、自律性への欲求の充足が自律的動機づけの形成に一定の影響は与えているといえる。

さて、関係性と自律性の順序性であるが、ソーシャルサポートが自律的動機づけでも自律性の程度のやや低い同一化的動機づけで一貫して規定因として認められていること、内発的動機づけでは小・中学校段階で規定因となっていることに注目すると、関係性はむしろ自律性よりは早い段階で充足されるものと推測される。そして、前著（一九九八）でも述べたように関係性は成長に伴い有能感形成の有効性とも関連してくるように思われる。つまり、先生や親との関係性が充足される場合に彼らからの承認が有能感につながるが、そうでない場合はつながりにくいと推測されるのである。関係性のもう一つの指標である社交性は自律的動機づけとの関係は見出されなかったが他律内発的動機づけとは中学生以上で有意な関係がみられた。他者により喚起される内発的動機づけはある意味で当然かもしれないが関係性と関連することになる。

このような見方からすれば基本的心理的欲求はほぼ予想したように、有能感、関係性、自律性の順に満たされることで自律的動機づけが形成されると考えられる。

2節　自律的動機づけと学習行動

1　動機づけと学業成績

そもそも教育心理学で動機づけが研究されるのはその動機づけによって学習の行動が影響を受け、優れた教育効果が得られることを期待しているからであろう。教育効果の最終的なものは成績であろうが、成績には自律的動機づけだけでなく、本人の能力やその他諸々の要因が作用する。

前にも引用した速水ら（一九九六）では、中・高生を対象にして、総合人間科と通常の主要五教科について動機づけを測定し、それらの成績との関係を重回帰分析によりみた。その結果、全体として見ると総合人間科については外的動機づけからは有意な負のパス、同一化的動機づけからは正の有意なパスが認められたが他は有意ではなかった。また、主要五教科に関しては中学全体で外的動機づけからは負のパス、取り入れ的動機づけからは有意傾向の正のパスが示された。そして、内発的動機づけ、同一化的動機づけからは有意なパスは認められなかった。つまり筆者の研究からは、内発的動機づけと成績との関係はほとんどなく、外的動機づけの高さは成績の低下につながり、同一化的動機づけや取り入れ的動機づけの高さは成績を高めることもあるといえた。

西村ら（二〇一一）の研究でも自己決定理論での動機づけと学業成績との関連について検討している。ここで動機づけの調査は二回実施され、学業成績は二回目の調査の後二週間後に実施された後期中間テストの結果で分析し、主要五教科の合計得点が用いられている。その結果、一回目の同一化的動機づけの学業成績への正のパスは有意であるが、内発的動機づけのそれは有意ではなかった。また、二回目に調査された、内発的動機づけおよび同一化的動機づけのパスは有意でなかったが、取り入れ的動機づけからは有意な正のパスが認められた。一方、外的動機づけに関しては一回目も二回目の調査でも学業成績に対しては負の有意なパスが示された。この西村らの結果は、①内発的動機づけは学業成績の予測因にならない、②外的動機づけは負の学業成績を予測する、③同一化的動機づけと取り入れ的動機づけは学業成績に正の影響を与えることもあるという点で、先の筆者らの結果に比較的類似している。

岡田（二〇一二）はデータベースPsychoINFOで一九八五年から二〇〇九年までの文献を検索し、さらにデータベース検索で収集できなかった文献も収集し学習動機づけと学業成績の関係を検討した研究二〇論文を集め、七二の相関係数を収集し、大きな集団での両者の相関係数を推測した。その結果、非動機づけと学業成績の相関係数は.25、外的動機づけとのそれは-.03、取り入れ的動機づけでは-.01、同一化的動機づけでは.16、内発的動機づけでは.13であった。自律的動機づけといわれる同一化的動機づけも内発的動機づけも学業成績を幾分予測できるが、大きな予測力があるわけではない。

2 メタ認知方略と粘り強さを予測する研究の進め方

動機づけに規定される学習行動として本研究では一つは認知的側面のメタ認知方略に注目する。最近の教育心理学会では動機づけ研究というよりも自己調整学習方略の研究が盛んである。動機づけ研究も結局、自分自身を勉学に向けていかにうまくコントロールしていくかという方略の問題に包含されるのかもしれない。その一部であるメタ認知方略を取り上げる。自律的動機づけが高まれば、自律的に行われるメタ認知方略も頻繁に駆使されるようになると推測できる。自律的動機づけの一つである同一化的動機づけはあくまで勉学を手段としてとらえており、そのような学習者たちにとっては個人の目標に対して学習がどの程度できているかを確認しながら進めていくことが効率的である。そこで勉強を始める前、これから何をどうやって勉強するか考えるとか、勉強する時大切なところはどこか考えながら勉強するというようなメタ認知方略と同一化的動機づけは深い関係があると予想される。また、内発的動機づけの高い人は学習中、ほとんどストレスと対峙することがなく余裕があるため、より効率的な学習方略を考えることができるように思われる。学習動機づけおよびメタ認知方略の関係についても西村ら（二〇一一）は研究している。中学生を対象にほぼ一年間隔を置いて二度、調査を実施しており、一回目の学習動機づけが、二回目のメタ認知方略にどのように影響しているかを検討した。その結果、一回目の同一化的動機づけが二回目のメタ認知方略に正の有意な影響を与えていることが示された。一方、同じ時期の内発的動機づけからメタ認知方略へのパス係数は.05となっており、何ら影響力を持たなかった。

本研究でもう一つは態度・行動的側面でgrit（やり抜く力）の一側面である粘り強さをとりあげる。前にも述べたように最も自律的な動機づけである内発的動機づけは特に、行動開始時に機能する傾向が高いものと考えられる。しかし、現実の教育場面では開始だけでなく行動の持続、学習の持続によって学習成果があがることが予想されることはいうまでもない。課題解決が困難な場合にもいかに長く粘れるかが問題である。最近、ダックワース（二〇一六）も結果を出すのは有望な人、才能のある人というよりも、むしろ「やり抜く力」を持つ人であることを指摘している。

予想として最も学習に対して粘れないのは他者から強制されて動機づけられる外的動機づけであろう。外的動機づけで行動する場合はもともと自己決定して行動を開始するわけではないので、何らかの困難に直面すると、すぐに行動を停止しやすいように思われる。それに対して同一化的動機づけは自分の価値観に基づいて行動するものなので、価値観自体がそれほど簡単に変化するものでない限り、困難に直面しても比較的長く持続可能と考えられる。その点、内発的動機づけは本人の興味・関心が続くうちは持続するが、一般には価値観よりは変化しやすいと考えられ、同一化的動機づけほど粘り強さは予測できないように思われる。

また、ここでは先に提示した他律内発的動機づけとメタ認知方略、および粘り強さとの関係も見ていくが、それによってその動機づけの性質が幾分は明らかになろう。特に、内発的動機づけや同一化的動機づけのような自律的動機づけと比較的類似した関係がみられるか、逆に取り入れ的動機づけや外的動機づけなどとより類似した関係がみられるかが注目点である。

さて、メタ認知方略および粘り強さの測定に関しては表4-7のような質問項目が用いられた。

メタ認知方略の測定については佐藤・新井（一九九八）の作成した項目を基に梅本（二〇一三）により選択された項目を使用した。また、粘り強さの測定については『GRIT（やり抜く力）』（ダックワース著、神崎訳、二〇一六）で示された項目の一部を使用した。具体的には「やり抜く力」は「情熱」と「粘り強さ」の二つで構成されているが、ここでは粘り強さを測定する五項目を用いた。具体的な質問項目は表4-7に示すとおりである。ここでも小学生用は項目を少なくしている。なお、教示文は先の自律性、有能感、社交性を測定する場合と全く同じであった。

調査対象もこれまでの研究と同一である。

なお、各尺度の信頼性係数（α係数）はどの学校段階でも満足できるものであった（詳しくは資料二六三ページを参照）。

3　メタ認知方略と粘り強さの学校段階別比較

調査の結果、メタ認知方略と粘り強さの学校段階別の平均値は図4-2のようであり、両変数とも小学生

表4-7　メタ認知方略と粘り強さの質問項目

佐藤・新井（1998），梅本（2013），ダックワース（神崎訳）（2016）を参考に作成

メタ認知方略
自分で決めた計画にそって勉強する
勉強のやり方が自分にあっているかどうか考えてから勉強する
これから何をどうやって勉強するかを考えてから勉強する（小共通）
やった内容を覚えているかどうかをたしかめながら勉強する
最初に計画を立ててから勉強する
自分が分からないところはどこかをみつけようとしながら勉強する（小共通）
粘り強さ
私は挫折してもめげない。簡単にはあきらめない（小共通）
私は努力家だ（小共通）
いちど始めたことは、必ずやりとげる（小共通）
私は勤勉だ。絶対にあきらめない（小共通）
重要な課題を克服するために挫折を乗り越えた経験がある

注）小共通とは小学生に使用された項目である。

で一番高く、次が大学生、中・高校生では最も低くなっている。小学生と大学生でメタ認知方略も粘り強さも高いのは図3-1で小学生と大学生で内発的動機づけおよび同一化的動機づけといった自律的動機づけが高かったことと対応しているようにも思われる（なお、学校段階差の詳細は資料二六三ページを参照のこと）。

また、メタ認知方略と粘り強さの相関は小学生で.651、中学生で.599、高校生で.621、大学生で.564とかなり高いものになっていた。

4　動機づけおよび基本的心理的欲求からメタ認知方略と粘り強さを予測する

ここでは五つの動機づけだけでなく基本的心理的欲求に相当する四つの変数も合わせて、それらがメタ認知方略や粘り強さにどのように影響しているかを明らかにするために重回帰分析を行った。その結果、先と同じように有意なパス係数が得られたか否かが表4-8（メタ認知方略）と表4-9（粘り強さ）に示されている（数値の詳細は資料二六二ページを参照のこ

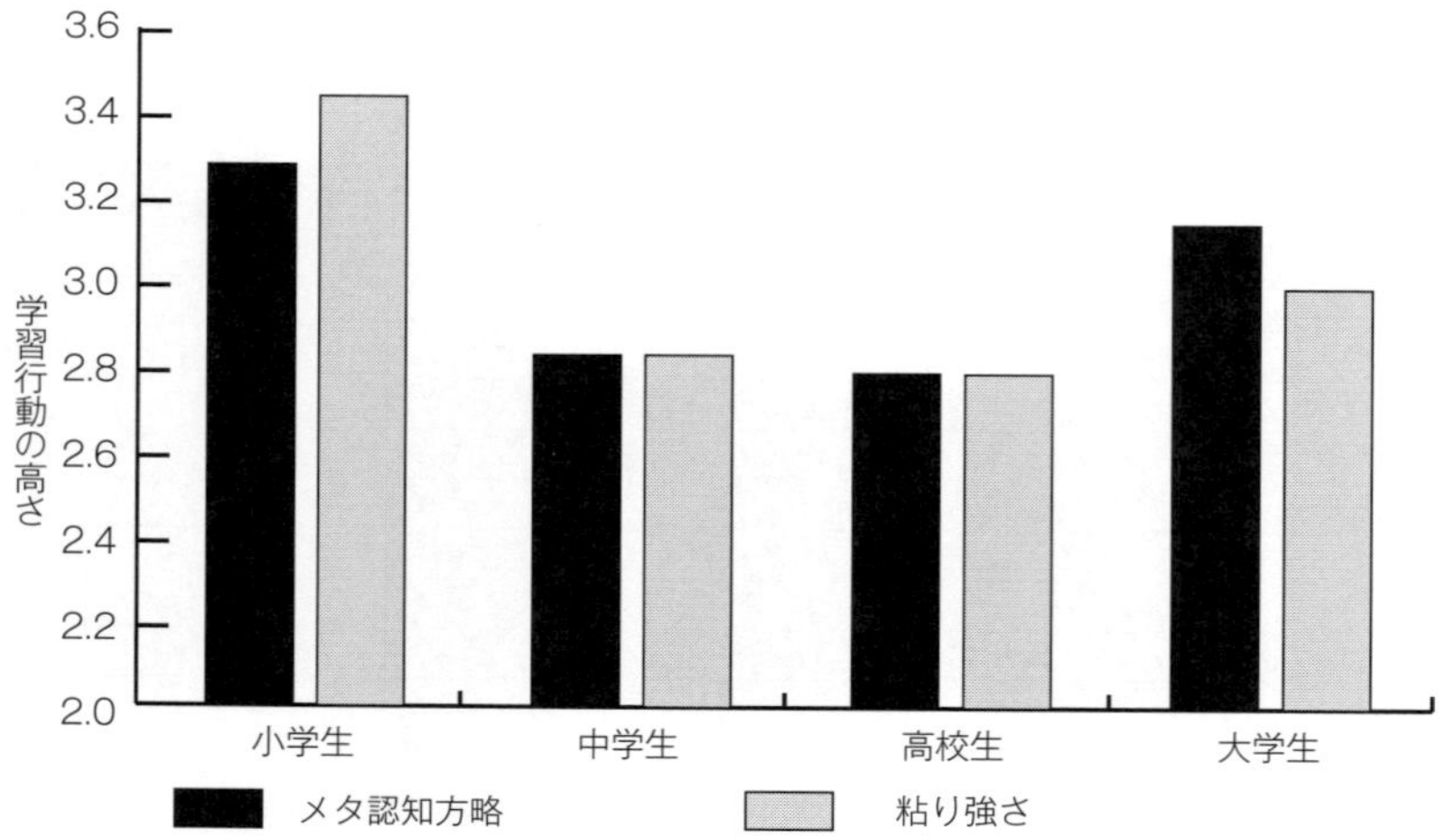

図4-2　メタ認知方略と粘り強さの学校段階別比較

表4-8　メタ認知方略を規定するもの

	小学生	中学生	高校生	大学生
内発的動機づけ	○	○	○	○
同一化的動機づけ	○	○		
取り入れ的動機づけ			○	○
外的動機づけ				−○
他律内発的動機づけ				
自律性				○
有能感		○	○	○
ソーシャルサポート			○	
社交性	○			

表4-9　粘り強さを規定するもの

	小学生	中学生	高校生	大学生
内発的動機づけ	○			○
同一化的動機づけ		○	○	○
取り入れ的動機づけ	○			
外的動機づけ	−○	−○		
他律内発的動機づけ		○	○	
自律性	○			
有能感	○	○	○	○
ソーシャルサポート		○	○	
社交性	○			

と）。なお、この重回帰分析結果と先の各動機づけを基準変数、基本的心理的欲求を説明変数とした重回帰分析結果をあわせて図示したものも資料二六〇―二六一ページに示している。

まず、メタ認知方略に影響を与えるものとして動機づけでは、全ての学校段階で内発的動機づけが有意である。自律的動機づけである内発的動機づけがメタ認知方略を予測するのは予想通りで内発的動機づけが高いほどメタ認知方略が多く使われていることを意味する。しかし、同じ自律的動機づけでも同一化的動機づけは小学生と中学生の場合だけで有意な正のパスとなっている。一方、自律的動機づけではない取り入れ的動機づけも高校生、大学生の場合にメタ認知方略を高めるといえる。外的動機づけは大学生で負のパスが示され、外的動機づけが高いほどメタ認知方略が使用されていないことになる。これは仮説通りといえよう。他律内発的動機づけについてはどの学校段階でもメタ認知方略に全く影響がない。

他の変数についてみてみると有能感が中・高・大学生で直接、メタ認知方略にも影響を与えている。つまり、有能感が高いほど、メタ認知方略を多く使っている。他には大学生で自律性が高いことがメタ認知方略を高めているといえるし、高校生でソーシャルサポートの高いこと、小学生で社交性が高いことが、メタ認知方略の高さに影響しているといえる。

次に表4-9の粘り強さについてであるが、まず、自律的動機づけをみてみると、内発的動機づけは小学生と大学生で有意な正のパスがみられ、中・高校生の場合は見られない。同じ、自律的動機づけでも同一化的動機づけは中・高・大学生で有意な正のパスが示されており、どちらかといえば内発的動機づけよりも同一化的動機づけの方が粘り強さへの影響力が大きいといえる。取り入れ的動機づけは小学生の場合だけ有意となっている。また、外的動機づけに関しては小学生と中学生で負のパスがみられ、外的動機づけが高いほど粘り強さが低いことになる。また、他律内発的動機づけに関しては予想外に中学生と高校生で有意な正のパスがみられた。

他の変数との関係については、ここでも最も特徴的なのは有能感で全ての学校段階で有意な正のパスがみられたことである。有能感が高いことが直接、粘り強さも規定しているといえる。また、ソーシャルサポートは中学生と高校生で有意な正のパスがみられた。自律性および社交性は小学生の場合のみ粘り強さを予測していた。

5　メタ認知方略および粘り強さと複数の動機づけの関係

先の重回帰分析とは視点をかえて、メタ認知方略および粘り強さと動機づけとの関係について、メタ認知方略、粘り強さ、それぞれについて低群、高群、それぞれ全体の四分の一ほどを選び（正規分布を仮定して、平均±0.68×標準偏差で区切った）、二群の各動機づけを比較した。なぜ、このような分析を試みるかといえば、個人レベルでは誰もが一つの動機づけでなく、複数の動機づけを有しているからである。図4−

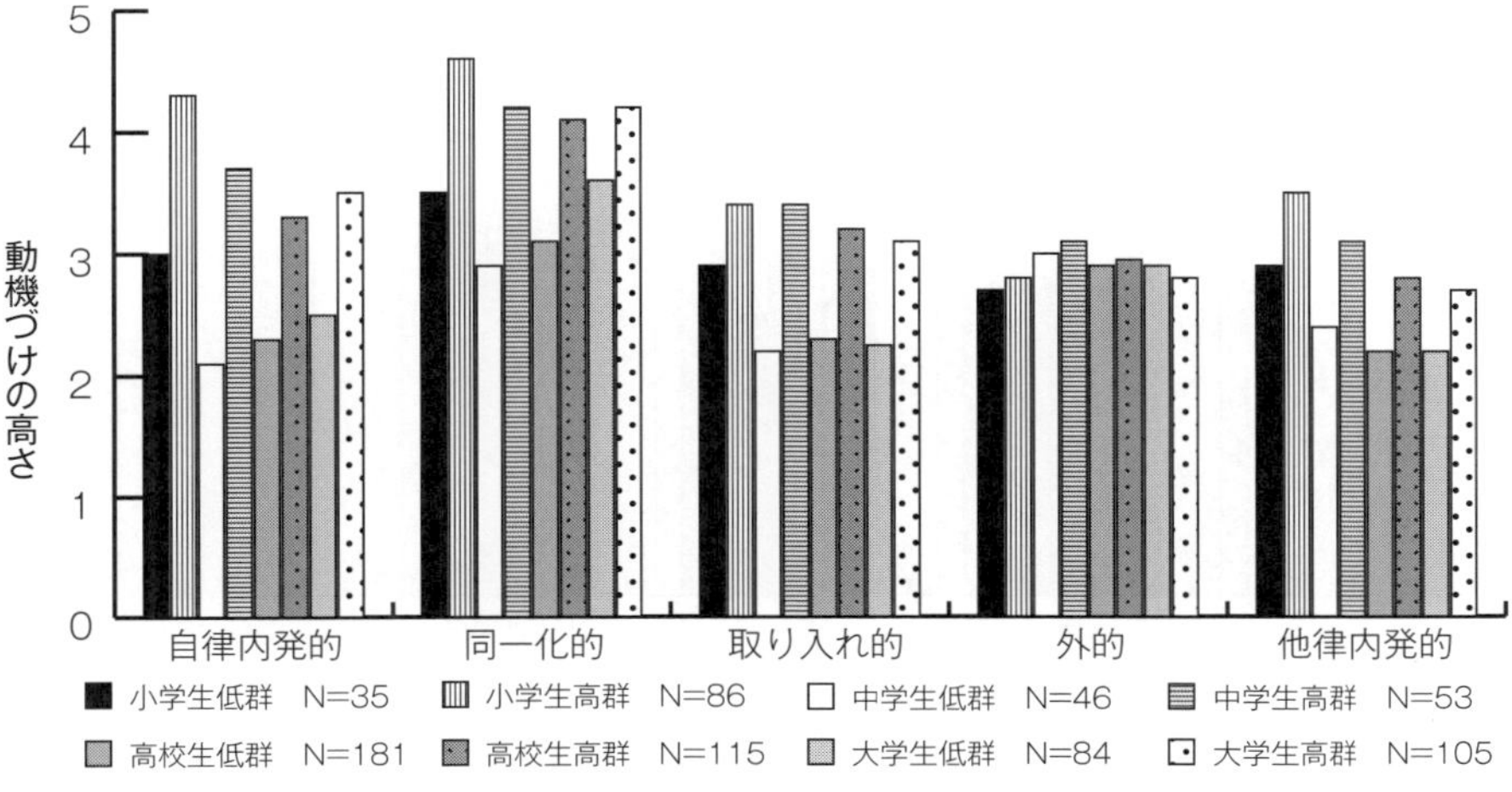

図4-3　メタ認知方略の高低群の各動機づけの比較

3がメタ認知方略の高低群の比較、図4－4が粘り強さの高低群の比較である。

この図からわかるのはメタ認知方略でも粘り強さでも、その高群は低群に比べて外的動機づけ以外の動機づけは全てより高いことである。自己決定理論からすれば自律的動機づけである内発的動機づけおよび同一化的動機づけがより高いのは予想されるところであるが、統制的動機づけとして分類される取り入れ的動機づけについても、その動機づけの高さとメタ認知方略、および粘り強さは正の対応関係があるといえる。また、他律内発的動機づけも同じような関係があり、この動機づけも総じてメタ認知方略や粘り強さを促進する方向にあるといえる。外的動機づけだけはメタ認知方略や粘り強さを促進するか抑制するかが不明確である。

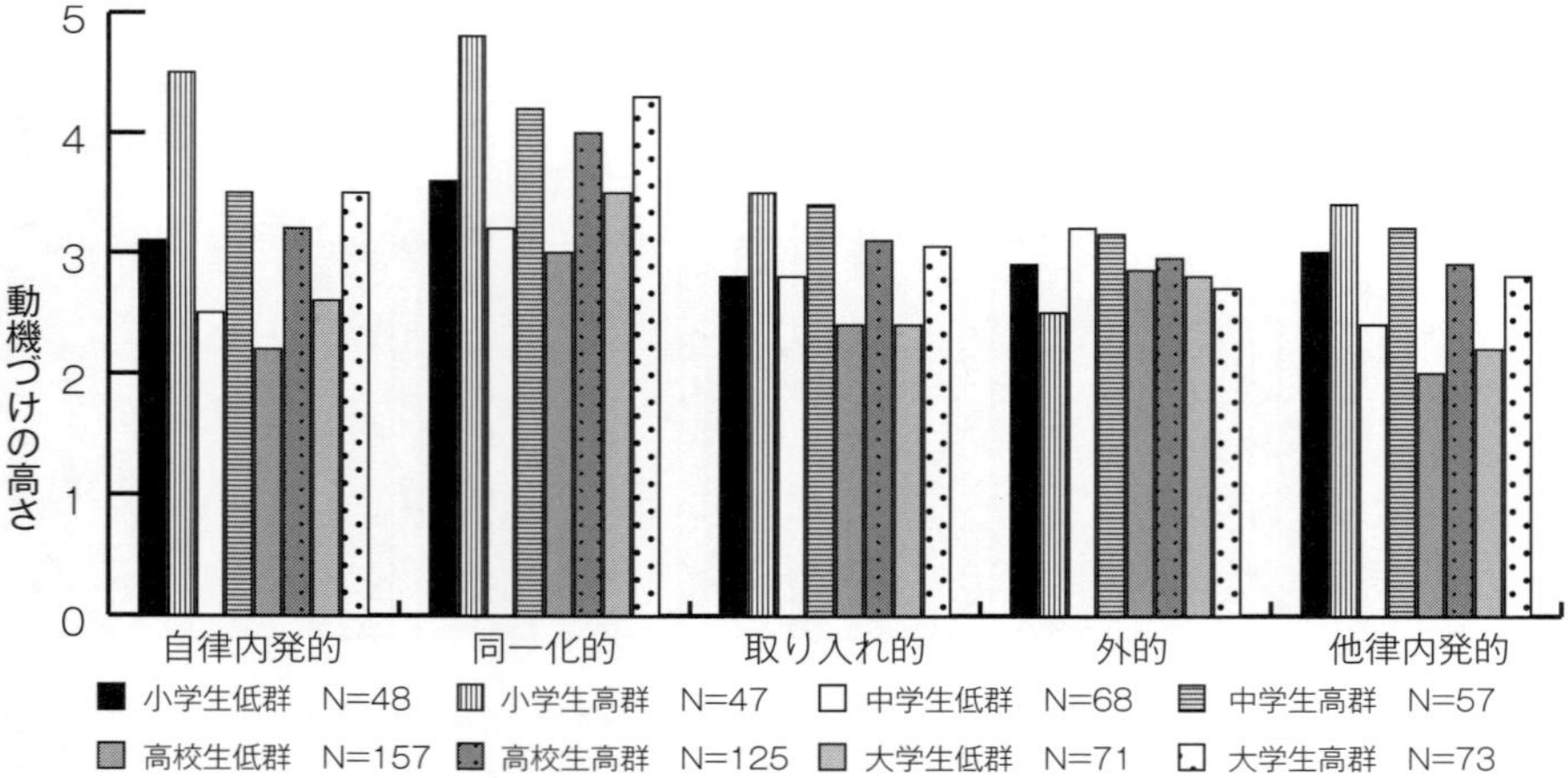

図4-4　粘り強さの高低群の各動機づけの比較

3節　本章のまとめ

1　何が各動機づけを規定しているか

本研究では自律性、有能感、さらには理論上の関係性の欲求にほぼ相当すると考えたソーシャルサポートと社交性がどのように動機づけを規定しているかをみた。その結果、最も明確な結果は有能感の概念が、内発的動機づけ、同一化的動機づけ、取り入れ的動機づけの高さを規定しているということだった。取り入れ的動機づけも含まれていたということは少しでも自律的な動機づけを持つにはまず有能感が必要であることが示されたといえる。次に強い結びつきはソーシャルサポートで、特に同一化的動機づけは全ての学校段階で規定要因になっている。内発的動機づけについても二つの学校段階で有意な正のパスが認められた。意外と明確な関係がみられなかったのは自律性であり、内発的動機づけにおいても有意な正のパスは二つの学校段階で示されたに過ぎない。これは自律的動機づけを規定する最も中心的な基本的心理的欲求と思われたがやや意外な結果であった。また、外的動機づけとここで扱った基本的心理的欲求との関係は他の三つの動機づけの場合とはかなり異なり、正のパスが少なく負のパスがみられたが、それは自己決定理論を支持する結果であるともいえよう。これらの結果をふまえ、さらに発達的観点から見ると、自律的動機づけの形成には基本的心理的欲求はほぼ有能感、関係性、自律性の順で充足、促進されていくものと推察された。

特記しておきたいのは他律内発的動機づけと社交性の関係であり、中学、高校、大学で社交性の高さが他律内発的動機づけに影響していることが示された。つまり，社交性の高い人はおそらく教師ともポジティブな人間関係を形成しやすいので教師からの内発的動機づけを高める働きかけに応じやすいのであろう。しかし，社交性は自律的動機づけでもある内発的動機づけや同一化的動機づけへの影響は全く見られなかった。ソーシャルサポートも小・中で他律内発的動機づけに影響していることも見出された。他律内発的動機づけは対人関係のあり方に影響を受けるようである。

2　メタ認知方略および粘り強さを規定するもの

動機づけの後続変数としてメタ認知方略と粘り強さを取り上げて検討した。

重回帰分析の結果からメタ認知方略に大きな影響を与えているのは内発的動機づけだけといえる。一方，同一化的動機づけと取り入れ的動機づけからのパスがメタ認知に有意に影響を与えていたのは四つの学校段階のうち半数だけであった。また，基本的心理的欲求のうちではここでも有能感からメタ認知方略への直接のパスが小以外の中・高・大学まで有意であった。

粘り強さに関しては動機づけでは内発的動機づけよりもむしろ同一化的動機づけの影響の方が大きいといえる。他方，外的動機づけの強さは小・中学生の場合，粘り強さに負の影響を与えていた。さらに基本的心理的欲求の中の有能感はメタ認知方略への影響よりも，粘り強さにより強く影響していた。

さらに，メタ認知方略，粘り強さの特に高い人たちと低い人たちの五つの動機づけがどのような様相にあるかを検討した。その結果，メタ認知方略についても粘り強さについても高群は低群に比べて内発的動機づけ，同一化的動機づけ，そして取り入れ的動機づけにおいてもより高いことが示された。いわゆる自律的動機づけだけでなく統制的動機づけである取り入れ的動機づけにも差がみられた。しかしそれは自我を守るための統制的な動機づけであれ、持たないよりは持つ方が学習行動が高まるということで自然なことともいえる。一方、外的動機づけについては高低群が逆になったわけではないが差が不明確であった。さらに他律内発的動機づけに関しては前の三つの動機づけと同様、メタ認知方略も粘り強さも高群の方が動機づけも高かった。

引用文献

桜井茂男　一九九三　自己決定とコンピテンスに関する大学生用尺度の試み　奈良教育大学教育研究所紀要　二九、二〇三―二〇八.

久田満・千田茂博・箕田雅博　一九八九　学生用ソーシャルサポート尺度作成の試み（一）　日本社会心理学会第三十回大会発表論文集　一四三―一四四.

平野真理　二〇一〇　レジリエンスの資質的要因・獲得的要因の分類の試み―二次元レジリエンス要因尺度（BRS）の作成―　パーソナリティ研究　一九（二）、九四―一〇六.

久保勝利・西岡伸紀・鬼頭英明　二〇一五　高校生における自律的動機づけとレジリエンスとの関連―自己決定理論の援用の可能性―　兵庫教育大学学校教育学研究　二七、三一―三九.

Sheldon, K. M., & Niemiec, C.P.　2006　It's not just the amount that counts: Blanced need satisfaction also affects well-being. *Journal of personality and social psychology*, 91(2), 331-314.

速水敏彦　一九九八　自己形成の心理―自律的動機づけ―　金子書房

速水敏彦・田畑治・吉田俊和　一九九六　総合人間科の実践による学習動機づけの変化　名古屋大學教育學部紀要教育心理学科　四三、二三―三五.

西村多久磨・河村茂雄・櫻井茂男　二〇一一　自律的な学習動機づけとメタ認知的方略が学業成績を予測するプロセス―内発的な学習動機づけは学業成績を予測することができるのか？―　教育心理学研究　五九、七七―八七.

岡田涼　二〇一二　自律的な動機づけは学業達成を促すか―メタ分析による検討―　香川大学教育学部研究報告第1部、一三八、六三―七三

アンジェラ・ダックワース（著）、神崎朗子（訳）　二〇一六　やり抜く力―人生のあらゆる成功を決める「究極の能力」を身につける―　ダイヤモンド社　八三（Duckworth, A.　2016　*Grit: The power of passion and perseverance.* New York: Scribner）

佐藤純・新井邦二郎　一九九八　学習方略の使用と達成目標及び原因帰属との関係　筑波大学心理学研究　二〇、一一五―一二四

梅本貴豊　二〇一三　メタ認知的方略、動機づけ調整方略が認知的方略、学習の持続性に与える影響　日本教育工学会論文誌　三七（二）、七九―八七

研究随想 4 理想や期待の裏の顔

不安

先日、テレビを見ていたら、小説家の伊集院静氏は「若者よ、○○であれ」と言ったが○○には何が入るのかというクイズが出されていた。回答者たちは全てポジティブな用語を答えていて、誰も正答できなかったが、答えは「不安」ということだった。

若者は自らの不安を乗り越えようとして努力することで成長できるという意味だったと記憶している。「不安」という感情は人の悩みの根源になるようなもので不安=精神的不健康と考え、とにかく不安を抱かないように生きることが大切だと考える人が多い。世の臨床心理士たちも一般的にはクライエントに不安を除去するような働きかけやできるだけ不安を遠ざける方法を伝えようとするだろう。これまでの心理学の分野では不安はひとつの動因として位置づけられることはあったが、それはパフォーマンスの量的側面を促進するとはいえ、質的側面をむしろ抑制すると考えられてきた。達成動機づけ研究の分野でも回避動機の高さの指標に不安が使われ、達成を抑制するものと捉えられている。

しかし、人が未来に理想や期待を抱く以上、不安は常にそれに随伴するといってもよい。つまり、不安は理想や期待の裏の顔なのだ。逆に言えば不安がない若者は未来に高い理想や期待を持っていないのではなかろうか。最近の心理学が専門でない人の著作には「不安の力」、「鬱は力なり」といった不安のポジティブな側面に注目したものも多い。

心理学の動機づけの分野でも不安を再考してみてはどうだろう。

第5章　自律性支援について

1節　自律性支援とは

1　自律性支援の二つの位置づけ

まず、前章までと本章からの研究の大きな相違点は、これまでは小・中・高・大学生という四つの異なる学校段階の人たちを対象にして検討してきたが、ここからは対象が大学生だけに限定されていることである。

さて、自律性支援という概念も自己決定理論では頻繁に用いられている。自律性支援とは岡田

（二〇一七）によれば「学習者の視点に立ち、学習者自身の選択や自発性を促そうとする指導上の態度や信念」である。また、自律性支援という概念に対して対極には統制が想定され、これは特定の行動をとるように強いることを指す。両方の働きかけを扱った研究もあるが一方の自律性支援だけを扱った研究の方が多いように思われる。

リーヴ（Reeve, 2016）は自律性支援の六つの側面として①児童・生徒の視点に立つ、②内的な動機づけの資源に働きかける、③要求する際に理由付けをする、④児童・生徒の否定的感情を認める、⑤統制的でない言語表現を用いる、⑥辛抱強く待つ、をあげている。そしてこのような自律支援的な態度を持つ教師は具体的に、学習者の声に耳を傾ける、学習者の要求を聞く、学習者にヒントを与えるなどの指導行動をとるとされる。

基本的には自律性支援的な働きかけを行うことによって自律的動機づけが高まることを想定しているが、二つの考え方がある。一つの考え方はスキナーとベルモント（Skinner & Belmont, 1993）が述べたように、第一の自律性支援は第4章の三つの基本的心理的欲求との関係でいえば自律性への欲求だけを促進すると想定するものである。そして他に、第二の支援は構造と呼ばれるものでこれはコンピテンスへの欲求、有能感を促進するという。構造とは明確な期待や手続きを伝えたり、最適な挑戦の機会を与えたり、激励し、進歩のためのヒントを与えたりすることである。さらに第三の支援は関与と言われるもので、関係性への欲求を高めるものである。関与とはそれぞれの子どもについて気にかけ、彼らと一緒に楽しみ、時間、興味、感情の支援のような個人的リソースを共有することである。

もう一つは同じスキナーら（Skinner et al., 2009）が後になって述べたように自律的支援は三つの基本的心理的欲求の全てを促進するとする考え方である。外山（二〇一一）も自律性支援には関係性支援と有能さの支援も含まれることが多いのではないかと指摘している。つまり、自律性支援とは支援する側にとってみれば、相手の立場に立って相手のことを気遣い（関与）、相手が自分の力で物事を決定し（自律性支援）、それがうまく達成できる（構造）ように援助することを意味する。

しかし、いずれにしろ自律性支援は図5－1に示すように基本的心理的欲求の充実・促進を介して自律的動機づけの形成につながると考えることができる。そこで本章では自律性支援と自律的動機づけの直接的な関係を検討することにする。

2　自律性支援に関するこれまでの研究

シェルドンとクリンガー（Sheldon & Kringer, 2007）は法科大学院の院生を対象にした三年間の縦断的研究で、自律性支援が自律性、有能感、関係性を介してウェルビーイング、キャリア選択に対する自律的動機づけに影響し、さらに学業成績にどのように影響するかを検討した。ここでの自律性支援はブラックとデシ（Black & Deci, 2000）とウイリアムとデシ（Williams & Deci, 1996）で使用された一五項目からなるLearning Climate Questionnaire（ＬＣＱ）尺度で測定された。二つの大学院で最

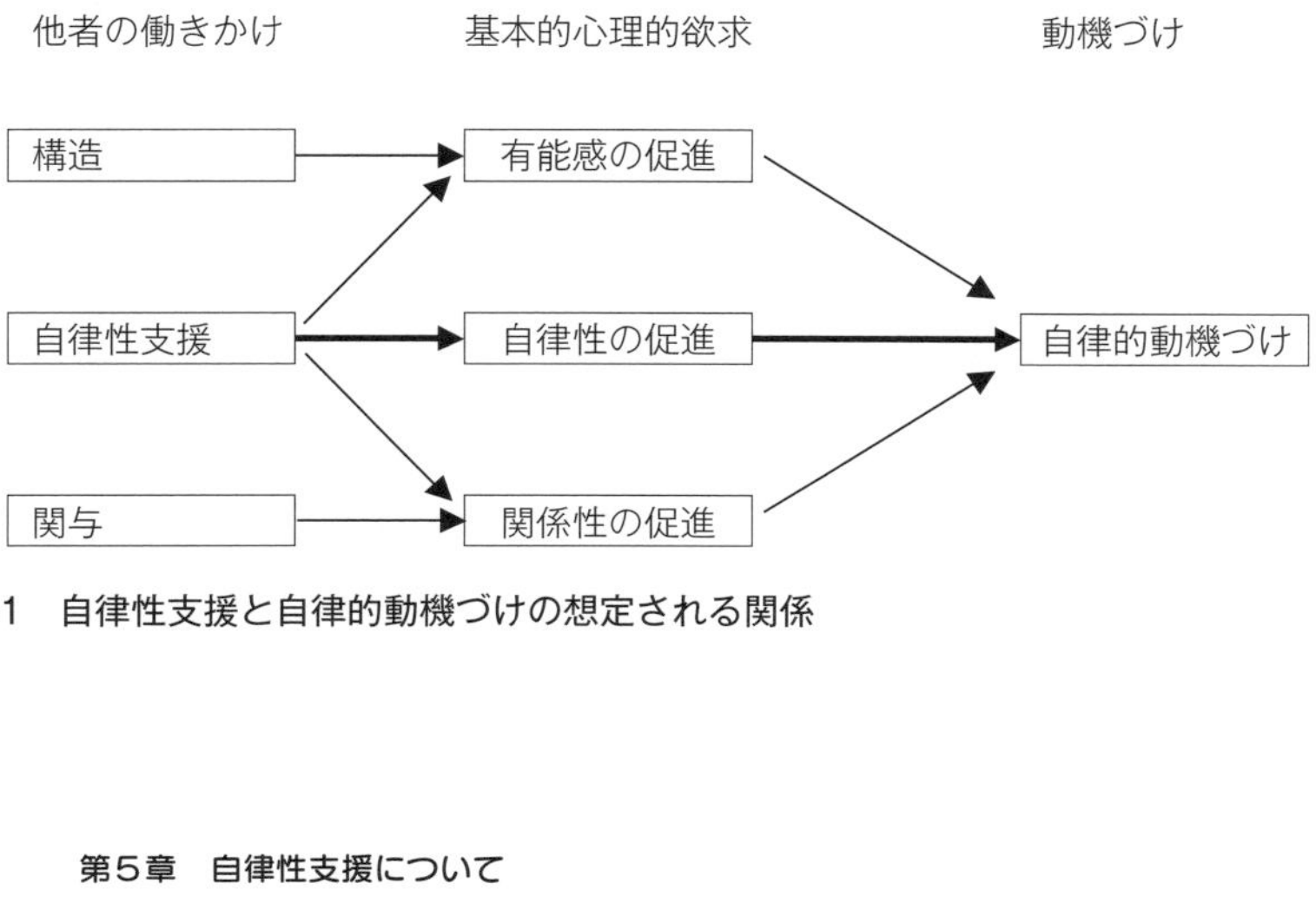

図5-1　自律性支援と自律的動機づけの想定される関係

初の年に与えられた自律性支援が異なっていたが、その違いが自律性だけでなく、有能感や関係性の違いにも影響し、ウェルビーイング、キャリア選択の動機づけ、学業成績にも反映されることが証明された。

フィラックとシェルドン（Filak & Sheldon, 2008）は大学生を対象にして自律性支援が自律的動機づけに影響し、それがさらに三つの欲求充足に影響し、結果として学生たちのその授業に対する評価、教員に対する評価、さらに成績を規定するという連鎖を明らかにしている。ここでは自律的動機づけと三つの欲求の前後関係が逆転して想定されているという特徴がある。この場合の教師の自律性支援は先の研究と同じＬＣＱの六項目のみで測定した。基本的心理的欲求は最初、三つが別々に測定されているが、最終的にはそれらを合計したものを心理的欲求充足として使用している。また自律的動機づけに関しては操作的には内発的動機づけ、同一化的動機づけ、取り入れ的動機づけ、外的動機づけの四つの動機づけを別々に測定し、最後にはＲＡＩ（三二ページ参照）に従い、前者二つの動機づけ得点から後者二つの動機づけ得点を引いたものを用いている。

また、自律性支援といっても何に対する自律性支援かという観点からの検討もある。スティファノらプメンバー、評価手続き、締め切り日を選択できる　２　手続き的自律性支援：学生はどの教材を(Stefanou et al., 2004) は自律性支援を次の三つに分類している。１　組織的自律性支援：学生はグルー使うか、どのように自分の成果を示すかを選択できる　３　認知的自律性支援：学生は問題に対する多くの解答を見出すことができ、考えを自由に討論し、決定するための時間をつくることができる。そして、これらは異なる効果を持つことが示された。すなわち、組織的自律性支援は感情的に心地よくし、手続き的自律性支援は学習に取りかかる際の集中力を育てる。認知的自律性支援は学習活動への強い関与を促進するという。それぞれ異なる側面の自律性支援であるが、いずれも自律的動機づけを高めていると考えられる。

教師からだけでなく、家族からの自律性支援も視野にいれた研究もある。ファンデルカップ－ディーダーら（Van der Kaap-Deeder et al., 2017）は、教師、母親、きょうだいからの自律性支援が欲求充足を介して、ウェルビーイングにポジティブに影響し、彼らからの統制が欲求不満を介してウェルビーイングにネガティブに影響することを明らかにした。先生からの自律性支援だけでなく、母親やきょうだいからの自律性支援も問題にしたところに新しさがある。自律性支援も統制も、三者の中では、母親のそれが欲求充足、欲求不満に一番強く影響していた。

わが国でも初期の研究として鹿毛・上淵・大家（一九九七）が小学一年生の二〇学級をとりあげ、入学から約半年を経たところで児童の態度変数として内発的動機づけ、有能感、学校・教師・友人への適応、さらに学力テストの結果などの調査を行った。また、教師に対しては「自律性支援―行動制御」に関する信念をみるため「教師志向性質問紙」を実施した。そして自律性支援の高いH群、中程度のM群、低いL群に分けて児童の態度得点をみたところ、内発的動機づけは三群間で差がなかったが、有能感ではH群がL群より有意に高く、対教師態度でも同じような傾向が示された。しかし、学力については差がみられなかった。

続いて安藤（二〇〇一）は、自律性支援の認知と内発的動機づけとの間に高い正の相関を見出した。一方、同一化的動機づけとは有意な相関が示されなかった。そして特に自律性欲求の高いすなわち自己決定意識の高い人は自律性が支援されているような環境がある時、その自律性支援の程度を高く認知し、内発的動機づけを導くとした。

村井（二〇〇九）はコミュニケーション活動に対する動機づけを高める理論と実践について報告し、自律性支援の高さにより内発的動機づけ、同一化的動機づけ、取り入れ的動機づけが影響を受けることを明らかにしている。また、中学生を対象に英語のコミュニケーション活動に対する三つの基本的心理的欲求を満たす授業介入を四月上旬から九月下旬まで行い、その効果を検討している。その結果、内発的動機づけ、同一化的動機づけが介入後に高まり、外的動機づけと非動機づけは減少することが示された。

体育授業における教師およびクラスメートからの自律性支援の認知と動機づけの関係についての藤田（二〇〇九）の報告もある。教師からの自律性支援とクラスメートからの自律性支援が動機づけにどのような影響を与えるかを検討しようとした。その結果、内発的動機づけに対しては教師からの自律性支援の認知もクラスメートからのそれも正のパスが認められた。さらに内発的動機づけの場合よりもやや低いが、同一化的動機づけに対しても両方から正のパスが認められた。一方、外的動機づけに対してはクラスメートの自律性支援の認知から負のパスが、非動機づけに対しては両者から負のパスが認められた。

最近では斎藤・小倉（二〇一七）が中学生の理科授業の設計において、自律性支援と構造の提供を重視した授業を考え、大学生に実施して彼らのエンゲージメントとの関係をみた。そして、自律性の感覚と認知的エンゲージメント（目的を意識してとりくめたか）との間に有意なパスがみられたとしている。さらに自律性の感覚が効力感を高め、効力感が行動的エンゲージメント（夢中になっていたと思うか）に影響することも明らかにされた。

一方、アモウアら（Amoua, C., et. al., 2015）は自律性支援と統制スタイルは逆ではなく、異なる独立した教授スタイルであることを明らかにした。指導の自律性支援スタイルと統制スタイルは一つの連続帯上の両極にある逆のものとして通常考えられている。しかし、別の考えとして人は両方のスタイルを何の関連もないものとみなすというものもある。実際のデータからは両者は低い負の相関が多く、完全に逆の概念とはいいきれない。そこで、類似した人の群を構成するためのクラスター分析により自律性、統制の高低の組み合わせで四つのクラスターができることを明らかにした。つまり、一方が高く、もう一方が低いという群だけでなく、両方が高かったり、両方が低かったりする群も成立することがわかり、両者は全く正反対の概念ではないことが分かった。次に二つの指導スタイルが別の媒介変数によって動機づけに影響することを明らかにすることで両者の独立性を明らかにしようとした。すなわち、欲求満足という媒介変数が自律性支援の指導と子どもの動機づけを媒介しているのに対して、統制スタイルは欲求妨害という媒介変数を通して動機づけにつながることが示された。

2節　自律性支援・統制と動機づけの関係

1　調査の目的と進め方

ここでは自律性支援と統制という働きかけが動機づけにどのように影響しているか、大学生を対象にして検討する。自己決定理論に従えば自律性支援の働きかけは自律的動機づけを促進し、統制的働きかけは自律的動機づけを抑制すると予測される。ただし、これまでの多くの研究で自律性支援と統制は相反する働きかけとして、その影響を検討しているが、先のアモウアらの研究を受けて今回の研究の特徴の第一として、統制もポジティブな影響を与える場合もあるのではないかという観点から検討してみる。

前にも述べたように自己決定理論の最も中心となる概念は「自律性」と考えられる。その自律性とは端的に言えば自分の行動を自分の意思〈意志という表現もあるが、本稿では自分で考えるという意味合いが強いので「意思」とする〉で自己管理できることであろう。そして自律性支援とはまわりの大人が子どもの自律性を尊重し、子どもの意思に任せて行動決定をさせることであろう。しかし、子どもが自分である行動の決定を下すためには「どうすべきか」の判断をするための材料が必要である。しかし、その判断材料はおそらく小さい頃から大人から与えられてきた様々な指示や情報によるものと考えられる。初めは何の判断材料や自己決定するための手がかりもない子どもに大人は何らかの形で情報を提供することになる。それは指示的なもの、統制的なものも多く含まざるをえないと考えられる。

極端な例として、幼児の段階から自律性支援だけを促すことで子どもは成長できるだろうか。自分の意思選択をするための材料が全くない状態で選択したとしてもそれで自己管理できているとは言えないように思われる。つまり、自律的動機づけを促進するためには一定程度、外部からの統制も経験して、それを内面化して自分自身を規制する心性を有していることが必要だといえる。

また、この研究が他の研究と異なるのは自律性支援および統制の働きかけは現在の教師からだけのものでなく、これまで出会った全ての教師の働きかけの総体を想定していることである。自律性支援や統制の働きかけは累積されていると考えたためである。

さらにこの研究の特徴は動機づけに筆者が提案したいわゆる他律内発的動機づけが含まれていることである。自律性支援や統制が他律内発的動機づけにどのような影響を与えるかについては本研究で初めて検討される。自律性支援だけがあまりに強く影響し他律内発的動機づけを導くこともあるかもしれないと考えたためである。

このような目的を果たすために、五つの動機づけ尺度（表3-1参照）の他に、原則的にリーヴとヤング（Reeve & Jang, 2006）を基に表5−1のような項目で質問紙を構成した。

自律性支援および統制の働きかけの教示文は以下のようである。「あなたがこれまで学習場面で出会った先生で次のような行動をとる先生はどれほどいましたか。1『全くいなかった』、2『ほとんどいなかった』、3『多少いた』、4『かなりいた』、5『大部分がそうだった』のどれかを選んでください。」

調査対象は大学生である（詳細は資料二五九ページを参照）。

また、二つの尺度の信頼性係数（α係数）はまずまずの高さで使用可能と判断した。さらに両尺度の平均値と標準偏差についても資料二五九ページに記している。

2 自律性支援、統制の単独での影響

自律性支援と統制が各動機づけにどのように影響しているかを見るために自律性支援と統制を説明変数、各動機づけを基準変数として重回帰分析した。そして、

表5-1　自律性支援および統制の質問項目

Reeve & Jang（2006）を基に作成

自律性支援
生徒一人ひとりの発言や意見を注意深く聞く
生徒が個人個人で課題をする時間をとる
生徒が十分に話す機会を与える
生徒の学びが進歩したり習熟したら、見逃さずにほめる
生徒の努力を認める
生徒が問題でつまずいた時、解決を促すようなヒントを与える
生徒のコメントや質問に丁寧に対応する
生徒の経験や物の見方、考え方を認める
統制
学習教材や資料を生徒に触れさせず独占する
生徒一人ひとりが問題解決をするための十分な時間をとらない
生徒に要求や指示をする
生徒自身に答えを見つける機会を与えず先生が正解を示す
生徒に対して「〜すべき」「〜せねばならない」というような言葉をよく使う
「今、おしゃべりの時間ですか」のような質問のかたちで生徒に指示を出す

有意なパスを示したものが図5‐2である（詳細は資料二五九ページを参照）。

内発的動機づけでは有意で、自律性支援を受けるほど内発的動機づけが高いことが示されている。同じ、自律的動機づけである同一化的動機づけも同様の傾向にある。一方、明らかに統制的動機づけである外的動機づけは統制的指導を受けるほど高まることになる。これらはほぼ理論どおりの結果といえる。他律内発的動機づけに関しては内発的動機づけや同一化的動機づけと同様に自律性支援が高いほど、高くなるという結果であった。

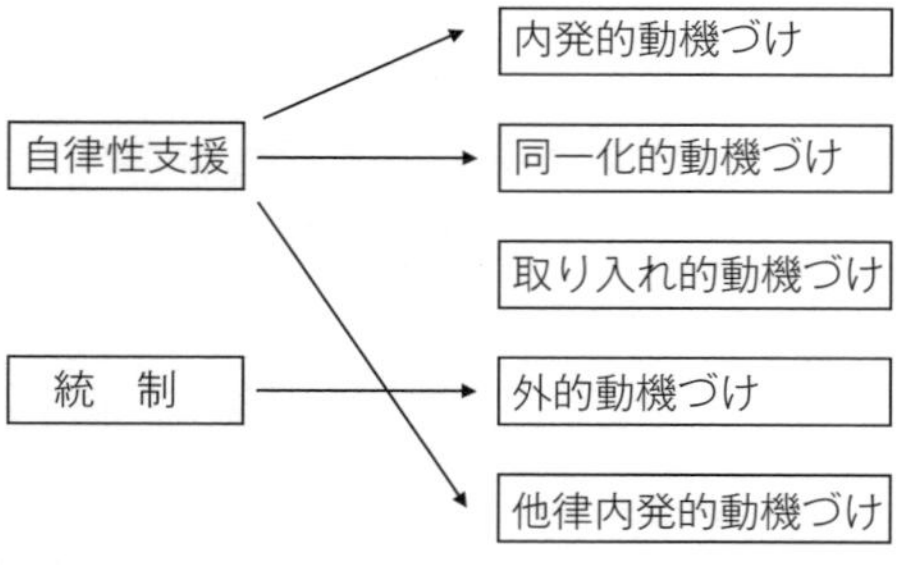

図5-2　自律性支援と統制が動機づけにおよぼす影響

3　自律性支援と統制の組み合わせによる動機づけへの影響

自律性支援と統制は負の相関関係であったものの低い値（-.136）で、正反対の概念とは考えられないため二つの組み合わせでみることにした。自律性支援および統制の平均値によって折半し、その高低の組み合わせから四群を作って、五つの動機づけの高さをみた。その平均値を示したものが図5‐3である。

まず、内発的動機づけに関しては理論的には自律性支援高、統制低群が最も高くなると予想されたが、最も高いのは自律性支援、統制の両方の働きかけが高い群であった。さらに両方の働きかけが低い群で自律性支援高、統制低群とほぼ同程度の動機づけの高さが見出されているのは意外であった。自律性支援、統制がともに高い方が、自律性支援高、統制低群よりも内発的動機づけが高く、自律性支援、統制ともに

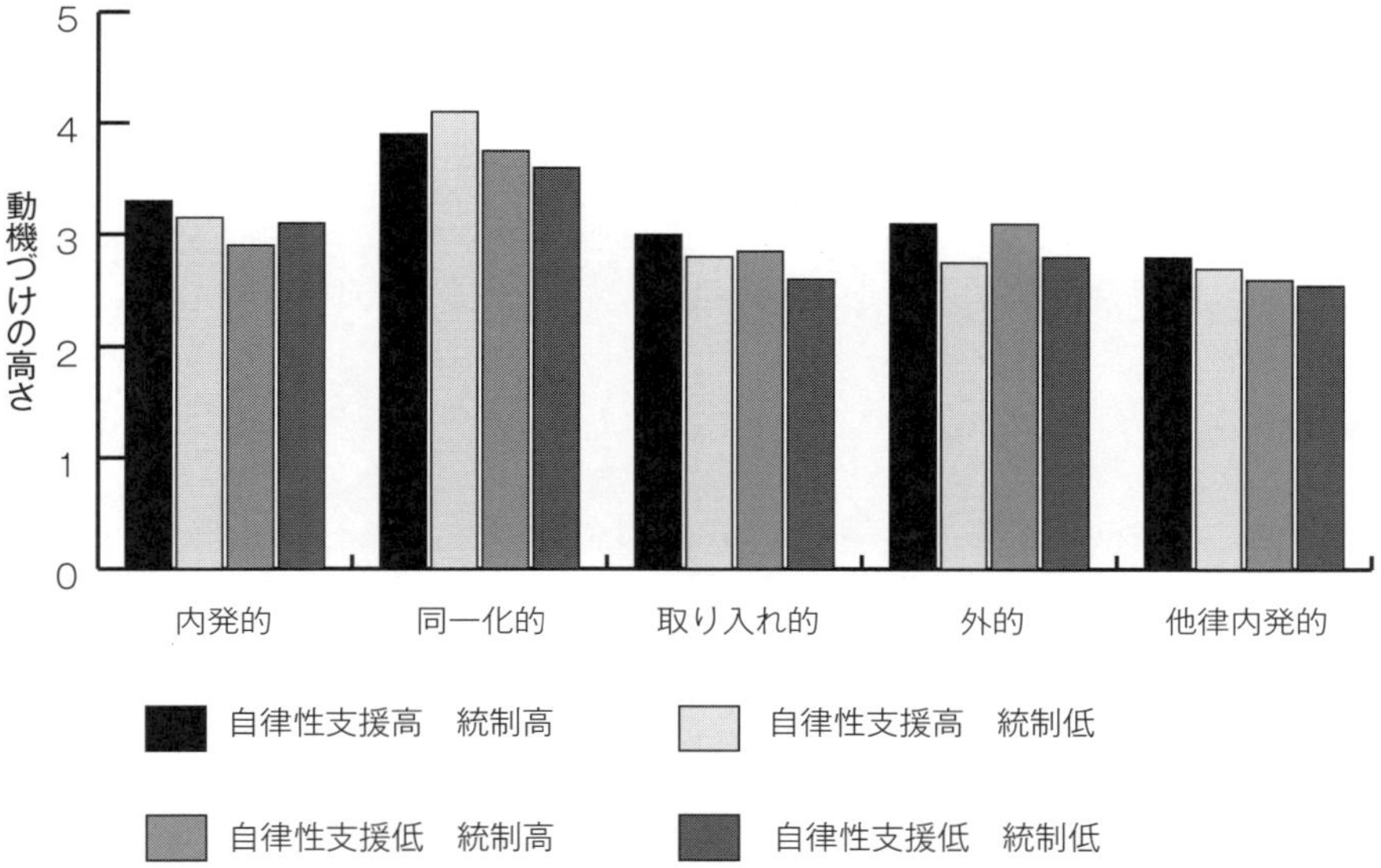

図5-3　自律性支援×統制の高・低と動機づけの高さの関係

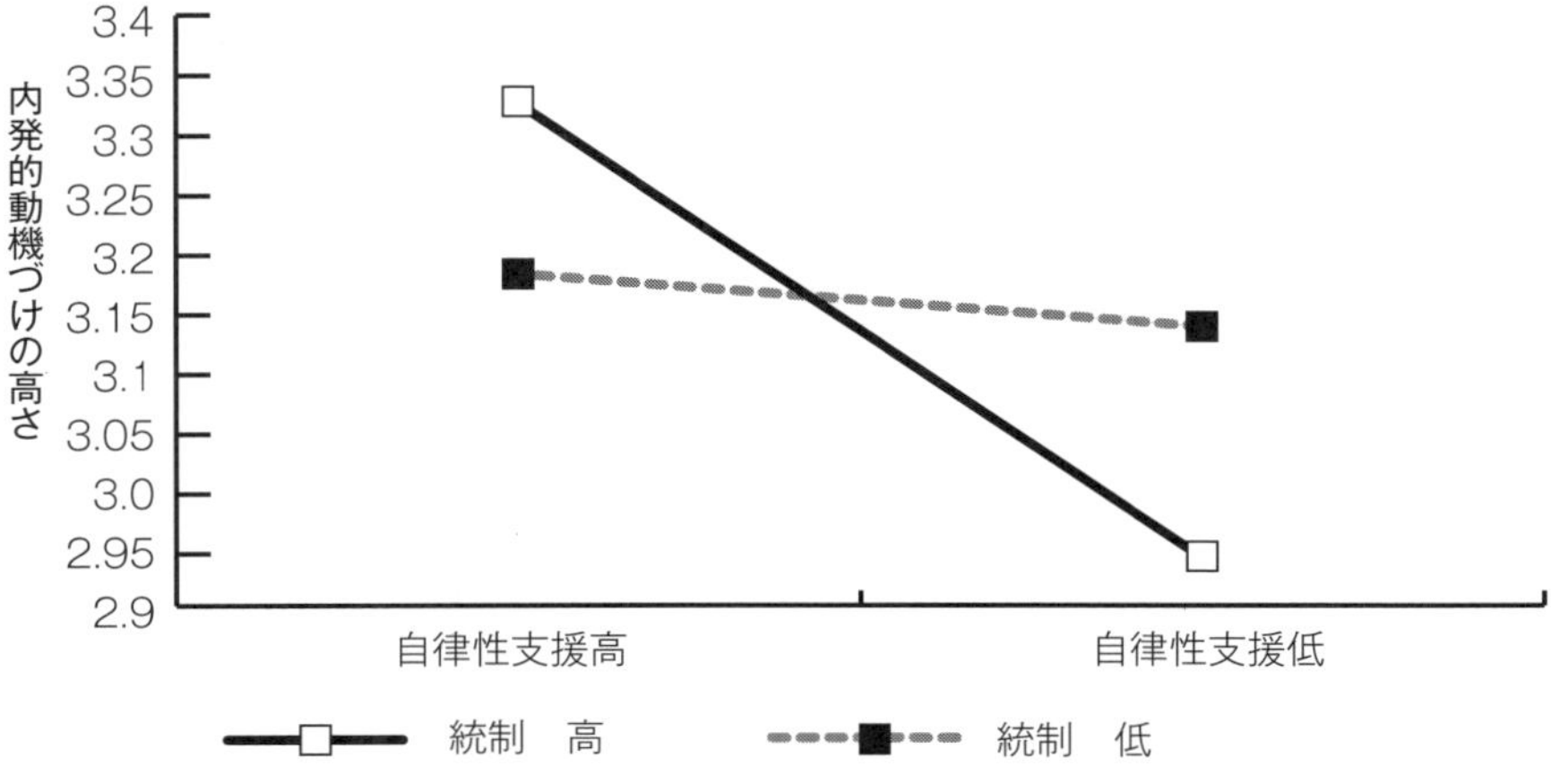

図5-4　自律性支援×統制４群の内発的動機づけ

低い群よりも自律性支援低、統制高の群の方が内発的動機づけが低くなっている。これをより見やすくするために折れ線グラフで示したものが図5-4である（分散分析結果は資料二五八ページを参照）。

次に同一化的動機づけについては予想通り自律性支援高、統制低群で最も高い値が示されている。取り入れ的動機づけに関しては最も平均値が高いのは自律性支援も統制も両方高い群、最も低いのは両方低い群であった。

外的動機づけは統制の高い群の平均値が高くなっているのが特徴的である。統制的な働きかけは外的動機づけを高めることになり、自己決定理論の考え方に一致する。

最後に他律内発的動機づけであるが、相対的に最も高い値をとっているのは自律性支援、統制ともに高い群であり、他の三群はほぼ等しい値を示していた。

このように自律性支援は自律的動機づけ（内発的動機づけ、同一化的動機づけ）を促進し、統制的・他律的動機づけ（取り入れ的動機づけ、外的動機づけ）を抑制する、統制は統制的動機づけを常に促進し、自律的動機づけを常に抑制するという一方向的な関係がみられるわけではない。特に同じ自律的動機づけでも内発的動機づけは自律性支援も統制も高い群で最も高くなっていた。一方、同一化的動機づけでは理論どおり自律性支援は高いが統制は低い群で最も高くなっていたのは注目すべきである。次にさらにその点に焦点をあてて分析し、再確認する。

4　統制を三群に分けた場合の自律性支援と各動機づけとの関係

次に統制について高・中・低の三群に分けて、自律性支援とそれぞれの動機づけとの関係を検討してみることにした（三群の分け方は資料二五八ページ参照）。

その結果が表5-2に示されている。統制的働きかけを三分割して自律性支援との関係をみると、全ての動機づけで一貫した関係がみられるわけではない。統制が中位の場合はどの動機づけにおいても自律性支援との関係は、ほぼ同じような低い正の相関がみられるが、統制高群と低群の様相はかなり異なる。統制高群で有意な正の相関がみられるのは内発的動機づけと他律内発的動機づけである。つまり、内発的動機づけや他律内発的動機づけは統制的働きかけが高い時に自律性支援の高さがその内発的動機づけや他律内発的動機づけの高さに反映されているといえる。一方、統制的働きかけが低い時は自律性支援の高さはそれらの動機づけの高さにほとんど反映されていない。

しかし、同一化的動機づけについては統制的働きかけが低い群で自律性支援的働きかけとの相関が有意になっているが、統制的働きかけが高い場合はその関係は極めて低い。この結果をそのまま解釈すれば、同一化的動機づけに関しては統制的働きかけがあまりない状況で、自律性支援を受けることがその動機づけの形成につながることになる。つまり、同一化的動機づけと自律性支援の関係はライアンらが述べた理論にほぼ沿う結果と考えられる。

この分析により、先の結果からうかがわれた自律性支援および統制的働きかけの内発的動機づけと同一化的動機づけへの影響の仕方の違いが明確

表5-2　統制の低・中・高群別に見た自律性支援と各動機づけとの相関関係

	統制低群	統制中群	統制高群
内発的動機づけ	.116	.049	.324**
同一化的動機づけ	.394***	.151	.075
取り入れ的動機づけ	-.067	.055	.171
外的動機づけ	-.111	.052	.063
他律内発的動機づけ	.034	.109	.272*

＊…p<.05　＊＊…p<.01　＊＊＊…p<.001

になった。ライアンらはおそらく内発的動機づけこそ統制的働きかけが弱く、自律性支援的働きかけが強い状況で最も促進されると考えており、本研究の結果はそれと矛盾する。内発的動機づけも他律内発的動機づけも楽しい、面白いという情動により動機づけられる面があるが、一方で外部からの統制を強く受けている者ほど自律性を支援されることでそれらの動機づけが高まることになる。自律性支援と統制とは概念的には逆の関係にあるが、内発的動機づけが自律性支援により高まるのは一定程度の統制的働きかけを前提にしているといえる。他方、同一化的動機づけのように同じ自律的動機づけでも感情というより価値により動機づけられる場合は、日頃から、あるいは過去経験として統制的働きかけを受けていない方が自律性支援をよりポジティブに受けとめられるものと考えられる。

5　統制的指導の持つ意味

ところで、統制的指導は子どもの自由を束縛して、心理的に子どもを抑圧するように機能すると思われがちであるが、前にも少し触れたように教師からの指示の多さとしてとらえるむきもあるように思われる。だとすると、自律性支援と並んで自律的動機づけを促進する概念として掲げられているコンピテンスへの欲求、有能感を充足させる構造の概念に近いようにも思われる。構造とは教師が生徒に望ましい教育結果を効果的に達成する期待や方法について与える情報の量や明確さである。それはクラスの明確で一貫したガイドラインの提供に役立つもので教師が混乱し矛盾するカオス的事態とは逆である。通常、構造は正の動機づけを促し、自律性支援により補完される。

また、他に内発的動機づけが自律性支援だけでなく、統制も高い場合で高くなったのは、特に内発的動機づけのような感情的快を伴う動機づけは、日頃、ある程度規律を有し、やや統制的面を含んで指導されている場合の方が自律性支援を受けた時の影響が対比的に強くなるのかもしれない。それに対して同一化的動機づけのような特に感情的快を伴うわけでもなく、価値観に基づく動機づけは、統制や指示的働きかけが少しでもない方が純粋に自律性支援の影響を受けやすいのではないかと考えられる。

この自己決定理論の提唱者たちの考えとは異なる結果がみられたことに関してさらに踏み込んでやや大胆な解釈を試みると、この結果の理由に関して一つは内発的動機づけがやや状況的性質が強く変化しやすいのに対して同一化的動機づけは特性的性質が強く変化しにくいこと、もう一つは自律性という側面でみると実際は内発的動機づけよりも同一化的動機づけの方が強いためではないかと考える。内発的動機づけの高い人は通常、自律性そのものがあまり強くなく、統制的指導を受け入れている。そしてそれに加えて自律性支援的指導がなされた時に喜びが大きく、さらに内発的に動機づけられる。他方、同一化的動機づけの高い人は自律性が高く、自分の意思で行動決定をしようとするので日頃から統制的指導が少ない方が、自分の価値観に従って行動でき、自律性支援によってさらにその動機づけを高めることができるとも推測できる。

3節　本章のまとめ

前節までは小・中・高・大の四つの学校段階の全てを対象にした調査結果のまとめであるが、以降は、大学生だけを対象にした調査結果のまとめである。その第一として自律的動機づけを促進すると考えられている自律性支援について検討した。ただし、自律性支援とは逆の働きをするものとして想定されている統制的な働きかけについても同時に検討しようとした。

その意図は本書の冒頭でも問題にした自律性という概念の複雑さとも関係する。自律性のパラドックスという言葉があるように自律性は、初めから何もしないで本人のなすがままにしておけば育つわけではない。何らかの外部からの働きかけや指示が必要になる。しかし、それ自体が外部からの指示で、統制と受け取られないこともない。だとすれば、表面的に統制が逆の概念だとしても、自律的動機づけの概念に無関係というわけではないように思えたのである。

調査の結果、自律性支援、統制、単独での動機づけへの影響をみれば、確かに自律性支援は内発的動機づけや同一化的動機づけといった自律的動機づけに正の影響を与え、統制は外的動機づけに正の影響を与えていた。しかし、両者の働きかけの高さを高低で組み合わせ、四群で比較したところ、自律性支援高、統制低群で自律的動機づけが最も高く、自律性支援低、統制高群で自律的動機づけが最も低い場合ばかりではなかった。すなわち、自律的動機づけでも内発的動機づけは自律性支援高、統制高群で最も高かった。

さらに統制的働きかけの高さを高、中、低の三群に分けて自律性支援とそれぞれの動機づけの高さとの関係を見たところ、内発的動機づけおよび他律内発的動機づけは統制高群でのみ有意な相関がみられた。これは統制的指導がなされている状況下で自律性支援的働きかけがなされると内発的動機づけなり他律内発的動機づけが高まると解釈できる。内発的動機づけを自律性支援により高めるには逆説的だが統制的働きかけも必要なのかもしれない。一方、同一化的動機づけは統制低群で自律性支援と正の相関がみられた。

引用文献

岡田涼　二〇一七　教師の自律性支援—統制の有効性認知に関する研究：学校種、教職経験年数、教師効力感との関連から―　香川大学教育実践総合研究　三五、二七―三七.

Reeve, J.　2016　Autonomy-supportive teaching: What it is, how to do it. In W.C. Liu, J. C. K.. Wang, & R. M. Ryan (Eds.), *Building autonomous learners: Perspectives from research and practice using self-determination theory.* Singapore: Springer. Pp129-152.

Skinner, E. A., & Belmont, M. J.　1993　Motivation in the classroom: Reciprocal effects of teacher behavior and student engagement across the school year. *Journal of Educational Psychology*, 85(4), 571-581.

Skinner, E. A., Kindermann, T. A., Connell, J. P., & Wellborn, J. G.　2009　Engagement and disaffection as organizational constructs in the dynamics of motivational development. In K. R. Wentzel & A. Wigfield (Eds.), *Handbook of motivation at school,* pp.223-245. NY: Routledge.

外山美樹　二〇一一　行動を起こし、持続する力―モチベーションの心理学―　新曜社

Sheldon, K. M., & Kringer, L. S.　2007　Understanding the negative effects of legal education on law students: A longitudinal test of self-determination theory. *Personality & Social Psychology Bulletin*, 33, 833-897.

Black, A. E., & Deci, E. L.　2000　The effects of student self-regulation and instructor autonomy support on learning in a college-level natural science course: A self-determination theory perspective. *Science Education*,84, 740-756.

Williams, G.C., & Deci, E. L.　1996　Internalization of biopsychosocial values by medical students: A test of self-determination theory. *Journal of Personality and Social Psychology*, 70(4), 767-779.

Filak, V. F. & Sheldon, K. M.　2008　Student psychological need satisfaction and college teacher-course evaluations. *Educational Psychologist*,23, 235-247.

Stefanou, C.R., Perencevich, K. C., DiCintio, M., & Turner, J. C.　2004　Supporting autonomy in the classroom: Ways teachers encourage student decision making and ownership. *Educational Psychologist*, 39(2), 97-110.

Van der Kaap-Deeder, J, Vansteenkiste, M., Soenens, B., & Mabbe, E.　2017　Children's daily well-being: The role of mothers' , teachers', and siblings'autonomy support and psychological control. *Developmental Psychology*, 53(2), 237-251.

鹿毛雅治・上淵寿・大家まゆみ　一九九七　教育方法に関する教師の自律性支援の志向性が授業過程と児童の態度に及ぼす影響　教育心理学研究　四五、一九二—二〇二.

安藤史高　二〇〇一　自己決定意識が自律性支援の認知・動機づけに及ぼす影響　名古屋大学大学院教育発達科学研究科紀要心理発達科学　四八、七三—八一.

村井一彦　二〇〇九　コミュニケーション活動に対する動機づけを高める理論と実践—自己決定理論に基づいて—　三重大学教育学部修士論文

藤田勉　二〇〇九　体育授業における教師及びクラスメイトからの自律性支援の認知と動機づけの関係　鹿児島大学教育学部教育実践研究紀要　一九、四一—五〇.

斉藤祐貴・小倉康　二〇一六　自律性支援に着目した学習意欲を育む理科指導法の研究　日本科学教育学会研究会研究報告　三一（六）、五五—五八.

Amoura, C., Berjot, S., Gillet, N., Caruana, S., Cohen, J., & Finez, L. 2015 Autonomy-supportive and controlling styles of teaching: Opposite or distinct teaching styles? *Swiss Journal of Psychology*, 74(3), 141-158.

Reeve, J. & Jang, H. 2006 What teachers say and do to support students' autonomy during a learning activity. *Journal of Educational Psychology*, 98(1), 209-218.

研究随想 5

「おい、お茶」から「おい、お茶飲むか」へ

青年心理学関係の授業で昭和の雰囲気を知ってもらおうと小津安二郎監督の「晩春」をみせて学生に感想を求めた。何人かの女子学生が原節子演ずる娘に笠智衆演ずる父親が、客人の前でややつっけんどんに「おい、お茶」と言う命令口調の言葉に抵抗を示した。たとえ娘であれ、命令口調で「おい、お茶」と言っては娘の機嫌を損ねるようだ。気を付けねばならない。さらに、私が映画を見せる前に晩春というのは「当時の適齢期を過ぎた娘を父親が心配して……」と少し解説したが、ある女子学生から「先生が『適齢期』という言葉を使ったが、説明として使うのであっても適切でない」という男女差別の観点からの厳しい批判もあった。授業での言葉一つにも気を付けねばならない時代になった。くわばら、くわばら。

さて、前者について自分は娘に日頃どう言っているかを思い起こしてみて驚いた。それは夕食時「おい、お茶飲むか」と私がお茶をいれようとして娘に尋ねる言葉だった。いつのまにか私自身、娘の気持ちを忖度して失礼のない言動をするように無意識的に動機づけられていたのだ。自分では古い時代のオヤジだと思っていたが、大学で若い人たちと長く付き合ってきたためか現代の若者の期待にしっかり応えられるほどものわかりのいいオヤジになってしまっていたのである。

笠智衆のように娘に無表情で「おい、お茶」と一度、言ってみたくなった。無視されるか、「自分でいれたら」と言われるのだろうか。

第6章　動機づけの自己調整方略との関係

1節　動機づけ研究における自己調整学習の理論

1　自己調整学習の理論について

前にも触れたように最近の動機づけ研究は「内発的動機づけ」重視から「自己調整学習」重視に移行している感がある。動機づけ研究の分野では二十世紀後半において新しい理論が次々と提唱されたが、最近はその流れがとまり、自己調整学習の理論だけが気を吐いているようにみえる。

ところで、学習者が自ら学業にとりくむ状態が「自己調整学習」であるが、自己調整学習は三つのプロセス、すなわち、予見、遂行、自己省察の段階で、学習者自身が能動的に「動機づけ」「学習方略」「メタ認知」に関わって適切に自己を調整し学習活動を維持させていくことであるといわれている。

さらに第2章でも述べたように、神藤（二〇一七）は「自己調整学習は内発的動機づけに比べると、『社会性』を有しているといえる。」としている。確かに内発的動機づけに比べて自己調整学習は社会性を有しているといえようが、本書で問題にしている自己決定理論自体、理論提唱者たちは動機づけの社会化を問題にしてきたとしている。それゆえ、「社会的に重要と思われる事象について自ら重要と認知し動機づけていくというプロセス」に近い同一化的動機づけも理論の中に含まれている。だとすれば、両方の理論の接点をより深く探ることは大いに意義があるといえる。

2　動機づけの自己調整方略

伊藤・神藤（二〇〇三）は自己調整学習の理論での動機づけを調整する方略に着目し、中学生用の自己動機づけ方略尺度を作成している。その方略の内容はすでに第3章で紹介しているので省略するが、それらの自己動機づけ方略と外的、取り入れ的、同一化的、内発的動機づけとの相関関係をみた結果、想像方略、めりはり方略、内容方略、整理方略、社会的方略の五つは全て、内発、同一化、取り入れの三つの動機づけと有意な関係がみられた。しかし、外的動機づけだけは先の五つの方略とは関係がみられず、報酬方略および負担軽減方略と有意な関係がみられた。

後藤ら（二〇一七）は動機づけ調整方略には負担軽減方略や報酬方略といった外発的調整方略と、想像方略、計画方略（分量を決めて勉強するなど）、努力方略（問題が解けるまでがんばるなど）、環境方略（部屋の温度や明るさを調整するなど）のような内発的調整方略があることを再確認したうえでそれらと自律的動機づけの因果関係について両者の双方向的関係を検討した。その結果、動機づけの調整方略の外発傾向は自律的動機づけに負の影響を、内発傾向は正の影響をおよぼしていた。すなわち、動機づけ調整方略が外発的であるほど自律的動機づけは低下し、逆に内発的であるほど自律的動機づけは向上するといえる。一方、逆もまた真なりで、自律的動機づけは動機づけの調整方略の外発傾向に負の影響をおよぼしていた。なお、この場合、自律的動機づけとはＲＡＩ（Relative Autonomy Index）によって求められた総合指標に基づくものであった。つまり、内発的動機づけと同一化的動機づけは区別して扱われていない。

一方、赤間（二〇一五）は動機づけの始発のみに注目した動機づけ始発尺度を作成し、自己報酬方略（終わった後にできる楽しいことを考える）、価値づけ方略（自分のためだと考える）、欲求解消方略（休憩をとってから始める）、社会的方略（友だちと話しながらするなど）、罰想起方略（やらなかった場合どうなるかを考える）などの方略を見出し、さらに自己決定理論の各動機づけとの関係を他の動機づけを制御変数とした偏相関係数でみた。すなわち、動機づけ間の相関関係がないものとしてその動機づけと方略との間の純粋な相関関係をみようとした。偏相関係数が有意なものだけに注目してみると、内発的動機づけは価値づけ方略と欲求解消方略と関係があり、同一化的動機づけでは価値づけ方略だけが、また、取り入れ的動機づけと外的動機づけは罰想起方略、欲求解消方略と関係があった。これはもともと「やらなくてはならないことがあるが、どうしてもやる気にならない、行動を起こすことができないような時、どのようにしてやる気をだしているか、またはやり始めているか」について回答させて収集した方略を項目としていることから取り入れ的動機づけや外的動機づけに関連しているものが相対的に多いといえる。

2節　動機づけの自己調整方略と動機づけの関係

1　調査の目的と仮説

本書では自己調整方略といっても動機づけの自己調整方略に限定して研究を進める。それぞれの動機づけと動機づけの自己調整方略には一定の関連性があることがこれまでにも示されてきたが必ずしも一致した結果ではない。それは自己調整方略にも様々な性質があるためである。そして、前述の赤間（二〇一五）のいうように動機づけの始発の時期と維持の時期に分けて考えるならば、自律性の低い動機づけでは動機づけの始発期から自己調整方略が使用され、自律性の高い動機づけではむしろ動機づけの維持期に多くの自己調整方略が使われるようにも思われる。つまり、内発的動機づけのような場合、人は、初めは自ら楽しんでやろうとするので動機づけの調整方略はほとんど問題にならない。また、外的動機づけでは少しでも行動にむきあえるかこそ問題であるし、自律性がないので他者の力で学習行動を始発するが、自分のネガティブな感情を何とかすることに汲々としているので自己調整方略を最初は少し使ったとしても次々駆使していけるわけではないと考えられる。このような観点からすれば、始発期、維持期を通して動機づけの自己調整方略が多用されるのは内発的動機づけと外的動機づけの間の同一化的動機づけや取り入れ的動機づけだという推測も成り立つ。

自己調整方略の研究者の多くは動機づけの始発期よりも維持期を主に想定しているようで、内発的動機づけの場合に動機づけの自己調整方略が最も多用されてしかるべきと考えているように見受けられる。最も自律的な内発的動機づけで、同じく自律性の高い動機づけの自己調整方略が使用されているはず、という考えに基づいているのではなかろうか。

筆者は基本的に自己学習のために動機づけの自己調整方略を使用しようとするのはなんとか自己目標を達成するために自分を奮い立たせようとするためであることが多いと考える。それは何も自己調整しなければその動機づけが萎えてしまうために発動されるものと思われる。だとすれば、自分が楽しく遂行している内発的動機づけで学習している場合よりもむしろ、それほど楽しくはないが、やり遂げたいという気持ちが強い場合に頻繁に自己調整方略は使用されるように思われる。そもそも完全に内発的に動機づけられた状態においては課題に没頭していると想定され、自分を鼓舞する必要はなかろう。内発的動機づけでゲームに集中している子どもはあきらめないよう自分を励ましたり、より集中できるよう工夫したりする必要はない。ただ、内発的動機づけで勉強するような場合、いやなことをしていない分、思考にも余裕が生まれ、さらに望ましいやり方を考えるのかもしれない。一方、外発的動機づけでもより自律的な姿勢で臨む同一化的動機づけのような場合に自己調整方略は最も多用されると推測される。それは内発的でないにもかかわらず、自分にとって重要だから何とかやり遂げたいという気持ちが最も高いために、あれこれ自分の動機づけを高める工夫をするためと考えられる。取り入れ的動機づけの場合も同一化的動機づけの場合ほどではないが、「ねばならない」という気持ちから何とか、自分を動機づけようと試みることも多いのではなかろうか。ただ外的動機づけは、もともと自らやろうとする気持ちに欠けるため、概して自分を動機づけようと考えることも少ないと予想される。

それはこれまでにも何度か論じてきた「自律性」の概念に深く関わる。自己制御、あるいは自己コントロールがその中心的意味であるとすると、人は楽しいことをしようとする時よりも、それほど楽しくなくとも個人的に価値あることを実行しようとする時に、邪念を払ったり、自分を集中させるために強く自己制御を働かせるものと考えられる。その意味で同一化的動機づけこそ本来、自律性が最も強く働くと推測される。それゆえ、さらに動機づけの自己調整方略も使用しようとする。そこで、動機づけの自己調整方略の使用頻度は、①同一化的動機づけ、②取り入れ的動機づけ、③内発的動機づけ、④外的動機づけの順になると予想される。

2　調査1の進め方

四つの動機づけで学習する場面を想定させ、それぞれの場面で表6–1の①〜⑩のような一〇の動機づけの自己調整学習方略をどの程度使用するか四段階で評定を求めた。動機づけの自己調整方略の項目はできるだけ広範囲で使用されると思われるものを選んだ。

まず、この調査の前に四つの動機づけについて次のような説明文を掲げた。「外的動機づけ：報酬や罰など外的な要因や他者からの働きかけによる動機づけ。例えば、周りの大人（先生や親）が勉強しなさいというから勉強する場合。取り入れ的動機づけ：他者から統制された感覚があり、消極的だが、一応自分から行動を起こそうとする動機づけ。例えば、勉強しないと試験に不合格になり、恥をかくから勉強する場合。同一化的動機づけ：学習の価値や重要性の認識からの動機づけ。例えば、自分の将来のために重要だから勉強する場合。内発的動機づけ：本人の興味や知的好奇心による動機づけ。例えば、新しいことを知ること自体が楽しいから勉強する場合」。

それを読んだ後に次のような教示文をあげた。「次に先ほどの四つのそれぞれの動機づけで自分が勉強を始めた時のことを考えて質問に答えてください。それぞれの動機づけが働いている時、その場の動機づけを高めたり、持続したりするために①～⑩のような方法をどの程度使いますか。1．全く使わない、2・ほとんど使わない、3・時々使う、4・とてもよく使う、のうちから、あなたにもっともぴったりするものを選んでその数字を記入してください。ただし、評定する順序は、まず、最初に外的動機づけで勉強する場合を考えて①→⑩へと進み、次に取り入れ的動機づけで勉強する場合を考えて、また①→⑩という具合に進めてください。それぞれの異なる動機づけで勉強する典型的な場面をしっかり頭において答えてください」。なお①～⑩というのは表6-1の項目番号にあたる。また、調査対象は大学生であった（資料二五七ページ参照）。

3　調査1の結果

それぞれの動機づけの自己調整方略の使用頻度の平均値は表6-1のとおりである。数値が高いほど使用頻度が高いことを意味している。それぞれの項目ごとに四つの動機づけの中で最も高い平均値については太字になっている。太字の数は内発的動機づけで二つ、④わからないことは人に教えてもらう、⑦勉強が面白くなるよう工夫する。同一化的動機づけで五つ、①良い結果が出た

表6-1　動機づけの自己調整方略の使用頻度の平均値

	内発的動機づけ	同一化的動機づけ	取り入れ的動機づけ	外的動機づけ
①良い結果が出た時のことを想像する	2.86	**3.03**	2.67	2.47
②計画を立てて勉強する	2.51	**2.83**	2.48	2.08
③途中でやめないよう自分を励ます	2.22	**2.60**	2.55	2.38
④わからないことは人に教えてもらう	**3.27**	3.03	2.94	2.96
⑤時々気分転換をして努力を持続する	2.84	**2.95**	2.88	2.82
⑥勉強が終わった後のことを考える	2.49	2.61	2.94	**3.01**
⑦勉強が面白くなるよう工夫する	**2.67**	2.49	1.96	1.87
⑧食べたり飲んだりしながら勉強する	2.35	2.26	2.52	**2.58**
⑨勉強しないとどうなるかを想像する	2.03	2.87	**2.99**	2.90
⑩自分のためだと考える	2.88	**3.13**	2.61	2.04

太字は4つの動機づけのうち最も高い平均値

時のことを想像する、②計画を立てて勉強する、③途中でやめないよう自分を励ます、⑤時々気分転換をして努力を持続する、⑩自分のためだと考える。取り入れ的動機づけで一つ、⑨勉強しないとどうなるかを想像する。外的動機づけで二つ、⑥勉強が終わった後のことを考える、⑧食べたり飲んだりしながら勉強する、となっており、予想通り同一化的動機づけの場合に自己調整方略の使用が最も多いことになる。

次に一〇項目の合計値を算出し使用頻度の平均を各動機づけごとに示したものが図6-1である。

この図にみられるようにやはり同一化的動機づけで自己調整方略が最も多く使用されると多くの学生が考えているといえる。次に多いのは取り入れ的動機づけと内発的動機づけである。自己調整方略の使用頻度は、同一化的動機づけと取り入れ的動機づけの間で、また、同一化的動機づけと内発的動機づけの間でそれぞれ有意差がみられた（平均値の差の検定結果は資料二五七ページを参照）。また、外的動機づけの場合は予想されたように動機づけの自己調整方略の使用は最も少なかった。

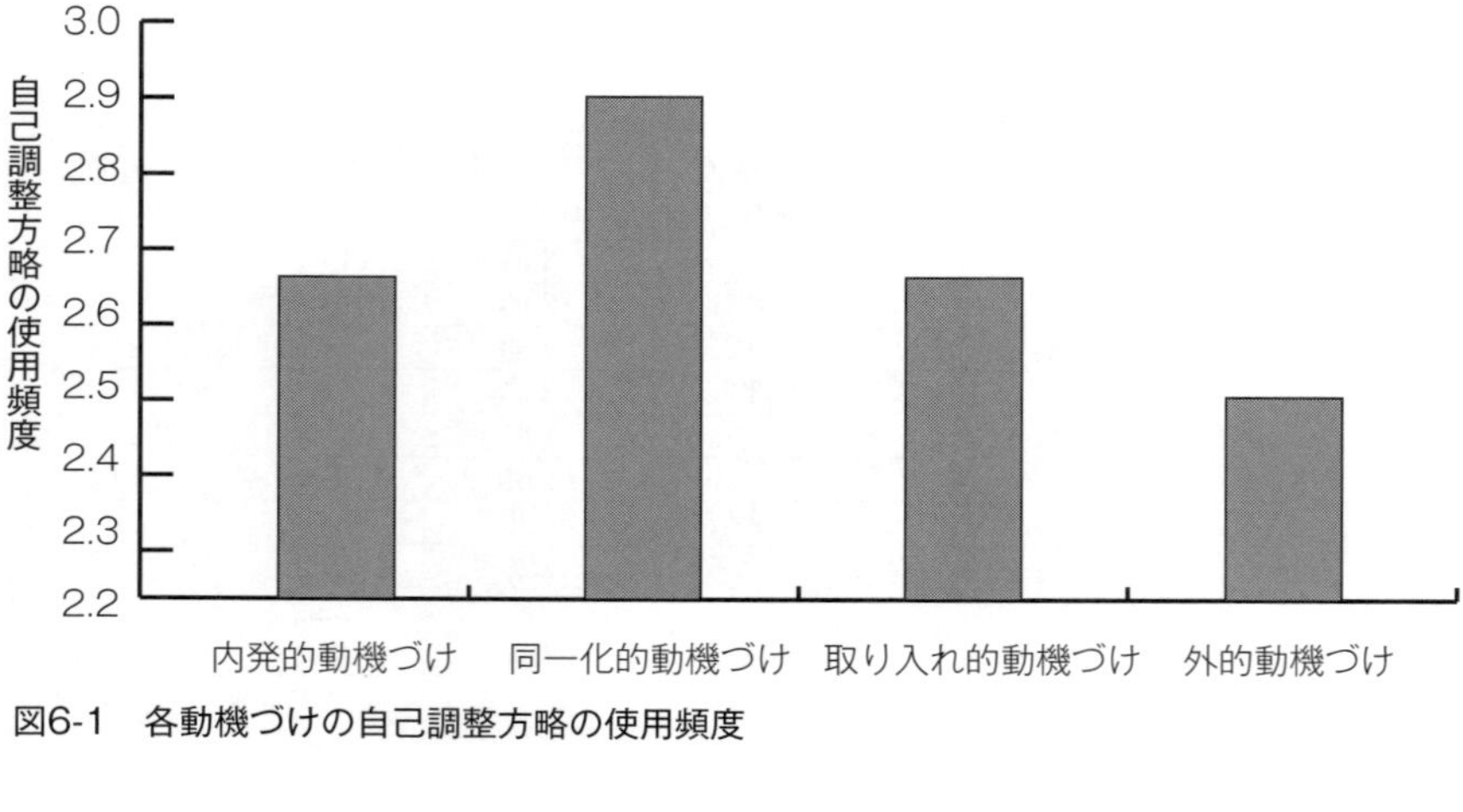

図6-1　各動機づけの自己調整方略の使用頻度

4　調査2の進め方

動機づけと動機づけの自己調整方略との関係に関しても一つの調査を実施した。先の調査はそれぞれの動機づけをもっていると想像してその時使用する動機づけ方略を推測したものであったが、調査2では現実に個人の動機づけを測定してそれぞれの動機づけ方略の使用頻度にどのような関係がみられるかも調査してみた。従ってこれまで使用した動機づけに関する調査項目（表3−1）を使用した。ただし、表6−1に示した自己調整方略の⑧の項目はここでは使われず、その代わりに⑧部屋の明るさや温度を調整する、を使用した（表6−2）。

学習の動機づけを測定する教示文は第3章で示したものと同様である。自己調整方略についての教示文は以下のとおりである。「あなたは、勉強している時、勉強の動機づけを高めたり維持したりするために次のようなことをどの程度行っていますか。次にあげられているそれぞれの行動について、1『全くしない』、2「たまにする」、3「時々する」、4『しばしばする』、5『いつもする』のうちどれ

表6-2　動機づけの自己調整方略の使用頻度と各動機づけの相関

	内発的動機づけ	同一化的動機づけ	取り入れ的動機づけ	外的動機づけ	他律内発的動機づけ
①良い結果が出た時のことを想像する	.253***	.235***	**.284*** **	.052	.143*
②計画を立てて勉強する	.160**	.275***	**.283*** **	.127*	.147*
③途中でやめないよう自分を励ます	.380***	**.330*** **	.222***	.085	.236**
④わからないことは人に教えてもらう	-0.33	**.153* **	-.090	.104	.036
⑤時々気分転換をして努力を持続する	.193**	**.247*** **	.108	.018	.047
⑥勉強が終わった後のことを考える	.133*	**.135* **	.092	.081	.098
⑦勉強が面白くなるよう工夫する	**.315*** **	.222***	.154**	-.049	.292***
⑧部屋の温度や明るさを調整する	-.009	.015	**.119* **	.088	.024
⑨勉強しないとどうなるかを想像する	.113	.122*	**.280*** **	.085	.164**
⑩自分のためだと考える	.242***	**.397*** **	.162**	-.056	.126*

太字は5つの動機づけのうち最も高い相関

＊…p<.05　＊＊…p<.01　＊＊＊…p<.001

かを選んでください」。
調査対象は大学生であった（資料二五七ページ参照）。

5　調査2の結果

まず、各動機づけ自己調整方略の項目ごとに、内発的、同一化的、取り入れ的、外的、他律内発的動機づけの高さとの相関を求めた（表6-2）、全項目のうちで相対的に最も高い相関は内発的動機づけでは一項目で⑦勉強が面白くなるよう工夫する、においてであった。同一化的動機づけでは③途中でやめないよう自分を励ます、④わからないことは人に教えてもらう、⑤時々気分転換をして努力を持続する、⑥勉強が終わった後のことを考える、⑩自分のためだと考える、の五項目、取り入れ的動機づけでは①良い結果が出た時のことを想像する、②計画を立てて勉強する、⑧部屋の温度や明るさを調整する、⑨勉強しないとどうなるかを想像する、の四項目であった。外的動機づけと他律内発的動機づけではどの項目も該当しなかった。調査1の結果と必ずしも一致するわけではなかったが、同一化的動機づけで最も高い相関を示した項目が多かったのは共通し

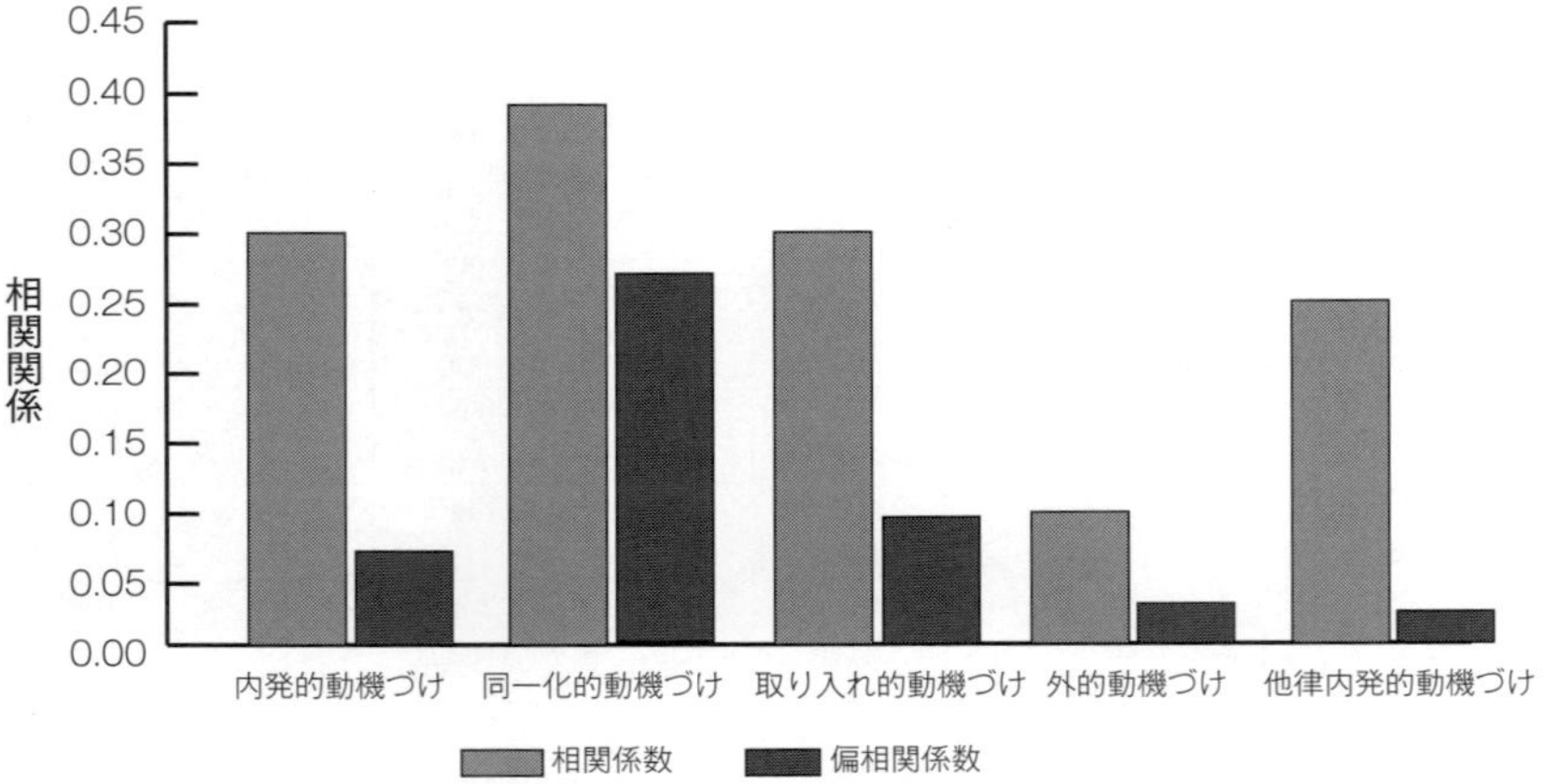

図6-2　各動機づけの高さと動機づけの自己調整方略使用頻度の総点との相関および偏相関

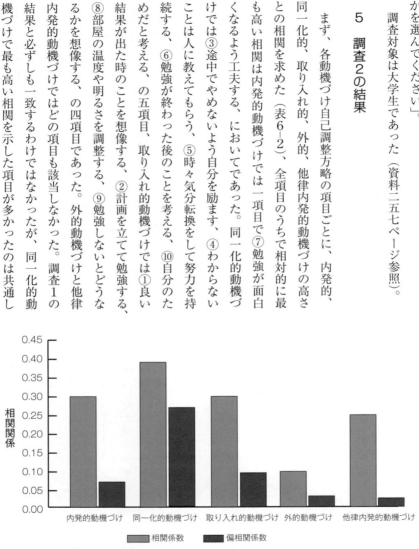

ている。

さらに一〇項目を合計した動機づけの自己調整方略使用頻度の総点と各動機づけの相関の高さを比較したものが図6-2である。相関の高い順に、同一化的動機づけ（.389）、内発的動機づけ（.305）、取り入れ的動機づけ（.303）、他律内発的動機づけ（.244）、外的動機づけ（.101）である。外的動機づけとの関係以外は有意な相関である。同一化的動機づけと動機づけ方略の使用頻度との関係が最も高いことが明らかである。その点は先の知見と一致するといえる。ただし、相関の大きさの差の検定の結果、同一化的動機づけの相関と内発的動機づけや取り入れ的動機づけの相関の間に大きさの差は認められなかった。また、内発的動機づけと取り入れ的動機づけはほぼ等しい相関で、それらに比べて他律内発的動機づけの相関はやや低く、外的動機づけは動機づけの自己調整方略の使用頻度の多さと無相関ということになる。

なお、各動機づけ間には相関があるので、他の動機づけとの相関を一定とみなした時の動機づけ自己調整方略使用頻度の総点と各動機づけの間の偏相関係数を見たところ、内発的動機づけとの間には .076、同一化的動機づけとの間には .279、取り入れ的動機づけとの間には .099、外的動機づけとの間には .042、他律内発的動機づけとの間には .036 の値を得た（図6−2参照）。同一化的動機づけとの間の偏相関係数が有意なものであった他は有意ではなかった。偏相関係数の高い順に同一化的動機づけ、取り入れ的動機づけ、内発的動機づけ、外的動機づけ、他律内発的動機づけとなり、ほぼ仮説で述べた順になっているといえるが取り入れ的動機づけと内発的動機づけの差は明確とはいえない。

3節　本章のまとめ

動機づけの自己調整方略がどの動機づけの時に機能しやすいかを確認するために行われた。これまでのこの種の研究は内発的動機づけで最も頻繁に動機づけの自己調整方略が使用されることを前提にしてなされているように思われる。内発的動機づけが最も自律的なもので動機づけの自己調整方略も自律的に行われるものだとしたらそのように考えるのは自然かもしれない。だが、筆者は動機づけの自己調整方略は原則的に本人にとってそれほど楽しくない学習をする場合に、自分の努力を鼓舞するために使用されるのが原則だと考える。それこそ自律性を持つ学習者が行う象徴的な行為であるともいえる。

そのような立場に立つと、外部からの価値観を内面化していく途上にあり、自己調整、自己コントロールを働かせねばならない段階にある外発的動機づけの段階、つまり、同一化的動機づけや取り入れ的動機づけで動機づけの自己調整方略が最も頻繁に使用されるはずであるとの仮説が立つ。もっとも同一化的動機づけと取り入れ的動機づけでは内面化の進行の程度からして前者での方が動機づけの自己調整方略はより頻繁に用いられよう。一方、内発的動機づけはもともと楽しいとか、面白いから学んでいるはずなので、それほど自分を鼓舞する必要はないように思われる。つまり、動機づけの自己調整方略使用度の高さは、同一化的動機づけ、取り入れ的動機づけ、内発的動機づけ、外的動機づけの順であるとの仮説のもと、二つの調査により検討した。

その結果、同一化的動機づけで動機づけの自己調整方略が最も利用されることはほぼ支持された。特に偏相関係数による比較では、同一化的動機づけと動機づけの自己調整方略使用頻度の関係だけが有意であった。しかし、その次は取り入れ的動機づけと内発的動機づけがほぼ同等であり、その点は支持されなかった。

引用文献

神藤貴昭　二〇一七「自己調整学習」論の可能性—動機づけと個人差にかかわる課題に焦点を当てて—　立命館教職教育研究　四、二三—三二.
伊藤崇達・神藤貴昭　二〇〇三　中学生用自己動機づけ方略尺度の作成　心理学研究　七四（三）、二〇九—二一七.
後藤崇志・川口秀樹・野々宮英二・市村賢士郎・楠見孝・子安増生　二〇一七　自律的動機づけと動機づけ調整方略の双方向的関係　心理学研究　八八（二）、一九七—二〇二.
赤間健一　二〇一五　動機づけ始発方略尺度の作成　心理学研究　八六（五）、四四五—四五五.

集中力

研究随想　6
落花生とコーヒーと

このところ集中力がなくなったとつくづく思う。それは年のせいもあろう。パソコンに向かっていても本を読んでいてもすぐに目が疲れてくる。メガネをかけたり外したり忙しい。面倒だからメガネをかけたまま頭と額の間においておくこともしばしばだが、今度はメガネが髪の毛の油などで汚れてきてかえって見にくくなる。そうなるとなぜか、眠気も襲ってくる。最近は夜中に何度も起き、眠りが浅いためかもしれない。そこで時々、研究室の机の上でついうとうとする。しかし、こんなことは普通の会社員ではできないだろう。

そのような現象に呼応して、大学のコンビニで落花生（ピーナッツ）を買うことが多くなった。落花生は好きなコーヒーのともにする目的で一応買うのだが、午後にはコーヒーを飲まない場合でも、集中できなくなると少量ずつ落花生を口の中に投げ込んで集中力を保とうとする。それが一日に数回におよぶことも珍しくない。

昔、院生の頃、ある先生が夜遅くまでコーヒーを何杯も飲みながら、統計用のフォートランのプログラムを書いておられたのを思い出す。当時、先生に作っていただいた統計プログラムを利用させていただき、私の研究は大いに捗った。そして私たち院生は、胃腸の弱い先生だったのでコーヒーを何杯も飲まれる姿に少し心配していたが……。一方で、研究に前のめりになって没頭しておられる姿に美を感じ、あこがれたのも事実だ。そのことを思い出すとあの先生に少し近づいたような気持ちになり、妙にうれしくなる。

だが、冷静に考えると先生のコーヒーは集中力をより高めるものだった。私の落花生の粒は何とか普通のレベルに注意力をもどすためのもので、先生に近づいたなどと真面目に他人に話せば失笑を買うだろう。

第7章　相対化して見る動機づけの発達

1節　自分を眺めるということ

1　自己評定の特徴

私たち心理学徒はこれまで多くの研究に質問紙を実施して、対象者の反応をもとにいくつもの心理学的理論を検討し、構成してきた。そこには、対象者が回答した主観的反応こそが真の心理であるとの前提がある。もちろん、人は一般的に自分をよく見せたいもので、そのため、つい嘘をついたり、社会的に望ましい反応をしたりすることがある。それに対して一般的にはライスケールを挿入したり、社会的に望ましく答えようとする傾向を見る尺度を利用したりして対策を講じてきた。また、特性や個人的傾向を見るような尺度の作成にあたっては、その尺度作成の際、妥当性を検討するために他者評定などをしばしば用いて確認してきた。

しかし、主観的な評定結果である質問紙に対する反応と、他者から見た評定結果がずれている場合は決して少なくない。それは、本人自身からは自分の全ての行動を見つめることができるのに対して他者はその一部しか眺めることができないために当然といえば当然かもしれない。否、自分自身については一定の視角だけからしか見ていないが、他者は大勢いるので様々な視角から見たことになるからかもしれない。いずれにせよ、一方だけが真実とはいいがたい。

他方、同じ個人でも同じ質問紙に異なる時期に回答すれば反応は幾分、異なってくる。しかし、通常はその変化はそれほど大きいものではなく、実際に数週間、あるいは二、三か月、間隔をおいて質問紙を実施して、その一致の高さによって質問紙の信頼性の有無が論じられてきた。しかし、何年も時を経て同じ個人が回答する場合はどうであろうか。本人自身が精神的にも発達してある程度、回答に変化が生じるのは当然であろう。

当人が自分の経験を周知していることは認めざるをえないが、質問紙の場合、それを基に当人は質問文に答えることになる。そして、多くの場合、質問紙は段階評定で、本人がそのうちのどの段階により近いかを求めており、実はその場合、自分の経験だけではなく、他の人たちのことについてもよく知っていないと適切に答えられないことが多い。他者との比較から自分を位置づけて自己評価することは大人になれば多くなる。

筆者は一般に年齢が低いほど質問紙への回答は甘くなる、現実よりもより社会的に望ましい方向に反応が歪められるのではないかという仮説を持っている。それは一つには世間知らずで自分に甘い評価をしやすいことが理由としてあげられる。自己評価と他者評価は一二、一三歳以下ではなかなか一致しないという研究もある（Nicholls, 1978）。

それゆえ、質問紙形式の調査では、人格的、態度的側面において小学生は中学生や高校生よりも高い点をとりやすく、発達が逆転しているような印象を与えることが多いと考えられる。例えば、安達（一九九六）は児童・生徒の思いやりに関する発達的研究の中で積極的・愛他的因子得点が小学四年生から中学二年生にかけて減少することをデータとして示している。また、浅川・松岡（一九八七）は共感性得点が小学三年生から小学六年生にかけて減少すると調査研究により報告している。これは、いわゆる社会化が機能していない、むしろ後退していることを暗示するが、果たして調査で示された結果だけを信じてよいのだろうか。人との相互作用が発達とともに増大し、社会的価値が子どもたちに浸透していくとすれば、むしろ納得のできない結果ともいえる。

2　学習動機づけの発達的変化

これまでにも学習動機づけが発達的に変化していくという研究がいくつも行われてきた。そして、それは主に内発的動機づけの低下を指摘している。わが国でも古くは桜井・高野（一九八五）が内発的動機づけは小学二年生から中学一年生にかけて低下することを示した。最近の研究として外山（二〇一五）による小・中学生の学びに関する調査報告書の結果では小学四年生から中学二年生までが対象となっているが、内発的動機づけは中学になると急降下している。さらに、この研究では、どの学年においても内発的動機づけよりも同一化的動機づけや取り入れ的動機づけの方が高くなっている。また、西村・櫻井

（二〇一三）は小学六年生から中学一年生までの変化を縦断的に研究し、内発的動機づけと同一化的動機づけは減少し、取り入れ的動機づけと外的動機づけは増加するとしている。

海外でも内発的動機づけが小学生から中学生にかけて低下するとの研究が多い（Lepper et al., 2005）。また、外発的動機づけは、変化はするがその傾向に一貫性がないことが示されているという（畑野、二〇一五）。外発的動機づけの結果の一貫性のなさは例えばキャリーラ（Carreira, 2006）は小学三年生から六年生にかけて低下するとしているが、桜井（一九九七）は増加するとしているという具合である。

すでに第3章で他律内発的動機づけについては報告したが、発達に伴うその他の学習動機づけの変化について本研究での結果について見てみよう。結果は先にグラフ（第3章　図3−1）で示したが、ここでは改めて各学校段階でのそれぞれの動機づけの平均と標準偏差を表7−1に示している。

まず、内発的動機づけについては、学校段階差があり、内発的動機づけは特に小学生で最も高く、高校生で最も低くなり、大学生になると少し上昇する（学校段階差の検査については資料二五五―二五六ページを参照）。大学生と中学生の間以外の

表7-1　学校段階別の各動機づけの平均値と標準偏差

動機づけ		小学生	中学生	高校生	大学生
内発的動機づけ	平均値	3.741	3.041	2.820	3.113
	標準偏差	0.826	0.940	0.689	0.721
同一化的動機づけ	平均値	4.145	3.680	3.547	3.975
	標準偏差	0.789	0.911	0.825	0.792
取り入れ的動機づけ	平均値	3.199	2.990	2.832	2.807
	標準偏差	0.919	1.031	0.850	0.861
外的動機づけ	平均値	2.739	3.188	3.013	2.849
	標準偏差	0.843	0.950	0.794	0.777
他律内発的動機づけ	平均値	3.237	2.911	2.574	2.565
	標準偏差	0.785	0.819	0.689	0.567

学校段階間に有意差がみられた。

同一化的動機づけは、どの年齢層でも他の動機づけに比べて最も高い値が示されている。ここでも、学校段階差があり、相対的には小学生と大学生で特に高く、中学生と高校生で低い。小学生と大学生の間、中学生と高校生の間以外の学校段階間には有意差が認められた。

取り入れ的動機づけに関しても、学校段階差があり、小、中、高、大と順次、平均値は低くなる傾向がみられた。小学生と高校生および大学生の間に有意差があった。

外的動機づけも学校段階差があった。小学生で最も低い平均値を示しており、その後、中学生で最も高くなり、また、高、大と年齢が上がると減少している。小学生と大学生の間、および中学生と高校生の間以外の学校段階間に有意差が認められた。

この結果を見る限り、外的動機づけ以外は小学生が最も高い値を示しており、総合的にみて小学生が最も学習動機づけが高いように思われる。このような傾向は先に述べたように他の研究でも認められる。一方、受験期にあたる中学生、高校生は他律的な外的動機づけが高く、自律的な内発的動機づけや同一化的動機づけが低く、総合的にみれば動機づけが低下している時期といえよう。大学生になると、自分の興味・関心のある学問に取り組むことが中心になるためか、内発的動機づけや同一化的動機づけが中・高校生時代より高まる傾向にある。

ところで第2章で述べた気がかりな問題として、発達とともに動機づけの個人差が大きくなったり、各動機づけ間の関係が高まったりすることについてもふれたが、このデータからそれは支持されるだろうか。まず、個人差ということで学校段階でのそれぞれの動機づけの標準偏差の大きさをみてみると、少なくとも小学生と大学生の間にそのような傾向はみられない。ただ、小学生と中学生を比較するとどの動機づけでも中学生の標準偏差の方がやや大きく、個人差が大きくなっていると推測される。また、動機づけ間の関係については第3章の表3-2、表3-3を見てほしいが、単純に動機づけの相互相関の大きさの大小のみを隣り合う学校段階間で比較すれば、小学校と中学校の比較で中学の相互相関の方がやや高い傾向にあるが、必ずしも類似した動機づけ間だけにその傾向がみられるわけではない。つまり、本研究のデータからは小・中学生の間では動機づけの個人差がやや大きくなることが支持される傾向にあったが、他の学校段階ではそのような発達による違いがみられなかった。これは今回の研究では小学生と中学生は同じ市内の公立校を対象にしており、学力的にサンプルとして類似しているが、高校生、大学生は地域も異なり、様々な特徴を持つ学校のデータとなっており、学力的にも質が異なることによると考えられる。

2節　俯瞰的に動機づけの変化を見る

1　各学校段階で機能する各学習動機づけの割合の推測

これまで動機づけの発達的変化を見るために同じ質問紙をそれぞれの発達段階の子どもに実施して、その集計結果だけが問題にされてきたが、質問紙に答えるための経験の質、量、さらには自分を客観視できる能力という点では発達差が大きい。具体的には、小学生の時点で質問紙に答えた場合と、何年か経過して高校生や大学生になって小学生の頃を回想して前と同じ質問に答えた場合では結果はかなり異なるように思われる。それは例えていえば、自分をどれほどの高さから見つめるかというようなものでもある。現在の時点での評定は同じ水平線上に立っている自分を見ることで、見る自分と見られる自分は同じ高さにある。しかし、一定の月日がたち、当時の自分を眺めるということはより高い地点からやや客観的に眺めることであろう。時間がたつと現在の自分と過去の自分との比較ができるだけでなく、小さい頃自己評価した場合よりは他者との比較もできるようになっている。時間的にも、空間的にも広い視野から眺められるように思われる。

しかし、どちらの地点から眺めたものがより真実であるかを判断するのは難しい。前者はまさに現在の経験をもとにしたもので信憑性が高いが後者は時間が経過しており記憶が薄れ、信憑性に乏しいという見方もある。

2　研究の進め方

具体的には小・中・高・大学時代の四つの時期の学習動機づけを回想してもらい、それぞれの時代ごとに自己決定理論での四つの動機づけ、内発的動機づけ、同一化的動機づけ、取り入れ的動機づけ、外的動機づけが各学校段階でどのような割合で機能していたか、全部で一〇〇になるように数値を割り当ててもらうようにした。各動機づけについての説明は質問紙の中で記述している。

具体的には教示文は以下のようである。

「これまでの小学校時代から現在、大学生時代までの四段階の学生時代の学習（勉強）の動機づけ（やる気）について考えてください。どのような理由で勉強するのかという観点から主に次の四つがあげられます。それらは①外的動機づけ：報酬や罰などの外的な要因や他者からの働きかけによる動機づけ。例えば周りの大人（先生や親）が勉強しなさいというから勉強する場合。②取り入れ的動機づけ：他者から統制された感覚があり、消極的だが一応自分から行動を起こそうとする動機づけ。例えば、勉強しないと試験に不合格になり、恥をかくから勉強する場合。③同一化的動機づけ：学習の価値や重要性の認識からの動機づけ。例えば、自分の将来のために重要だから勉強する場合。④内発的動機づけ：本人の興味や知的好奇心による動機づけ。例えば、新しいことを知ること自体が楽しいから勉強する場合。各学生時代の勉強時間全体（学校・家庭・塾等）を考えて、それぞれの時代にどのような理由で勉強していたのかを考えてください。例（表7－2参照）のようにやる気を一〇〇％とした場合、それぞれのやる気が何％ほど働いていたかを推測して数字を記入して下さい。数字を記入後、合計が一〇〇％になることを確認してください。」

調査対象は大学生である（男女別人数は資料二五六ページ参照）。

3　調査結果

学校段階別にそれぞれの動機づけに割り当てられた数値の平均値を示した結果が図7－1である。まず、小学生では外的動機づけで勉強する場合が全体の半分くらいを占めている。このような結果は先の直接動機づけを調査した結果からは予想しがたい。内発的動機づけの割合は外的動機づけよりもかなり低くなっており、外的動機づけの占める割合の半分にも満たない。そして、同一化的動機づけおよび取り入れ的動機づけの占める割合は両方合わせても30％にも

表7-2　調査で示された例（数値は％）

	小学生	中学生	高校生	大学生
外的動機づけ	40	30	12	15
取り入れ的動機づけ	10	30	38	16
同一化的動機づけ	10	25	35	44
内発的動機づけ	40	15	15	25

みたない。つまり、自律と他律の両端の動機づけにより勉強することが多く、その中間の取り入れ的動機づけや同一化的動機づけで勉強する時間は極めて少ないといえる。

中学生も、予想外に外的動機づけで勉強することが多く、外的動機づけの占める割合は40%を超えているが、小学生に比べると少し低くなる。一方、取り入れ的動機づけの割合は小学生の二倍以上に高くなり、内発的動機づけの割合は小学生よりも低くなるという特徴がみられる。

高校生では外的動機づけの割合は中学生よりさらに低くなるものの、他の動機づけに比べたらまだ高い。取り入れ的動機づけの割合は中学生よりもさらに高くなる。また、同一化的動機づけの割合も中学生より増加する。他方、内発的動機づけの割合は中学生の場合よりもさらに低くなり15%にも満たない。

大学生ではさすがに統制的、他律的な外的動機づけで勉強する割合は他の学生時代に比べて低くなり20%を切る。それに対して自律的な同一化的動機づけと内発的動機づけの割合が高くなり、両方でほぼ60%を占めるようになる。

動機づけごとでみれば、外的動機づけは成長とともに使

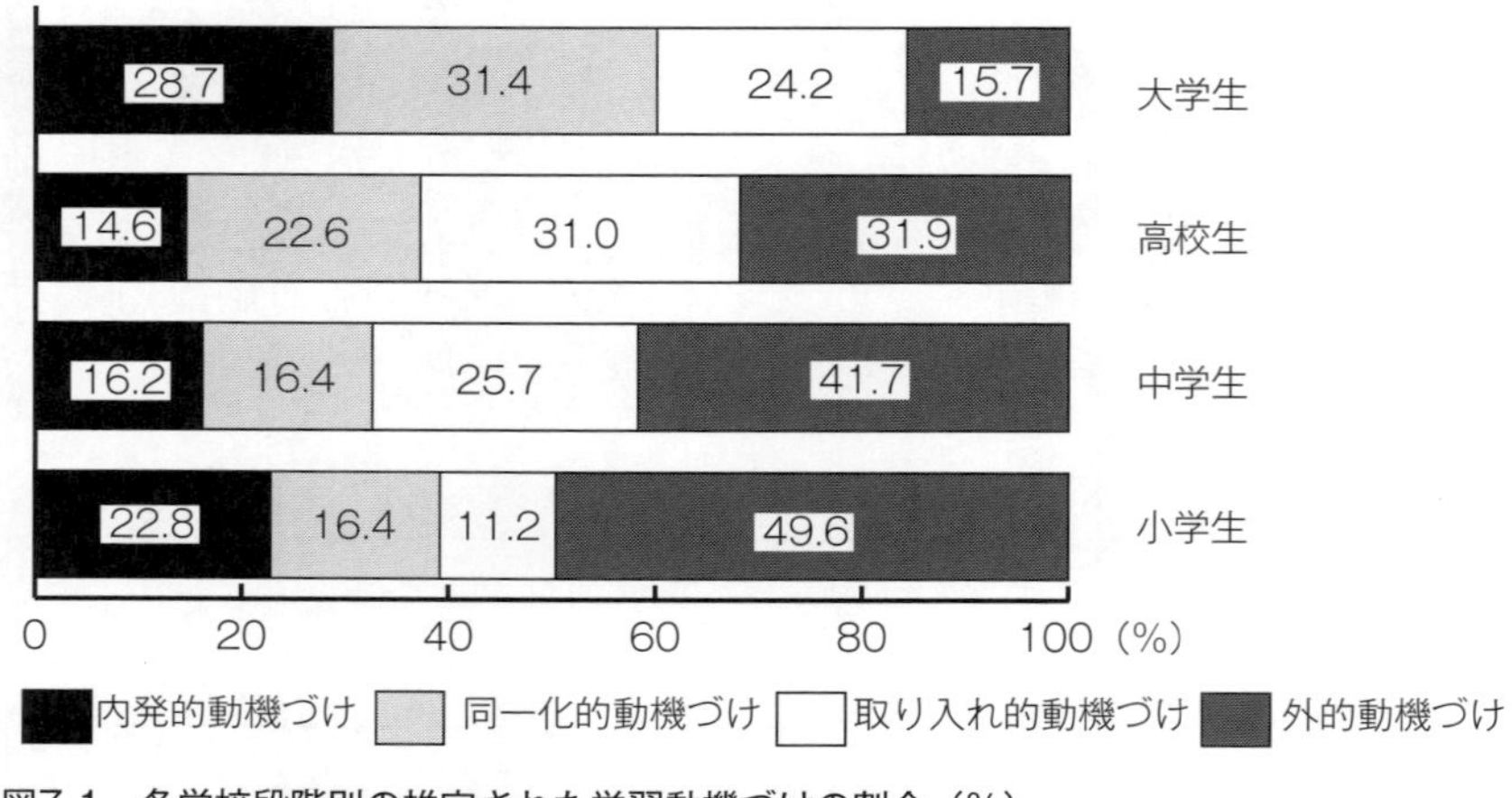

図7-1　各学校段階別の推定された学習動機づけの割合（%）

われなくなる傾向が明確である。取り入れ的動機づけは学校段階の中間の中・高の段階で相対的に高い。同一化的動機づけの割合は学年が進むにつれて徐々に多くなる。内発的動機づけは興味深いことに小学生と大学生で相対的によく使われるといえるが、前にも述べたように小学生でもこれまでに調査された動機づけ研究の結果から予想されるほど高くはない。中間段階の中・高校生では20％以下であり、特に内発的動機づけで勉強することは稀だといえる。

4　調査からの示唆

①　勉強は外発的動機づけですることが多い

この調査から示唆される第一点は本書の冒頭で述べたように、子どもたちの勉強は概して内発的動機づけでなく、外発的動機づけで行われることが多いということである。およそ全体としてみればほぼ八割程度は外発的動機づけで勉強していることになる。内発的動機づけを喚起する教育が小学校だけでなく、大学でも大いに推奨される昨今ではあるが、現実には外発的動機づけにより動かされることが多いと大学生は答えているのである。

②　外発的動機づけの中でも外的動機づけの割合が特に高く、かつ発達差も顕著である

全く自律性が欠如する外的動機づけの割合が小学生ではほぼ半分を占めていた結果はこれまでの様々な調査結果や一般常識からすると意外な印象を受ける。小学生時代は多くの子どもが勉強に対して相対的には積極的、能動的とみられることが多いからである。しかし、大学生たちは過去を振り返ってみると小学生時代は自分からは自律的に勉強しようとすることは最も少なかったと答えているのである。それはおそらく、子どもの頃は教師や親に勉強するように方向付けられる言動に対して「素直に従っていた」ため、

回答する時は自ら選択したように答えてしまったのかもしれない。しかし、この外的動機づけの割合は発達に伴い見事に減少していく。自律性を全く含まない動機づけは漸次、機能しなくなる。成長に伴い自律的に勉学を自分自身の意思で調整、コントロールしようとするのである。

③ 自律性を伴う外発的動機づけが増大する

完全なる外発的動機づけである外的動機づけの占める割合は小・中・高・大と進むに従って明らかに減少していた。その代わりに相対的に自律的な取り入れ的動機づけや同一化的動機づけが漸次増えていた。二つを合わせた割合は、小学生27・6％、中学生42・1％、高校生53・6％、大学生55・6％となっている。これは、他者に従って動くのでなく自分の判断で勉強しようとする傾向が成長とともに増えることを意味している。これこそ自律性が育っている証拠ともいえるのではなかろうか。

④ 内発的動機づけの発達の複雑さ

自己決定理論の指摘のように内発的動機づけが最も自律性の高い動機づけであるとすれば、成長とともに内発的動機づけの割合も高まってもよいように思われるが、結果は必ずしもそのようになっていない。しかし、これまでの多くの研究でもむしろ内発的動機づけは発達とともに減少傾向にあるとの指摘が一般的なので驚くに値しない。ただ、内発的動機づけの増減は単純に自律性の発達と対応するものではないらしい。それぞれの発達段階の状況要因に大いに左右されるように思われる。すなわち、小学生の頃は経験不足もあり、教えられるどんなことも新奇なものと受けとめやすい。また、教えられる内容も比較的易しく、多くの子どもが理解しやすいことも関係していよう。しかし、中・高校生になると勉強は進学、受験ということと不可分なものになり、手段的なものになりやすく、競争などが伴うため、なかなか学習内容を楽しく味わう余裕がない。しかし、大学生になると、自分の好きな専攻した学問を学ぶことが中心になるため内発的動機づけが再び高まると考えられる。自律性ということに関連して内発的動機づけを考えると小学校時代のそれは、いわゆる学ぶ側の自律性からくるものというよりは周りから発せられる環境刺激が、旺盛な子どもの好奇心にマッチした時に生じるように思われる。しかし、大学生の場合は自己選択した学問内容を学ぶということで自律性の高まりがある。そして、おそらく、大学生が感じる楽しさや面白さは学ぶ内容の深遠さ、実社会との関係性といったようなところにあり、さらに授業をきっかけにして自分でその知識を深めていくというような能動的継続的なものといえよう。つまり、二つの段階での内発的動機づけの質は必ずしも同じではないとも推測される。

3節　動機づけの発達的変化を理解するために

1　それぞれの動機づけの変化を左右する社会的要因

人が単に身体的、精神的に成長して自立していくものと見るならば、行動を内側から揺り動かす力も発達とともに増大するので、いわゆる内発的動機づけは増大していくものと考えられる。しかし、それは社会から要請されない、全て自己選択できる目標に対しての動機づけである。保育園や幼稚園でも全てが自由というわけではないが、環境からの縛りは少ないのは事実であろう。それゆえ、おそらく、内発的動機づけが最も高いのは学童期以前であろう。

ただ、ここで少し考慮すべきは自己決定理論では、同じ自律的動機づけとして内発的動機づけと同一化的動機づけはグルーピングされるが、かなり異なる性質も有しているということである。内発的動機づけの楽しいからやるとか、面白いからやるというのは感情に根差す決断であり、天真爛漫で自然と快を追求する幼児に最も芽生えやすい動機づけといえる。一方、同一化的動機づけとは「自分にとって重要だからする」というもので価値判断に根差す決断である。重要か、重要でないかの判断はおそらく社会化の過程を経て形成されるものと思われる。だとすれば逆に幼児期ではあまり機能しないはずである。むしろ年齢を重ねるにつれてより明確な価値観が形成されることで機能しやすいと考えられる。

ただし、同一化的動機づけは曖昧な部分もある。なぜならば、同一化的動機づけとは本来は外的であった価値を自分の価値として同一化したことによる動機づけであり、親や教師が重要であることが同時に自分にとっても重要という状態であるが、その確信度には幅があるように思われる。例えば、親から「勉強することは将来のために重要だ」という言葉を何度も聞かされた小学生が素直にその言葉を受けとめて、それほど確信がなくとも、それに従って行動しようとするなら、質問紙の回答としては同一化的動機づけが高いということになる。それは親をはじめ、周りの価値観を抵抗なく受けとめることにより生じた見せかけの同一化的動機づけかもしれない。

本研究の表7‐1の結果では小学生の同一化的動機づけは大学生のそれ以上のかなり高い値を示していた。しかし、大学生が示す同一化的動機づけの高さは他者から注入される様々な価値観と葛藤しながら自分でほんとうに内面化した確信度の高い価値観としてのそれであるように思われる。「勉強することは将来のために重要だ」との見方は学校や家庭、社会での様々な経験を重ねる中で通常、増大していくものと考えられるからである。

次に取り入れ的動機づけに関しては、社会的要求や期待にいやいやながらでも応えねばならない状況の場合に生じやすい。それがかなり明確になるのは上級学校への進学のための勉強や就職のための勉強ではなかろうか。人は成長に伴いそれぞれの発達課題をこなしていかねばならない。学習の動機づけでそのハードルに当たるものはやはり受験と考えられる。受験のための勉強がこの上なく好きという人はあまり考えられない。誰にも、自分の進んでいく道に様々な障害物があるので何とか飛び越えていかねばならない、途中で落ちこぼれることなく、失敗して恥をかかないために勉強しようとするものと思われる。逆に他者に対して自慢したいために勉強する場合もある。それゆえ、一般には、中学生や高校生でそれは高くなるのではなかろうか。大学でもさらなる進学や就職のための勉強はあるが、その成功・失敗は中学生や高校生の場合ほど一様の評価基準が用いられず、他者の目にさらされることも少ない。従って、そのための誇りや不安などは相対的に低いと考えられる。

外的動機づけに関しては、自らは全く動こうとせず、他者からの強制などによってやっと勉強しようとする場合である。これは原則的には本人の自律性が働いていない状態である。それは勉強というものにあまり魅力を感じていなかったり、価値を感じていなかったりする場合であり、失敗が重なれば人から言われても行動しない非動機づけの状態に陥る危険性もある。一方、これは周りの人たちが彼、あるいは彼女を本人の意思に関係なく、勉強させねばという強い思いがあって成立するともいえる。周りが何も働きかけようとしなければ、本人は強制力を感じることはない。しかし、高学歴社会の近年では周囲の大人たちは子どもが幼少のうちから学習習慣をつけさせねばと考える親が多い。一方、学習者が大人に近づけば、周囲の人たちは言っても無駄と考えたり、本人の責任と考えたりするようになり、働きかけ自体が減少するし、子どもが成長すれば同じように働きかけられても無視したり、反抗するようになる。だから成長に伴って減少すると考えられる。

2　内面化された動機づけの発達

チャンドラーとコネル（Chandler & Connell, 1987）は内発的動機づけ、外的動機づけ、内面化された動機づけ（同一化的動機づけと取り入れ的動機づけ）について発達的観点から研究している。彼らは一二一名の五歳から一三歳の子どもに面接をして行動する理由について尋ね、自由な回答を引き出した。その行動とは子どもにとって好きな行動と嫌いな行動、一二項目から成っていた。そのうち、全ての子どもに共通な項目が好きな行動、嫌いな行動ともに四項目ずつ、また七歳～一三歳（年長者）、五歳～七歳（年少者）の二群でそれぞれ別々の項目が好きな行動、嫌いな行動二項目ずつ用意された。例えば好きな行動の共通項目としては「おもちゃで何かを作る」、嫌いな行動の共通項目としては「歯を磨く」があげられる。また年齢別の項目としては好きな行動として年長者では「スケートに行く」、年少者では「服を自分で着る」、嫌いな行動として年長者では「宿題をする」、年少者では「おかあさんを一人にしておく」などである。

そして、子どもからの動機づけの回答を次のような十のカテゴリーに分類し、さらに内発的動機づけ、外的動機づけ（原著では外発的動機づけと呼んでいるが本書では外的動機づけにあたる）、内面化された動機づけ（同一化的動機づけと取り入れ的動機づけにあたる）、その他の四つに再分類した。より具体的にはそれぞれの行動理由は次のようなものである。

内発的動機づけ　1．挑戦の追求や技術の熟達のため　2．活動そのものの快感情や興味のため

外的動機づけ　3．賞や承認が予期されるため　4．不承認を回避するため　5．自明の規則に従うため

内面化された動機づけ　6．自己決定した目標を達成するため　7．自己決定した負の結果を回避するた

め　8．他の人のために何か良いことをするため　9．正の格言の使用（例えば体がよい眠りを必要とするから）　10．負の格言の使用（例えば歯を磨かないと歯を失うから）

このうち、その他のカテゴリーは動機づけ志向とは関係がなく、出現頻度も特に低かったので省き、結果はそれぞれの回答が三つのカテゴリーのどこに入るかにより、集計した。実験参加者は年齢別に四段階に分けて示されている（五―六・九歳、七―八・八歳、八・九―十・八歳、十・八―十二・八歳）。その結果図7-2にみられるように全体として好きな行動については内発的動機づけによる説明は約三分の二を占めた。他方、嫌いな行動については外的動機づけで28%～42%、内面化された動機づけで40%～57%が説明された。

この図で興味深いのは好きな行動に関しては年齢に伴う一方向的変化がないが、嫌いな行動

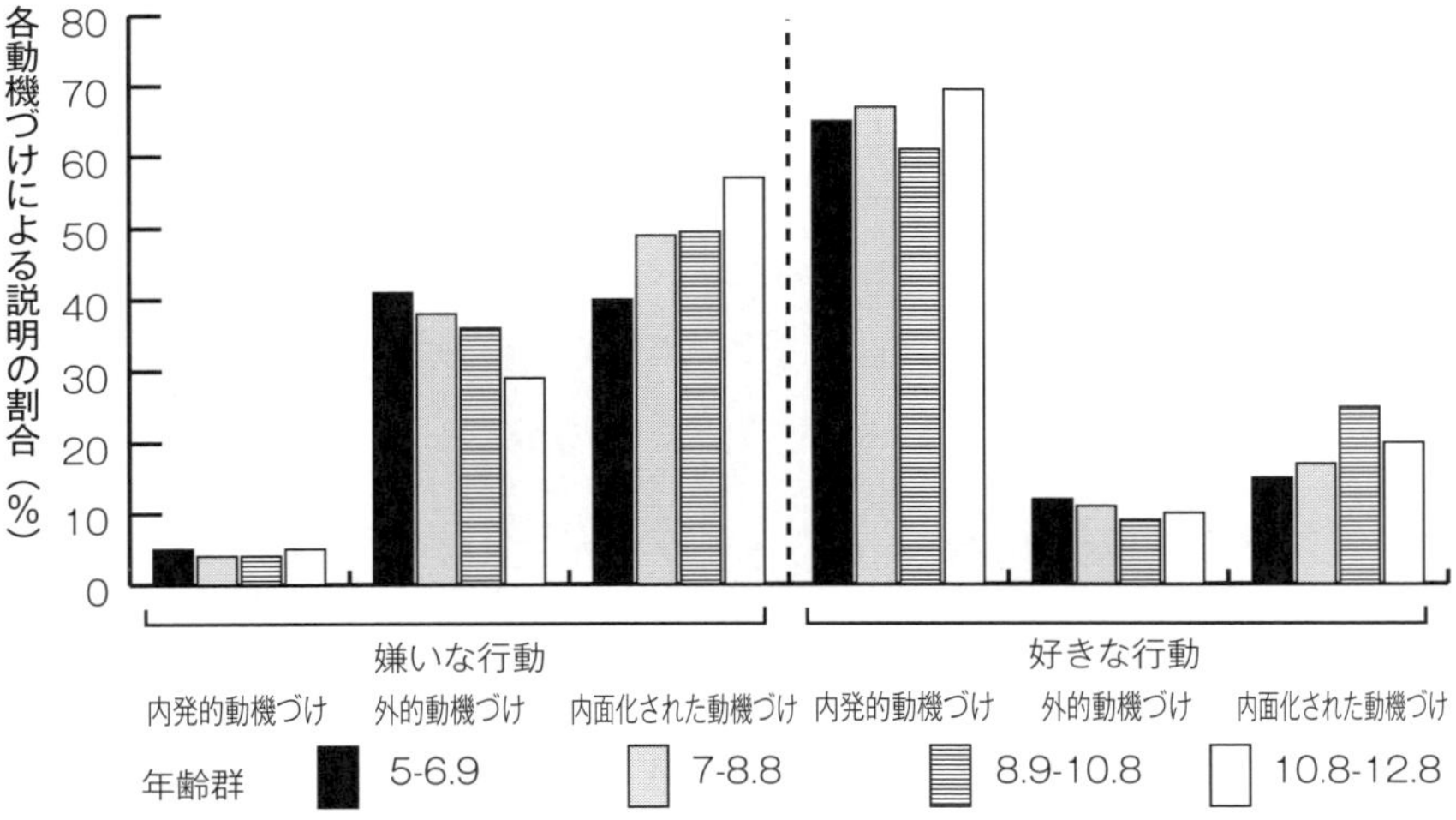

図7-2　好きなこと，嫌いなことをする際に働く動機づけの種類の年齢群による相違
（Chandler, C. L.,& Connell, J. P., 1987 をもとに筆者が作図）

に関しては外的動機づけと内面化された動機づけの割合が年齢段階で異なってくることである。すなわち、発達とともに外的動機づけの割合が減少し、内面化された動機づけの割合が増大することである。つまり、年齢が上がるに従って嫌いなことも自分で調整、コントロールしようとする傾向が強まることである。研究対象となっている年齢の幅は本研究とは異なるが、外的動機づけ対内面化された動機づけ、すなわち、やや自律的な同一化的動機づけおよび取り入れ的動機づけの増減の方向が発達に伴い逆方向であることは本研究の結果と一致している。

また、それぞれの項目について重要さを四段階で評定させていたが、嫌いな行動の評定平均は3.2であるのに対して好きな行動の評定平均値は2.4で両者の間に有意差が認められた。すなわち、好きな行動には好きでない行動ほど重要なことは含まれていないと考えられているのである。また、重要さ評定は嫌いな行動の外的動機づけ理由カテゴリーの割合と-.34の負の相関がみられたのに対して内面化動機づけ理由カテゴリーの割合と.24の正の相関がみられた。つまり、嫌いな行動をより重要として評定した子どもたちは外的動機づけ反応を示す理由を述べることが少なく、内面化された動機づけ反応を示す理由を述べる傾向が強かった。この研究は学習の動機づけにおける「自律性」の意味を考えるうえでも有意義なものといえる。

4節　本章のまとめ

まず、本研究では小学生から大学生までを対象にして学習の動機づけを測定したのでその結果を確認し、自律的動機づけは小学生と大学生で比較的高いことを理解した。これまでにもその種の研究は数多く行われてきて、内発的動機づけが年齢とともに低下していくことなどが一貫して示されてきた。しかし、自己を制御するという意味での自律性は普通年齢とともに増大し、しかも内発的動機づけは自律性が最も高い動機づけだとするとそのような結果に対して納得しがたいものをこれまで感じてきた。質問紙は本人のいわば自己評価であるが、それを即、発達的変化として捉えることはできないのではないか。自己を見つめる目自体が発達とともに変化していくことは自明のことである。そこで別の角度からこの動機づけの発達的変化を見てみようとした。

具体的には内発的動機づけ、同一化的動機づけ、取り入れ的動機づけ、外的動機づけの四つが小、中、高、大学時代にどのような割合で働いていたと思うのかを推測させる調査を実施した。つまり自分の動機づけを回顧して答える方法を用いたのである。自分を眺める目自体を固定させたことになる。もちろん、昔の自分が十分思い出せたかという懸念はないわけではない。その結果は、これまでの多くの調査からは予測されなかったもので、①外的動機づけの占める割合が特に小学生時代では五〇％近くを占めるが、発達に伴い明らかに減少する。②それに対して、同じ外発的動機づけではあるが、ある程度の自律性をもち、内面化された動機づけである取り入れ的動機づけと同一化的動機づけの占める割合が増加する。③内発的動機づけの占める割合は他の多くの調査でも示されたように小学校時代で相対的に高いが外的動機づけほどではなく、その後、中・高校時代ではかなり低くなり、大学になると幾分、高くなるという特徴が示された。

この結果から、子どもの頃はいわば好き嫌い、面白い面白くない、あるいは感情的、情動的判断が中心で学習動機づけが左右されているが、思春期を経て大人に近づくにつれて、社会化がなされることで価値観を内面化し、自律的な判断により、自分にとっての意味、意義を考えて学習しようとすると考えられる。

引用文献

Nicholls, J. G. 1978 The development of the concepts of effort and ability, perception of academic attainment, and the understanding that difficult tasks require more ability. *Child development*, 49(3), 800-814.

安達圭一郎　一九九六　児童・生徒の思いやりに関する発達的研究　別府大学短期大学部紀要　一五（一）、一〇一—一〇七.

浅川潔司・松岡砂織　一九八七　児童期の共感性に関する発達的研究　教育心理学研究　三五（三）、二三一—二四〇.

桜井茂男・高野清純　一九八五　内発的—外発的動機づけ測定尺度の開発—　筑波大学心理学研究　七、四三—五四.

外山美樹　二〇一五　自律的な理由で勉強することが適応的である　ベネッセ教育総合研究所　小中学生の学びに関する調査報告書　一—九.

西村多久磨・櫻井茂男　二〇一三　小中学生における学習動機づけの構造的変化　心理学研究　八三（六）、五四六—五五五.

Lepper, M. R., Corpus, J. H. & Iyenger, S. S. 2005 Intrinsic and extrinsic motivational orientations in the classroom: Age differences and academic correlates. *Journal of Educational Psychology*, 97(2), 184-196.

畑野快　二〇一五　大学生の学習動機づけは発達するのか—アイデンティティとの関わりから—　自主シンポジウム　学習動機づけの発達を問う　日本教育心理学会第五七回総会発表論文集　八九.

Carreira, J. M. 2006 Motivation for learning English as a foreign language in Japanese elementary schools. *JALT Journal*, 28(2), 135-157.

桜井茂男　一九九七　学習意欲の心理学—自ら学ぶ子どもを育てる—　誠信書房

Chandler, C. L., & Connell, J. P. 1987 Children's intrinsic, extrinsic and internalized motivation: A developmental study of children's reasons for liked and disliked behaviours. *British Journal of Developmental Psychology*, 5(4), 357-365.

研究随想　7
パパは大きい

視点 子どもの

娘が幼稚園の頃だったと思うが、しばしば「パパは大きい」と言ってくれてけっこう気をよくしていたことがある。なぜなら、私自身、いくら背筋をピーンと張って身長を測定しても一六〇センチメートルに届くことはない小男だからである。若い頃は身長があと一〇センチ高かったら自分の人生が変わったかもしれないのにと身長に劣等感を抱くことが幾度かあった気がする。従って、これまでの人生で「君は大きいからね」と皮肉としては言われたことがあったが、まじめな顔をして言ってくれたのはあの頃の娘だけだった。

思えば当たり前のことだが、小さな子どもにとっては、親は自分と比べれば格段に大きかったのである。そして小さい頃はまだ、他の大人と比較してみてみるという視点がなかったためと思われる。その時の自分との比較だけで大きい、小さい、を判断していたようだ。

このような子どもの小さな範囲しか観察せず下す判断は、実は質問紙の回答にも反映するのではなかろうか。一般にどのような内容であれ、小学生は中学生や高校生よりも自分をポジティブなものとしてとらえやすい。自分の学習意欲も高いと評定することが多い。それは特定の楽しい学習場面だけを想定したり、自分より学習意欲の高い人たちのことは眼中になく、きわめて主観的に判断するためではなかろうか。その意味で自己評定は一つの真実ではあるが、客観的な目線でみたものとは大きくはずれる場合もあると思われる。

私の血をしっかり受け継いで娘の身長も平均以上にはならなかった。思春期になった頃、娘は、すらりとした友人たちを横目で見て、「父の身長がもう一〇センチ高かったら、私の人生変わったのに」と同じようなことを考えていたのかもしれない。

第三部

これからを描く

第8章　内発的動機づけ再考

1節　興味と内発的動機づけ

1　興味とは

本書は自己決定理論の検討を通して内発的動機づけや自律的動機づけの学習動機づけとしての意味を明らかにするねらいがあるが、本章では、まず、内発的動機づけについて、筆者のこれまでの調査研究結果をふまえ、さらに、これまでに全く触れてこなかった内発的動機づけを考えるいくつかの観点も導入して総合的に内発的動機づけを再考してみることにする。

ピントリッチ（Pintrich, 2003）は内発的動機づけと興味を同じ概念のカテゴリーに分類しており、レニンジャー（Renninger, 2000）も一般的個人的興味は欲求に基づく内発的動機づけと融合しうる動機であるとしている。しかし、興味を内発的動機づけと区別して考える立場も存在する。

まず、これまでの興味に関する心理学的知見について、塚野編訳（二〇〇九）を参考に眺めてみよう。その中でヒディとレニンジャー（Hidi & Renninger, 2006）を引用し、興味について、「興味は心理的状態であるが、発達が進むと、特定の種類の物、活動、考えなど、内容と呼ばれるものに何度も取り組もうとする傾性ともなりえるもの」と述べている。そして、さらに傾性としての興味は「内容が継続的に与えられたり、それに何度も取り組んだりすることから発達していくもので、肯定的感情が湧き、知識が増え、価値を感じるようになり、その結果として生じてくるもの」と説明している。そして、彼らは、興味を他の動機づけ変数と区別して独自の動機づけ変数とみなす基礎となる次のような重要な三つの考え方があるとしている。

第一に、興味は感情と認知、二つの要素が包含され、本来別々のものであるが、相互作用するシステムであるという視点である。興味と結びついた感情のトーンはネガティブな感情経験とも関わり合いがあるが、通常、ポジティブなもので、特に興味が発達するためには感情の要素がネガティブなものからポジティブなものに変化する必要がある。

第二には興味の体験に関係する認知と感情の両方のシステムには生物学的根拠があるという視点である。脳には接近の回路があるとか、人や動物には探索行動がみられるといった神経科学上の実証は興味による活動に生物学的基礎があることを示している。個人が興味ある活動に取り組み、その内容を処理している時の脳の反応には神経科学上、特異性があることがわかっている。

第三は、興味は人と特定の内容の相互作用の結果であるとする見方である。課題の内容や環境が興味の方向を規定し、興味の発達にも寄与する。例えば、他者の存在、環境の構成、自己調整のような自分自身による努力が興味の発達を促進する。だが、相互作用という見方は全ての活動にあてはまる傾性というより内容特定的なものとして興味をとらえている。つまり、全般的に達成動機づけが高いとされる生徒であっても特定の内容領域の個別的な部分にのみ興味を抱くと考えられる。

2 興味の発達段階

前述したように興味は発達に伴い心理的状態から傾性へと変化していくという考えが良く知られている(Hidi & Renninger, 2006)。これは大きくは状態としての興味から、個人特性としての興味への発達を想定したものであるが、前者は焦点化された注意とポジティブな傾向の感情反応によって特徴づけられる心理状態である。一方、後者の個人特性としての興味とは特定の内容に関心を向けたり、特定の活動に取り組んだりする比較的持続的な傾性である。

そして、より詳細には彼らのいう興味発達の第一段階は興味の喚起で、感情と認知の処理における短期的な変化から生じる心理的状態と定義される。そして、典型的にはパズル、グループワーク、コンピュータなどの外的な学習環境や教育上の条件が状態としての興味を喚起することになる。

第二段階は維持された状態としての興味である。喚起された状態に続く心理的状態で、出来事がしだいに広がり、再起したりする過程における、注意の焦点化や持続を含むと定義される。この段階では人はグループワークや個別指導などの外的支援を得て、内容との結びつきを形成する基盤を発展させ続け、直接得た情報と他に利用できる情報とを関係づける方法を見出すようになる。そして興味の維持に伴い、内容に対する価値を形成するようになる。

第三段階は芽生えた個人特性としての興味段階であり、心理的状態だけでなく、特定の種類の内容に反復して取り組もうとする比較的永続的な傾性の最初の段階である。何度も同じ内容に取り組むことを求めるようになり、それを継続していく。好奇心から疑問を抱くようになり、その過程は自己調整活動、価値づけの増大をもたらす。ポジティブな感情と内容に関連した価値と知識が蓄えられ始める。

第四段階は十分に発達した個人特性としての興味の段階で、心理的状態だけでなく、長い期間、特定の内容に繰り返し取り組もうとする比較的永続的な傾性の段階といえる。先の創発した個人特性としての興味と比較して、十分に発達した個人特性としての興味の特徴は、よりポジティブな感情、特定の内容に対する価値と知識の増大といった点にある。さらに自己調整が増し、自己内省もより高い水準になると考えられる。

3　興味の分類

最近は前述のような海外の研究の影響も受けて、わが国でも興味の研究が進展している。田中（二〇一五）は理科における興味に注目し、その分類を行っている。田中は興味の源泉が外的要因か、学習内容そのものかにより、まず分類されるという。外的要因としてはテキストのカラフルさ、教師のキャラクター、授業形態の工夫などが考えられ、状況的興味と呼ばれるものに属し、最も浅い興味といえるものである。次に興味の源泉が内的要因である場合には、より浅い興味としてポジティブ感情によって生起する興味、より深い興味として学習内容の価値が認知されている興味を区別している。特に価値を評価することから生じる興味は豊富な知識が必要であるとしている。

そして、興味の源泉が内的要因である点に着目して実証的研究を行っている。まず、小学生や中学生に自由記述やインタビューを実施することで興味尺度項目を収集してKJ法により七つの項目グループに分類し、それぞれ六項目、全体で四二項目を作成し、小・中学生に実施した。その結果、予想されたように大きくは感情的興味と価値的興味の二つあることが立証された。さらに感情的興味としていろいろな器具や薬品を使えて楽しいといった実験体験型、意外な結果に驚くといった驚き発見型、わかるようになってうれしいなどの達成感情型が、また、価値的興味としていろいろなことについて知ることができるから面白いという知識獲得型、規則や法則の意味を理解できるから面白いという思考活性型、日常の生活とつながっているから面白いという日常関連型がみられたとしている。そして、学年との関連を見たところ、感情的興味とはやや高い負の相関が、価値的興味とはやや低い負の相関が認められた。興味の高さは学年が上がるにつれて低下していくが、特に感情的興味の減少が急激だといえる。また、学習行動（積極的、自発的な学習への取り組み）との関連は概して感情的興味よりも価値的興味で強かった。

湯・外山（二〇一六）はこの研究をさらに発展させ、一般的興味を興味の感情、価値の側面に加え、知識の側面も測定することで多面的にとらえようとした。そして湯らは個人的興味として感情、価値、知識の三因子構造を想定して大学生用学習分野への興味尺度を作成した。発達初期の状況的興味の段階では知識の量は重要ではないが、より発達した個人的興味は蓄積された知識により特徴づけられると考えた。ここで感情的価値による興味とは「この分野に関する学習機会を楽しみにしている」とか「この分野が好きである」等の項目からなる。認知的価値による興味とは「この分野の知識は、私の成長に役立つと思う」「この分野の知識は重要だと思う」等の項目から構成される。興味対象関連の知識に関しては「この分野について、様々な知識を持っている」「この分野の話題になるとたくさん話せる」等からつくられている。

そして自己決定理論の内発的動機づけとそれらの興味の高さとの間の相関が、統合的・同一化的動機づけや取り入れ的動機づけとの相関よりも高い相関が得られたことを三つの興味概念設定の妥当性の一つの証明としている。つまり、三つの興味が他の動機づけよりも内発的動機づけに最も近い概念であることが明らかにされたといえる。

ただ、興味尺度の内容を見ると感情的価値による興味は「この分野に関する」という言葉を除けば内発的動機づけを測定する項目と大差ないし、認知的価値を見る項目も同じように同一化的動機づけを測定する項目と大差がないようにも思われる。

本節で興味は発達的には状況的興味から個人的興味へ、感情的興味から価値的興味に変化することがわかった。だとすれば、内発的動機づけの性質も発達的に変化していくものと予想される。

2節　内発的動機づけの多面性

1　曖昧な内発的動機づけ概念

前節まで主に内発的動機づけとの関係から興味について述べてきたが、ここではより広い観点から内発的動機づけの概念について再度、考えたい。

これまで当たり前のように「内発的動機づけ」という概念を用いてきたが実はこの概念はかなり曖昧なものだという指摘も少なくない。わが国では鹿毛（一九九四）がそれまでの内発的動機づけ研究を概観し、内発的動機づけと外発的動機づけの概念化に五つの観点があるとしている。第一は認知的動機づけによる概念化であり、情報収集とその体制化が目標の場合を内発的動機づけ、一時的欲求の充足が目標の場合を外発的動機づけとする観点である。第二は手段性—目的性の観点で内発的動機づけとは活動それ自体に価値がおかれ自己目的的であるのに対して、外発的動機づけとは活動自体と関係なく、活動が手段的、道具的なものとする観点である。第三は自己決定による概念化で、自分自身が自らの行動の原因である（オリジン）と認知した際、内発的に動機づけられていると感じ、逆に自分自身の行動が外的な力によって決定されていると認知した場合、外発的に動機づけられているとする観点である。第四は感情による区分で、チクセントミハイ（Csikzentmihalyi, 1990）のいうフローのような全人的に行為に没入している時に感じる興味—興奮という感情が内発的動機づけの本質と考える観点である。第五は包括的な概念化としているもので、例えばハーター（Harter, 1981）の内発的動機づけを教室における学習や熟達への指向性と定義し、挑戦、好奇心、独立達成から測定しようとするような観点である。

このように実に多義的な意味を持つまま、内発的動機づけ研究は、あたかも統一的概念のようにして扱われ、次々と展開されてきたことは承知しておくべきである。

リス（Reiss, 2004）も内発的動機づけの概念が多面的な性質を持つものであるとし、内発的動機づけ概念の提唱者たちの多くはその存在について科学的な方法で検討してこなかったと批判している。そして、これまで内発的動機づけの共通の側面として取り上げられてきた熟達（mastery）という概念と内発的快楽（intrinsic pleasure）という概念に着目している。まず、前者についてであるが、これはホワイト（White, 1959）のコンピテンス動機づけ（有能感ともいう）に対応し、探索、操作、遊びなどは動因とよばれる生理的な欠乏から生じるものとは異なるとしている。これまで経験したことのない遊具での探索や操作は自らの有能感を求めてなされることが多い。そして、このコンピテンス動機づけ、あるいは環境との効果的な関わり合いによるイフェクタンス動機づけは幼少期には分化していないが、後には様々な内発的動機づけに分化するという。しかし、その分化のプロセスに関してはこれまで誰も検討していないと述べている。

後者の内発的快楽の概念は、楽しさ、喜びとして経験すると予想される活動に従事するように動機づけられることを内発的動機づけとするというものである。しかし、これに関して、全ての内発的動機づけが快楽的かと疑問を呈している。そして、内発的活動が快楽的要素を含むことはやや誇張されてきたのではないかと批判している。多くの内発的動機づけの研究者は誰もが学習することを楽しむ潜在力をもって生まれてきたと主張しているが、科学的証拠は少ないという。そして、青年や大人の逸話的例として次のようなものをあげている。多くの大人たちは知的な活動に対して楽しく取り組んでいるようにはみえない、考えるためには長い時間を要するためか多くの大人は本を読まない。学者たちでさえも終身身分保障制度であるテニュアをとればあまり研究をしなくなる。これは知的活動が通常楽しいと思われない例である。多くの内発的動機づけ研究者は探求プロセスを理想化して考えている。探求のプロセスは常に楽しいわけではなく、負の感情も含んでいる、実際、多くの科学者は創造的探求の過程での苦しみや情動の上下動について記している。内発的動機づけ研究者は探求の目的はその過程の知的楽しみそのものだというが、目的は学習であり知識を得ることである。それゆえ、非常に好奇心旺盛な人は一方で不安を持続させ、自己批判と格闘し、失敗を経験し、不満がある時でさえ、知識や理解を渇望する。知識が好奇心の最終目標なのであり、その過程の思考、探索、問題解決は必ずしも楽しいものではない、思考することは自らを欲求不満にすることでもあり、探求は自らに恐れを引きおこすことにもつながるという。

2　自己決定理論の中での内発的動機づけ分類の試み

ところで、自己決定理論でいう内発的動機づけは一つのようにこれまで扱ってきたが、自己決定理論での内発的動機づけもいくつかの種類があるとする立場もある。

内発的動機づけが特殊な動機に分化されるという提案（Deci, 1975）を受けてヴァランドら（Vallerand et al., 1992）は具体的に三つに区分し、それぞれの尺度も作成した。

第一は知るための内発的動機づけ、理解志向内発的動機づけ（intrinsic motivation to know）であり、教育研究における広い伝統を持つ。それらは探求、好奇心、学習目標、内発的知性などの概念と関係する。教育の枠組みに存在する上記のような概念に加えて、知ることや理解することの認識の欲求のような一般的なものも加えられる。理解志向内発的動機づけは、人が学習や探求や新しい何かを理解しようとして、経験する快や満足のための活動を遂行するものとして定義される。

第二は物事をなしとげるための内発的動機づけ、達成志向内発的動機づけ（intrinsic motivation toward accomplishment）である。この概念は熟達動機づけのような概念で教育心理学と同じく発達心理学で研究されたものである。人は有能さを感じるため、またユニークなものを創造するため環境と相互作用する。結果というよりむしろ達成の過程に焦点をあてる。達成志向内発的動機づけは人が何かを成し遂げようとしたり創造したりする時の快や満足のための活動に従事することをいう。

第三は刺激を経験するための内発的動機づけ、刺激志向内発的動機づけ（intrinsic motivation to experience stimulation）である。この内発的動機づけは人が刺激的感覚を経験するための活動に従事する際に働くものである。ダイナミックなあるいはホリスティックなフローの感覚、審美的な刺激経験、至高体験などがこの内発的動機づけの代表的なものである。刺激的な討論での興奮を求めて授業に参加したり、強い認知的刺激を求めて本を読んだりするような場合である。このうち第一と第二の内発的動機づけは前述のリスの区分によれば熟達に、第三の内発的動機づけは内発的快楽に相当すると思われる。

ヴァラランドらはこれらの三種類の内発的動機づけの他に、同一化的動機づけ、取り入れ的動機づけ、外的動機づけ、さらに非動機づけの合わせて七つの下位尺度を想定し、それぞれ四項目、四段階評定で測定する尺度を構成し大学生に実施した。そして確認的因子分析により想定通り七つの因子を抽出している。

図8–1は大学生の男女別のそれぞれの動機づけ尺度の平均値である。各動機づけの間の違いについて分散分析の結果、取り入れ的動機づけと達成志向内発的動機づけの間、同一化的動機づけと外的動機づけの間以外は全ての動機づ

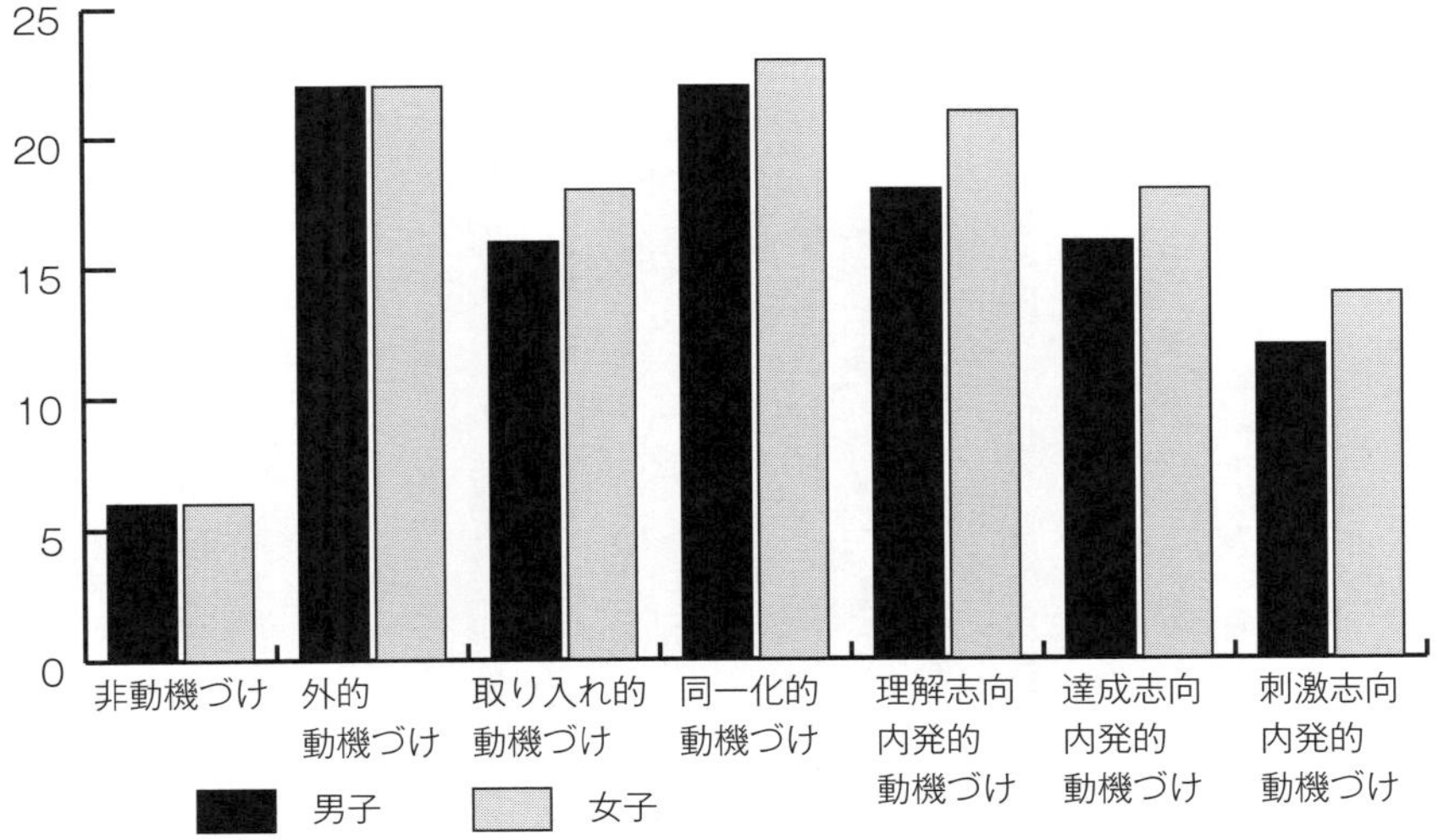

図8-1　ヴァラランドらによる7分類された動機づけの高さ

（Vallerand et al.,1992を基に筆者作成）

けの組み合わせの間で有意差がみられたとしている。そして、得点の高い順に同一化的動機づけ、外的動機づけ、理解志向内発的動機づけ、取り入れ的動機づけ、達成志向内発的動機づけ、刺激志向内発的動機づけ、非動機づけとなっている。内発的動機づけだけに注目すれば、理解志向>達成志向>刺激志向の順になる。大学生の内発的動機づけは内発的快楽よりも熟達の側面が強いものといえる。

3 縦断的研究からみる内発的動機づけの個性化

内発的動機づけの多面的な性質について述べてきたが、発達的にみれば内発的動機づけはどのように変化していくのだろうか。状況に大いに左右されるような内発的動機づけであれば、時間的な一貫性（安定性）は低いことになるし、ある程度、特性的な性質を有する内発的動機づけであれば時間的な一貫性（安定性）は高いことになる。

これまでにも内発的動機づけの横断的研究はいくつもなされているが、それだけでは発達に伴う個人の内発的動機づけの一貫性の程度はわからない。ゴットフリッドら（Gottfried et al. 2001）は一九七九年生まれの人を対象にして九歳、一〇歳、一三歳、一六歳、一七歳の時点で学習の内発的動機づけについて縦断的研究を行い、次のようなことが分かったとしている。①学習の内発的動機づけは比較的安定した概念である、数学とそれ以外の一般科目（国語、理科、社会科など）について調べられている。二つの年齢間のパス係数は一般科目では低い年齢間から順に.76, .71, .87, .93で、最初の数値は九歳の時点での内発的動機づけから一〇歳の時点の内発的動機づけを予測する程度、最後の数値は一六歳の時点での内発的動機づけから一七歳の時点での内発的動機づけを予測する程度である。一方、数学は一般科目に比べるとパス係数はかなり低いが、.28, .29, .53, .63となっている。しかし、いずれも高学年になるほど安定するともいえる。②内発的動機づけの平均値は年齢とともに減少する。しかし、数学が特に低下が著しいのに対して、一般科目は有意に低下しないというように教科による違いがみられた。

わが国では私の知る限り、このように長期縦断的に、しかも教科別に内発的動機づけの変化を検討したものが見出せないのは残念なことであるが、外国の研究で発達とともに一貫性が増し安定化してくるという指摘は内発的動機づけが興味の特性化に伴い、個性化していくことを示唆していよう。ただ、一般科目のように比較的早期から個性化が生じるものと、数学のように中学校以降で生じるものがあるようである。さらに内発的動機づけの低下に関しては、前にも述べたように一つは当然のことながら、小学校から高校までに限定すれば、国で定められた学習内容を習得することになっており、学年進行とともに学習内容の困難さのレベルが上がるということ、さらに学校の成績が上級学校への受験というものと結びつくようになるという環境的要因による必然的なものと思われる。

3節　内発的動機づけ概念を整理する試み

1　個性化する内発的動機づけ

1節では興味の種類や発達について論じ、2節では内発的動機づけの種類や一貫性についてみてきたが、ここでは特に両者の関係性を念頭に置いて内発的動機づけの発達的変化から内発的動機づけの概念について筆者なりの整理をしてみたい。

興味研究について概観する際、内発的動機づけと異質のものと考える立場もあることを指摘したが、筆者は、内発的動機づけは興味と重なる部分も多く、基本的には興味を持つことによって内発的動機づけが生起すると考える。それゆえ興味の発達が状況的興味から個人的興味に移行していくという指摘は内発的動機づけにもあてはまると思われる。すなわち、低学年では様々な刺激や情報により一時的に内発的動機づけが形成されやすい。特に小さい頃は環境から与えられる多くの刺激が彼らにとっては新奇なものなので、同じような新奇な刺激、情報でほとんどの子どもが同じように内発的動機づけを持つということも少なくない。そして、それは現在が楽しい、面白いといった快感情に支えられたものである。しかし、この種の内発的動機づけは受け身的側面が強いので時間的に限定されたもので長続きしない。

だが、成長するにつれて、それぞれの子どもの興味の方向が分化し明確化すると、例えば授業中に他の生徒があまり関心を持たないような先生の説明に対しても、琴線に触れたような感覚が生じ、その内容について積極的に先生に質問したり、図書館に行って自分で調べてみようとしたりする。その生徒だけが感じる楽しさというもので、それは授業中だけに生じて、すぐに消滅するというものでなく比較的長時間持続するものと考えられる。

最初の内発的動機づけはいわば環境から個人に働きかけがなされてほとんど例外なく生じるもの、次の内発的動機づけは環境からの働きかけに反応しうる個人だけから生じる内発的動機づけとでもいえよう。内発的動機づけの向けられる対象は徐々にやや特殊なもの、個性的なものになろう。そして、さらには個人自らが環境に働きかけていくようなかたちの内発的動機づけがあるように思われる。これは内発的動機づけの対象を本人が選択し、さらにどのように接近していくかも本人が決定することになり、当然、認知能力、価値観などを有して自分で考えることになる。それは自ら立てる目標に到達できれば楽しいという目標達成にむけられた内発的動機づけで、かなり長期間働くものである。しかし、これは手段的行動で、目的的行動ではないので外発的動機づけではないかと考える人もいようが、この種の動機づけを持つ人は達成経過そのものも十分楽しむという意味で内発的動機づけである。ただし、このような内発的動機づけは快感情だけでなく、長い時間経過の中では失敗による負の感情も含まれていよう。しかし、困難を乗り越えることも喜びと感じることになる。

これは様々な研究から示唆を受けた内発的動機づけに関するあくまで筆者の仮説的見解であるが、このようにみてみると第一に内発的動機づけは成長に伴い個人差が大きくなるもの、個性化の結果として形成されていくものと考えられる。第二に小さい頃は時間的広がりという点で、現在だけに焦点がある短期的なものが多いが、発達に伴いそれだけでなく未来も含んだ長期的なものも増えていくと思われる。第三に内発的動機づけが向けられる対象は発達とともに分化した特殊なものになると予想される。第四に小さい頃は単に情動的、感情的に生起することが多いが成長するにつれて本人の知識、思考、価値といった認知的要素も働いて生起するようになると考えられる。

2　楽しさが偏重された内発的動機づけ

興味と内発的動機づけが重なるのはやはり感情的な楽しさの部分であるように思われる。しかし、内発的動機づけの概念は先にみたようにそれだけではなくもっと多面的だといえる。特に熟達の側面はもっと強調されるべきだろう。それは挑戦、好奇心、独立達成というもので、内発的動機づけとして古くから指摘されてきたものであるが、なぜか、少なくとも日本の教育界にあっては内発的動機づけといえば「楽しい」「面白い」という形容詞が必然的に結びつくものとして強く認識されている節がある。いや、我々教育心理学者の多くもそのような観念を強く抱いており、内発的動機づけの尺度構成にあたってもその側面を特に重視しているようなところがある。しかし、本来、内発的動機づけとは先のリス（Reiss, 2004）の指摘のように内発的快楽と熟達が内発的動機づけの両輪と考えるのが妥当だろう。ただし、熟達に関しては楽しさの感情が伴わないかといえば、そうではない。内発的快楽という場合は、面白さに近い楽しさであるが、熟達の場合は、有能さや自信を伴う楽しさであるといえよう。先のヴァランドらの分類でいえば刺激志向内発的動機づけは主に前者に属し、理解志向内発的動機づけや達成志向内発的動機づけは主に後者に属するように思われる。

さらにこの内発的動機づけの二側面についていえば、内発的快楽だけを含むそれは目的的行動として表出されるといえるが、熟達については必ずしもそれだけでなく手段的な行動としても表出されると考えられる。何の目標もない挑戦や達成はありえない。

これまでの教育界での内発的動機づけの強調は日々の授業をいかに興味深いものにするかということに主眼がおかれてきたが、子どもたちの挑戦心をいかに育むかや個人個人の達成目標をいかに調整してやるかということはやや手薄だったように思われる。そして、本研究で用いた内発的動機づけの質問紙も両面が含まれているが熟達よりは楽しさの側面に比重が置かれていると考えられる。

内発的動機づけも興味の発達に対応して状況的で不安定なものから特性的で安定的なものへと変化していくものと思われる。それは環境から何らかの刺激を受け誰もが喚起されるような内発的動機づけから個々、別々の方向に向けられた時間的に持続的な特性的な内発的動機づけが増えることを意味している。その意味では内発的動機づけは成長に伴い個人差が大きくなり、個性化するものと考えられる。内発的動機づけの個性化は児童・生徒の目指す方向、目的が多様化することでもある。だとするとそのような成熟段階での内発的動機づけは特定の目標達成や熟達を志向したものであり、目的的行動だけでなく、手段的行動の性質も帯びることになる。しかし、これまでの内発的動機づけの概念は行動そのものの内発的快楽の側面により力点が置かれてきた。

引用文献

Pintrich, P. R.　2003　A motivational science perspective on the role of student motivation in learning and teaching contexts. *Journal of Educational Psychology*, 95(4), 667-686.

Renninger, K. A.　2000　Individual interest and its implications for understanding intrinsic motivation. In C. Sansone & J. M.Harackiewicz (Eds.) *Intrinsic and extrinsic motivation : The search for optimal motivation and performance*(pp.373-404). San Diego, CA, US: Academic Press.

ディル・H・シャンク／バリー・J・ジマーマン（著）、塚野州一（編訳）、中谷素之・伊藤崇達・岡田涼・犬塚美輪・瀬尾美紀子・秋場大輔（訳）　二〇〇九　自己調整学習と動機づけ　北大路書房　Schunk, D. H.,& Zimmerman, B. J.,2008 *Motivation and self-regulated learning : Theory, research,and applications.* Routledge

Hidi , S., & Renninger, K. A.　2006　The four phase model of interest development. *Educational Psychologist*, 41, 111-127.

田中瑛津子　二〇一五　理科に対する興味の分類―意味理解方略と学習行動との関連に着目して―　教育心理学研究　六三（一）、二三―三六.

湯立・外山美樹　二〇一六　大学生における専攻している分野への興味の変化様態―大学生用学習分野への興味尺度を作成して―　教育心理学研究　六四（二）、二一二―二二七.

鹿毛雅治　一九九四　内発的動機づけ研究の展望　教育心理学研究　四二（三）、三四五―三五九.

Csikzentmihalyi. M.　1990　Flow: The psychology of optimal experience. New York: Harper & Row.（M・チクセントミハイ（著）、今村浩明（訳）、一九九六　フロー体験―喜びの現象学―　世界思想社）

Harter,S. 1981 A new self-report scale of intrinsic versus extrinsic orientation in the classroom: Motivational and informational components. *Developmental Psychology*,17(3), 300-312..

Reiss,S. 2004 Multifaced nature of intrinsic motivation：The theory of 16 basic desires. *Review of General Psychology*, 8(3), 179-193.

White, R. W. 1959 Motivation reconsidered: The concept of competence. *Psychological Review*. 66(5), 297-333.

Deci, E.L. 1975 *Intrinsic motivation*. New York: Plenum Press.

Vallerand, R. J., Pelletier, L. G., Blais, M. R., Briere, N. M., Senecal, C., & Vallieres, E. F. 1992 The academic motivation scale: A measure of intrinsic, extrinsic, and amotivation in education.*Educational and Psychological Measurement*, 52(4), 1003-1017.

Gottfried, A. E., Fleming, J. S., & Gottfried, A. W. 2001 Continuity of academic intrinsic motivation from childhood through late adolescence: A longitudinal study.*Journal of Educational psychology*, 93(1), 3-13.

興味の醸成

研究随想 8
短くなるイントロ

朝日新聞平成二九年一二月二七日朝刊の天声人語は最近のポピュラー音楽の前奏が昔に比べて短くなったことを指摘している。つまり、最近の歌は興味を早めに引こうとしてすぐに歌い始める傾向があるという。

実は最近の授業も同じような傾向があるのではないか。先生たちは子どもたちの興味を早く引こうとして授業が始まるや楽しい雰囲気をだすことに腐心する。漫才師のように子どもに受ける、受けないをやたら気にしている先生も少なくない。周りに子どもたちの興味を引き付けるものが多くなり、一方で、命令口調の強い指示をだすことが躊躇される時代になったこともあり、子どもたちが教室に入ったらできるだけ早く子どもの注意を引かねばという強迫観念に似たものを持っている人もいるようである。

しかし、学び始める子どもたちに対してまず必要なことは、これからどんなことを学び、それが生活の中でどのような意味を持つものかゆっくり説明し、傾聴する習慣を促すことではなかろうか。そのためにはある程度時間がかかるので、子どもたちは我慢して注意を集中する必要がある。そして、待ちわびた後で面白い教材などが示されたとすれば、最初から、それを披露してしまった場合より効果は大きいはずだ。

素晴らしいもの、最も大切なものを待つという姿勢を特に最近は欠くような風潮にある。待つことなく早くそれに遭遇することを好むのだ。それは熱しやすく冷めやすいパーソナリティを形成するようにも思われる。しかし、子どもたちにほんとうの興味、関心を醸成するには、待つ時間をつくり、やや出し惜しみする方が効果的ではなかろうか。

第9章　学習動機づけの新しい枠組み

1節　自律性を再び問う

1　自律性の意味

ここでは、まず、ライアンとデシ（Ryan & Deci, 2017）の最新の著述に基づき自律性について再度考えてみよう。自律性と自己は自己決定理論の中で二つの中心的な、かつリンクした概念である。現象学的、分析学的、実存的な視点で見ると、自己は人が現象的対象を直接知覚し、経験することができる実在ではない。そして、自己の意味は二つの心理学的理論で異なっている。それは社会認知心理学（social

-cognitive psychology）的な視点と生体心理学（organismic psychology）の視点である。前者は例えば鏡映自己のようなもので、自己は自分自身の知覚の対象として扱われる。それは構成された概念、イメージ、表象として扱われる。

もう一つの立場では自己は主体としての自己、あるいはプロセスとしての自己として扱われる。そして、プロセスとしての自己をよりよく理解するためには自己そのものを理解しようとするよりも、自己の機能を検討することが重要である。そこで、自分自身であることや自らの表現である行動を経験することと、自分以外の力により統制されている行動を経験することの違いに着目する。前者が自律性であり、自己管理、自己による調整を意味し、後者の他律性は、逆に他者による調整、自分以外として経験される力などに関係する。自律性に必要な意思という語は自己による承認も意味するが、活動の自己承認は必ずしも顕著な外的手掛かりがないこと、活動への圧力がないことを意味しない。人は時々、そのような圧力下においても意思的で自由である。例えば、他者が支援する価値ある何かをするように命令された時でも、その人は意思や自律性の感覚を必ずしも失うわけではない。人は自分が賛同し、自分の価値観が一致すれば、他者の命令にも喜んで従う。従って自己決定はただ単に自発的、自己開始的な選択だけでなく、意思的に賛同し、外的な義務や合法的要求、モラルとしての責任を真に受け入れる活動にも適用される。

それゆえ、自律性を持つ行動とは自由になされたものとして、自己承認されたものとして経験される活動を指す。もちろんこれは、容易に選ばれた選択行動（もし、人が楽しいもの、興味のあるものとして経験するならテニスをすること）にも、困難だが選択された行動（たいくつだが価値あるものとして経験するならボランティア課題）にも同じように適用される。特に後者の場合も本人自身が価値あるものとして自己承認しているために自律性が働いているといえる。他方、自己承認を欠く行動は自己決定理論の中では統制された動機づけによってもたらされたもので自律性を伴わない。

さらに、自律性は強制なしで行動することを単に意味するのではない。人はある強制に同意しながら自律的でもありうる。例えばトラックを夜、運転する際の点灯を強制と考えるかもしれない。しかし、トラックの法律が有用で、自分たちの安全のために合法的だという考えに賛同すれば、自律性は失われない。そこに高次の自己内省が働いての自己承認をしているのであれば、自律的といえる。

自己内省は自己決定や自律性の感覚を深めることになる。人が特別の欲望、目標、意見を評価し、同一化するにつれて、自律性を実現するために人は最初の欲望を内省し、それに関して評価的なスタンスをとらねばならない。人はそれを承認し、同一化することにより全身全霊で関与することができる。逆にそれらを拒否し非難することもできる。もし前者ならそれらをより自分のものにして純粋に自分の一部、アイデンティティの一部にする。

重要な点は自律性には程度があるということである。その程度は個人が心にとめて内省的に特別の調整をしたり、特定の価値に同化したり統合したりする程度である。

もう一つの重要なことは、自律性は他者からの独立や外的力からの自由とは等価でないという点である。人は自律的に他者に従うことができ（他者のガイダンスに喜んで頼り、他者のリーダーシップに意思的についていく）、意思的に他者へ依存し、他者への義務や責任を果たすことができると考えられる。しかし、自律性と独立性や自己信頼との間違った等価性の認識が、人々に自律性を反人間関係的なものとして感じさせることがある。自律性の高い人というのは自分独自で自己形成した人だとか、他者との結びつきから全く独立した人というのではない。人は関係性の中で自律的になりうると考えられ、自律性を支援する内容も能力も社会的文脈の中で現れる。自律性とは統合され自己承認された活動であり、自分がしようとするように活動する意思、それを導く動機づけの承認である。

自律性の特徴として自分の意思の承認、さらに承認に加えて自分の意思に対して責任を負うという面がある。その責任を全うするために様々な自己調整がなされる。従って自律性を伸長する過程においては何らかの心理的葛藤、情動的混乱なども生じうる。しかし、それを自己調整して乗り越えることでより明確な自律性が形成されるものと考えられる。

実存的な観点からすれば意思的、自己決定的な行動とそうでない行動は真正、真正でないという表現で区別される。真正な、オーセンテックという用語は二つの意味がある。第一はいわゆる源とか創始者と称せられるものから生じる何かで、第二は純粋とか現実を意味する。オーセンテックな活動とは人が自分自身のものとして同一化するもので喜んで責任を引き受けるもの、さらに単なる空想やきまぐれでないもので通常現実に起こっていることに基づき、適合するものである。逆に、意図的な活動でも、真に自分を反映していない、自分から発していない活動は真正のものではない、自分の文脈で生じていない活動は真正のものでない。

真の自己のひとつは統合（integrity）の側面を持つ。この語源はラテン語の integer にあたり、全体性や完全性を意味する。人が真に感じ、価値を持つことを表現し、信頼や尊敬を生むことができる。もう一つは自発性（spontaneity）という側面である。自発的である人は彼らが実際に感じていることをそのまま表出し、途中でチェックし抑制したりしない。

だが、両者は異なる側面を持つ。前者は重大な側面で、コミットメント、内省的真実、価値を多く含んでいる。一方、後者は軽い側面でエネルギー、直接性、正直さを備えている。そして前者は統合的動機づけに関係し、後者は内発的動機づけに関係する。

以上が自己決定理論の提唱者たちの自律性についての基本的考え方といえる。

2　認知された因果性の位置と自己決定理論

さらに、自己決定理論の提唱者たちは自律性を認知された因果性の位置の概念から説明しようとする。ハイダー（Heider, 1958）の素朴心理学の中で重要な概念として認知された、因果性の位置（perceived locus of causality：PLOC）という考え方がある。活動やその結果は一方では意図的、個人的に引き起こされたものとして認知されたり、内的（internal）なものに原因があるとしてI-PLOCと表現されたりする。ドシャーム（de Charms, 1968）はPLOCのシフトの重要な要因の一つは内発的動機づけの変化だろうと述べている。また、ホワイト（White, 1959）は内発的動機づけやイフェクタンス動機づけはI-PLOCを経験する時だけに明らかになると述べている。行動は自ら起こしたものでありたいという欲望、すなわちオリジンは主な動機づけ傾向であり、オリジンの感覚は自分の行動は自分で選ぶという知覚を必要とする。探求、好奇心、創造性、自発的興味は全て自己決定により特徴づけられる。

他方、非意図的に非人間的に引き起こされたものとして認知されたり、外的（external）なものに原因がある場合E-PLOCと表現される。活動が自己決定したものという感覚から離れた要因はE-PLOCへと導き、オリジンのような行動の生起を減らす。

内発的動機づけとI-PLOCの理論的結びつきは次のような点で重要である。それは内発的動機づけが幼児の初期の時点で現れるという事実である。内発的動機づけは無意識的で、効果や反応性を求める活動的、自発的努力で、生まれた時から存在する。子どもは活動が自分から生じたものか、自己以外の源から生じたものかの個人的基礎知識を形成する。そして内発的に動機づけられると、人は自由や選択を経験していると考える。

しかし、I-PLOCかE-PLOCかの判断はそれほど単純でもない。例えば両親を助けるために雑用をしようとする少年を考えてみよう。この行動は内発的に生じたものではなく、本質的に道具的であるにもかかわらず、I-PLOCである。彼の行動は意思的なものだからである。このように外発的に動機づけられた行動もI-PLOCなものもある。外的な目標を追求する理由を十分に統合された価値として自己承認すれば自律的なものといえる。

重要なのは内的（internal）という用語である。この理論で認知された内的な統制の位置（internal perceived locus of control）というように使う時、内的なのは人（person）でなく、自己（self）である。従って、自己決定理論の枠組みでは個人内圧力もある。それは物理的な意味で人の内側で決したことであるが、心理的な意味で自己以外の外からの力を意識していることになる。取り入れ的動機づけはpersonに対しては内的だがselfに対しては必ずしも内的でなく外的な面が強いと位置づけられている。これは自己決定的でない、自律性が高くない例である。

これに関してバウメイスター（Baumeister, 1991）の逃走する自己（escaping the self）の概念は興味深い。「自我の重みからの逃走（flights from the burden of selfhood）」の議論の中で取り入れ的動機づけの心理的重荷に言及している。これはまたリアリー（Leary, 2007）が自己ののろい（curse of the self）といったものにあたり、取り入れ的動機づけの状態は、自己評価の重荷、取り入れられた価値の概念、実際に疲労を生む自我の投入等からの苦痛な側面を逃れようとする衝動を持つといえる。そして、自己決定理論提唱者たちは取り入れ的動機づけについて自己があるというよりは自己がないという状態だとしている。ただ、彼らのこのような取り入れ的動機づけの位置付けについては後で述べるように筆者としては異議がある。

2節　自律的動機づけ形成のモデルをめぐって

1　伊田のデュアルプロセスモデル

前にも引用したが、学習意欲研究の自律性をめぐっての論考が深められている（伊田・乾、二〇一一）。続いて伊田（二〇一五）は自己決定理論について筆者が提案した自律―他律と目的―手段による二次元モデル、さらに前述した擬似内発的動機づけ（他者喚起型と自己喚起型）を包括的に整理して「自律的動機づけ形成のデュアルプロセスモデル」（図9―1）を提案している。なお、図中の「調整」という語は第2章で述べたように本書では「動機づけ」としている。

基本的には筆者の二次元モデルに沿っているが、目的―手段の意味をより具体的に示すために状況的興味と個人的興味を区別して対応させている。一時的、あるいはその都度、感情が関係する状況的興味は、目的的なものとし、学習内容等に関する知識に価値づけを行うことで生じる個人的興味は手段的なものに対応するとしている。それらはヴァラランドとラッテル（Vallerand & Ratelle, 2002）の動機づけの三水準である、パーソナリティの動機づけである全体的水準（一般的動機づけ志向を表すもので比較的持続的な個人差）、生活領域における動機づけを意味する文脈的水準（例えば、教育、仕事、余暇、対人関係といった人間活動のある個別の側面の動機づけ）、個別具体的場面や瞬時における動機づけの状態を意味する状況的水準（ある状況である活動に従事している時、経験する変動しやすい動機づけ）の側面でも異なるという。すなわち、状況的興味はもちろん状況的水準、個人的興味は文脈的水準ないしは全体的水準のものということになる。

また、このモデルの特徴として統合的動機づけを最も自律的なもの、また、目的—手段を跨ぐものとして位置づけている点である。伊田は「統合とは単にそれまでの同一化の総和でなく、むしろ総和以上の何かが立ち現れることを意味しているように思われる」としている。そこには状況的興味と個人的興味の統合という意味もこめられている。

さらに、このモデルでは自律的動機づけは図の中央部を左から右へ蛇

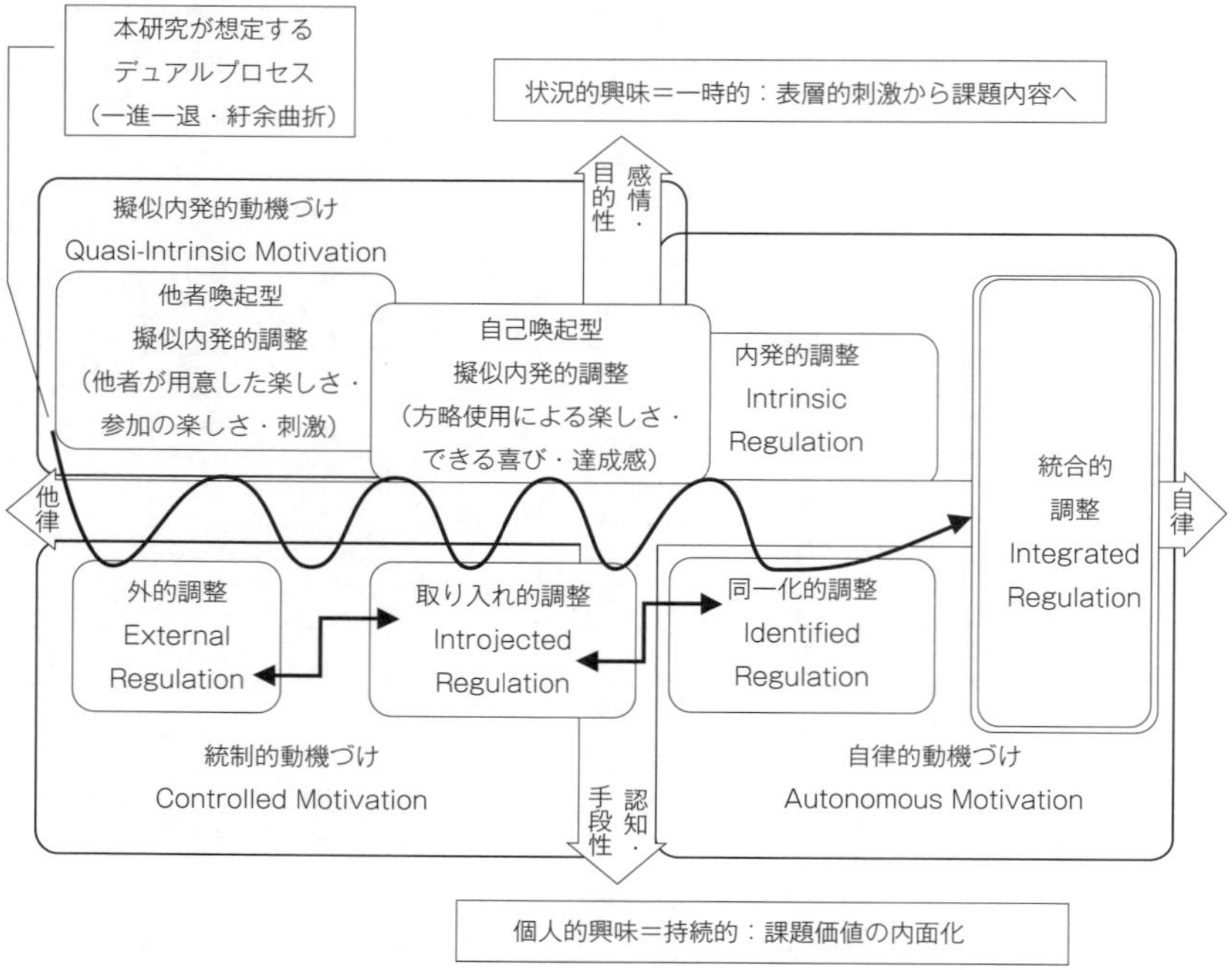

図9-1　自律的動機づけ形成のデュアルプロセスモデル（伊田，2015）

行しながら形成されていくとされる。そして、興味の深化を伴わない価値の内面化、価値の内面化のない興味の深化はないとして価値の内面化のプロセスと興味の深化のプロセスが同時並行的に展開されていると仮定している。また、図には自律の方向に進む形の一本の蛇行線が描かれているが実際には一進一退や紆余曲折があるとしている。

2　自律性という視点から伊田のモデルを見る

このモデルで最も評価したい点は自律性が最高の動機づけとして、内発的動機づけでなく、統合的動機づけを位置づけた点にある。統合的動機づけは本研究の調査では具体的な質問項目作成上の難しさなどから全く扱ってこなかったが、理論的には外発的動機づけの同一化的動機づけ段階の内面化が一層進んで、学習が自分の価値観と一致したものとして価値づけられることをいう。多様な価値や欲求との新たな調和がもたらされ、多くの同一化的動機づけが完璧に自己に同化された状態で、最も社会的価値の内面化が進んだ段階である。しかし、それは基本的には手段的なもので外発的動機づけに属するものである。

次に伊田の考えに賛同するかたちで、筆者が内発的動機づけを自律性が特に高いものとして考えられない理由について述べてみよう。内発的動機づけは、もともとは、特に幼少期の学習場面では特定の刺激や情報に対して子どもたちが自らの意思でそれを得ようと決定するのでなく、むしろ、あまりに強い刺激や情報であるために意思の有無に関係なく引き寄せられてしまうという類のものである場合も多い。好奇心が刺激され、活動が開始されることはいかにも自発的に思えるが、そこには自分の意思的調整はあまり働かないと考える方が妥当と思われる。つまり、外界からの刺激をみて、自分なりに考えて、それをしっかり観察してみようという意思決定や意思選択をしたわけではなく、自然に引き寄せられてしまうということである。それゆえ、特に状況的興味に基づくような内発的動機づけの多くは自律性が高いとは考えられない。第6章で行った動機づけの自己調整方略の研究で、自律性が最も高まると考えた同一化的動機づけの場合の方が内発的動機づけよりも動機づけの自己調整方略を多用していた。動機づけの自己調整方略の使用頻度は自己コントロールという意味での自律性の高さとほぼ対応していると考えてよいと思われる。それゆえ、内発的動機づけは同一化的動機づけに比べても自律性がより高い位置づけではないと考える。

また、状況的興味と個人的興味を動機づけの背後に考え、前者は感情・目的性のものとして後者は認知・手段性のものとして位置づけている点に関して、興味が動機づけと密接に関連するものとして考える点は大いに賛同できる。ただ、この図から個人的興味は内面化した外発的動機づけに関連し、内発的動機づけとかなり距離がある概念と考えられるが、筆者は個人的興味も基本的には内発的動機づけを支える概念と考える。ただし、状況的興味に支えられた内発的動機づけと個人的興味に支えられた内発的動機づけの質は異なるだろう。

次に前にも述べたが自己調整方略を含む自己喚起型擬似内発的動機づけの位置付けには疑問を感じる。伊田が自己喚起型擬似内発的調整といったものは自己調整学習方略で筆者が扱った動機づけの自己調整方略も含まれるが、筆者はそれを疑似的なものとは考えていない。動機づけをより自律的にする真っ当な方法、あるいはより自律性を持つ動機づけが行う調整方法と考えている。さらにこれまで述べてきたように他者喚起型にほぼ対応する他律内発的動機づけの概念を筆者も想定しているが、その全てが疑似内発的動機づけではなく、内発的動機づけを促進する面もある。そして、その一部が疑似内発的動機づけとなり、学習にネガティブに作用すると考えている。

3　複数の動機づけが働くという現実

ところで、自己決定理論からすると個人の学習行動には非動機づけ、外的動機づけ、取り入れ的動機づけ、同一化的動機づけ、統合的動機づけ、内発的動機づけのどれかだけが機能しているような印象を受けるが、実際には学習にも様々な文脈や領域があり、一つの動機づけだけが働いているわけではない。また、ある特定の時間に限定しても、同時に何種類かの動機づけが機能していることも稀ではない。そのような観点から多くの研究者も動機づけをクラスター分析して、いくつかのクラスターに分けて動機づけのスタイルとして考えようとしている。

安藤・布施・小平（二〇〇八）は四つの動機づけ尺度を因子分析して三つの群にまとめた。それは低自律的外発的動機づけ（外的と取り入れ的動機づけが高い）、高自律的外発的動機づけ（取り入れ的、同一化的動機づけが高い）および内発的動機づけである。そして、これらの動機づけスタイルと積極的授業参加行動（注視・傾聴、挙手・発言、準備・宿題）との関係が検討された。その結果、低自律的外発的動機づけは積極的授業参加行動を抑制し、他の二つの動機づけスタイルは促進することがわかった。ただし、高自律的外発的動機づけは「挙手・発言」とは関連していなかった。

岡田・中谷（二〇〇六）は大学生用学習動機づけ尺度を用いた調査から、次の四つのクラスターを見出した。クラスター1は同一化的と内発的および取り入れ的が高い値を示した高動機づけスタイル、クラスター2は同一化的と内発的というい わゆる自律的動機づけが高い値を示した自律スタイル、クラスター3は取り入れと外的の高さで特徴づけられる取り入れ・外的スタイル、さらにクラスター4は全体的に全ての得点が低い低動機づけスタイルである。さらに、この研究では積み木課題を用いて統制的教示と非統制的教示のもとで興味、不安・強制感、課題解答数などが調べられた。その顕著な結果としては高動機づけスタイル群では統制的教示下に比べて非統制的教示下で興味が増加していたこと、逆に取り入れ・外的動機づけ群では低下していたこと、統制的教示下では非統制的教示下よりも不安・強制感が高く、特に自律スタイル群、高動機づけスタイル群でその差が大きかったことなどがあげられる。

四つの学習動機づけ尺度を中学生に実施した西村・櫻井（二〇一三）のクラスター分析での結果は、全ての動機づけの低い低動機づけ群、逆に全ての動機づけ得点が高い高動機づけ群、内発的動機づけと同一化的動機づけが高く、外的動機づけと取り入れ的動機づけが低い自律的動機づけ群、逆に外的動機づけと取り入れ的動機づけが高く、内発的動機づけと同一化的動機づけが低い統制的動機づけ群に分類された。そして学習適応変数として学業コンピテンス、メタ認知方略、学業不安、無気力、学業ストレス経験、学業成績などとの関連が検討された。その結果、学業成績、学業コンピテンス、メタ認知的方略などにおいて自律的動機づけ群および高動機づけ群が他の群よりも高い傾向が示された。一方、学業不安、無気力、学業ストレス経験などについては概して統制的動機づけ群で高かったが、ポジティブな学習適応で同じような結果を示していた自律的動機づけ群と高動機づけ群に着目すると後者の方が、学業不安等が高い場合が多かった。

さらに外山（二〇一五）は小・中学生を対象にした研究から、小学生は、全ての動機づけが平均以下の低動機づけタイプ、内発的動機づけと同一化的動機づけは平均的だが、他律的な動機づけである取り入れ的動機づけと外的動機づけの得点が平均よりもやや高い他律的動機づけタイプ、さらに全ての動機づけが高い高動機づけタイプ、内発的動機づけの得点が平均より高く、外的動機づけの得点が平均よりも低い自律的動機づけタイプの四つに分類できるとしている。また、中学生に関しては低動機づけタイプ、高動機づけタイプ、自律的動機づけタイプは小学生と同様であるがあと一つは全ての動機づけが平均的な平均動機づけタイプが見出されたとしている。

この研究では学業成績と有能感、他者受容感などとの関連が検討されている。その結果、小学生では学業成績に関しては自律的動機づけタイプ、高動機づけタイプ、他律的動機づけタイプ、低動機づけタイプの順、有能感については高動機づけタイプ、自律的動機づけタイプ、他律的動機づけタイプ、低動機づけタイプの順としている。この順は中学生でも他律的動機づけタイプのところが平均的動機づけタイプになるだけでほぼ類似していた。つまり、自律的動機づけタイプおよび高動機づけタイプは学習にポジティブに働くといえる。

ラッテルら（Ratelle et al., 2007）は高校生を対象にした研究で自律的動機づけ、統制的（他律的）動機づけ、非動機づけの三つの得点を基にしてまず、三つのプロフィールを検討している。その三つとは統制的動機づけと非動機づけが高く、自律的動機づけが低いタイプ、統制的動機づけと自律的動機づけが高く、非動機づけが低いタイプ、さらに自律的動機づけと統制的動機づけは中程度で非動機づけが低いタイプである。そして学習適応という点では自律的動機づけも統制的動機づけも高いタイプが一番優れていたとしている。しかし、大学生を対象とした研究では、やはり三つだが内容的には少し異なる次のような三つのタイプを抽出している。自律的動機づけが高く、統制的動機づけと非動機づけが低いタイプ、自律的動機づけと統制的動機づけが高く非動機づけが低いタイプ、全ての動機づけが低いか中程度のタイプである。学習適応という点では大学生の場合は自律的動機づけが高く統制的動機づけ、非動機づけが低いタイプがより持続性が高かったとしている。

このような様々なタイプ分けが試みられているが調査対象や質問紙の違いにより残念ながら結果は必

ずしも一貫していない。ただ大まかに整理すれば，いわゆる自律的動機づけが高いタイプと統制的（他律的）動機づけが高いタイプ，全ての動機づけが高いタイプ，逆に全ての動機づけが低いタイプが存在するように思われる。そして，このような研究からの示唆として大切なことは，第一には前にも述べたように自己決定理論で考えると個人はどれかの動機づけだけを持っているような印象を受けるが現実には，誰もがそれぞれの動機づけを全部一定程度持っているということ，第二にタイプ分けして自律的動機づけが高いタイプ，逆に統制的動機づけが高いタイプが抽出されることは理論から容易に想像がつくが，どの動機づけも高いタイプや逆にどの動機づけも低いタイプも存在するということである。

3節　動機づけの特徴を再考し新たな枠組みへ

1　自律性の芽生えとしての取り入れ的動機づけ

これまでの自己決定理論では外的動機づけと取り入れ的動機づけはむしろ他律的，統制的なものとして考えられてきた。確かに外的動機づけは明らかに他律的なものといえるが，取り入れ的動機づけは，「友だちより良い成績をとりたいから」とか，「友だちにバカにされたくないから」というような内圧を強く感じてしぶしぶ行動するというようなことになり，その本人の意思に積極性が感じられないことから自律的動機づけというよりも統制的動機づけとしてカテゴライズされたのであろう。それは外からの統制，指示をより強く受けとめているために本人の自由が拘束されているともいえる。しかし，一方では，とにかく自分の意思で行動を開始しようとしている。従って見方によれば、この取り入れ的動機づけの段階は他律の力と自律の力が最も激しく葛藤する段階であると考えられる。実際に不快な気持ちが存在するが、学習しようと自己決定していることは自律が勝っていることでもある。外的動機づけの場合は全く自律的に行動する気持ちがなく、ただ外的な指示に従っているだけであるが、取り入れ的動機づけは自律の芽生えがあるともいえる。自己決定理論ではこの取り入れ的動機づけを統制的な外的動機づけと同じカテゴリーで考えることが多いが、そのような見方が絶対的なわけではない。このような見方が一般的にも流布しているのは「内発的動機づけ」という言葉が教育界ではあまりに神聖化され、「学ぶことは本来楽しいはず」「人間は本来、知的好奇心旺盛なもの」とのとらえ方を重視する傾向にあり、動機づけに含まれるやや暗い、不快な部分を嫌悪しているためだろう。

子どもにとっても青年にとっても、否、大人にとっても、遊ぶことより勉強が好きという人の数はどう甘く見積もっても半数を超えることはない。学ぶということは新しい知識や技能を習得していくことだから一定の努力や忍耐が伴うのは必然であろう。それでも、人は学校や職場で最低限、必要なことは学んでいかねばならない。それは一人の社会人として身につけるべきことを取り入れていくことでまさに社会化に他ならない。それを不安や恥といった負の感情が後押ししているのであれ、自分の意思で決定して学習しようと動機づけられること自体、もっとポジティブにとらえられてもよいことのように思われる。

第7章で行った各動機づけの機能している割合を発達段階ごとに割り振って俯瞰的にみようとした試みで小学生時代の外的動機づけの割合が半分近くにおよんでいたのは印象的であった。大学生が大人になって小学生時代を振り返ってみれば、両親をはじめ、周りの人たちに勉強するように言われて学習している場合が多かったということであろう。そして、おそらく、小さい頃は勉強に限らず、多くの行動で指示されて動くことが普通になっていよう。それは子どもの側に自分で綿密な学習計画をたてるだけの才覚もなく、大人の指示に理屈を言って抵抗するような力もまだ十分生じていないこともあろう。そして、他者の指示を比較的従順に受け取るので現実の生活場面では自分の意思で行動したように錯覚していたのかもしれない。しかし、時を経て相対化してみれば、小学生時代はその後の中学、高校時代より多くの外的動機づけで学習していたことに気づいたのである。一方、中学、高校、大学に進むにつれて外的動機づけの減少に反比例して、取り入れ的動機づけと同一化的動機づけの機能する割合が増大していく。これはまさに学習動機づけの社会化とでもいうべきもので他律的なものから、より自律的なものへと発達するのである。

さらに第4章で検討した基本的心理的欲求との関係において有能感によって高まるのは取り入れ的動機づけ以上の動機づけで、外的動機づけは有能感との関係も全く示されなかった。さらに動機づけによって規定される変数との関係においても取り入れ的動機づけ以上の少しでも自律的な動機づけと外的動機づけとの関係の仕方は異なり、外的動機づけはメタ認知方略や粘り強さの変数に全くポジティブに働いていなかった。

また、第3章で示したが動機づけ間の相関を見ると取り入れ的動機づけと外的動機づけの間はどの学校段階でも有意になっているが、取り入れ的動機づけと内発的動機づけの間はそれ以上に高い有意な相関であるのに、外的動機づけと内発的動機づけの間にはかなり低い相関しか見られず、内発的動機づけとの関係性においては取り入れ的動機づけと外的動機づけの性質は明らかに異なっている。

このような意味で完全に他律的な外的動機づけと自律性が生じた取り入れ的動機づけおよび同一化的動機づけの間には概念的に大きな区分があると考えられる。つまり、自己決定理論では同一化的動機づけと取り入れ的動機づけとの間で、自律的動機づけと統制的動機づけとして二分割されていたが、むしろ外的動機づけと取り入れ的動機づけの間で区分すべきというのが筆者の見解である。

ところで、取り入れ的動機づけの中にも接近的なものと、回避的なものがあるとの指摘もある（Assor et al., 2009）。具体的には前者としては、他者から認められたいので勉強する、というようなものであろうし、後者は、他者から軽蔑されないために勉強する、というようなものと考えられる。彼らは別々の下位尺度を構成して検討し、他の動機づけとの相関関係から接近的取り入れ的動機づけの方がより同一化的動機づけに近く、回避的取り入れ的動機づけの方がより外的動機づけに近いことも明らかにしている。

しかし、いずれにせよ、取り入れ的動機づけは、中学、高校になり受験に伴う競争を意識せざるを得なくなった時、より高まるものと考えられる。その受験勉強に伴う動機づけというような見方、そのものも取り入れ的動機づけの印象を悪くしているのかもしれない。しかし、自分で将来を切り開くための手段であり、親や教師から直接指図されることなく、自分の意思で勉強しようとすれば、もう少し好意的評価を下していいように思われる。

ロエヴィンジャー（Loevinger, 1976）は取り入れやこの種の社会的同調は多くの人々が生きるために最も多く使用する方法だと述べている。取り入れ的動機づけはある発達段階や特殊な場面だけで働くわけではない。われわれは一生、様々な知識や技能を習得して生きていくことになるが、自分で好きで選択して学ぶことより、好きでなくても学ばねばならないことが圧倒的に多い。小学校の新一年生も入学すると、勉強するだけでなく、どこに自分の持ち物を置くか、先生が教室にはいってきたらどうするのか、給食の時間は机をどう動かすかなど学習せねばならない。そのような行動を習得するのに働くのはおそらく、取り入れ的動機づけであろう。また、大学を卒業し仕事に就けば、新しい仕事の内容を学ぶことはもちろんだが、上司や同僚の名前を覚え、仕事前の掃除の仕方を覚えたり、お客の接待の仕方まで学ばねばならない。そのような仕事以外の瑣末なことを覚えるのも取り入れ的動機づけを駆使することになろう。われわれは一人で生活しているわけではない。社会生活を営むためには暗黙のルールも多く、それを習得していくのは主に取り入れ的動機づけによっている。

学校での勉強だけに限定してもそこには文部科学省の定める学習指導要領が存在し、そこで定められた内容を学ぶのが基本であり、好きなことだけ学べばよいということにはならない。その中で心理的には不安定ながらも自ら行動しようとすることはもっと肯定的にみられてもよいように思われる。

取り入れ的動機づけの段階は確かに他者からの価値が十分自分に浸透せず、他者からの評価が気になる段階であろうが、様々な行動形成、社会化は多かれ少なかれこのような動機づけでなされるのではなかろうか。もちろん、そこでの心理的不安定さが続くことでネガティブな感情が蓄積しストレスが生じる危険性はある。直接、取り入れ的動機づけを扱ったものではないが、梅本ら（二〇一八）は協同学習において、「義務だからやらなければならないと考える」というような義務感効用方略は行動的エンゲージメントを高めるが、一方で感情的エンゲージメントを低下させることを明らかにしている。ここでいう行動エンゲージメントとは学習や学習課題に関する関与、努力や持続性、忍耐を含むもので、一方、感情的エンゲージメントとは興味、楽しさ等の学習者の感情的反応である。しかし、それこそ教育的ソーシャルサポートをしてやることで乗り切れる部分もある。事実、第4章の研究ではソーシャルサポートがあると取り入れ的動機づけよりも自律性が高く、負の感情はあまり伴わない同一化的動機づけが形成されることがわかった。

2　アイデンティティ形成と動機づけ

同一化的動機づけや内発的動機づけの発達を考えるにあたってはアイデンティティ形成やキャリア発達の問題を抜きにしては考えられない。伊田・乾（二〇一一）は石田（一九八一）を引用し、「内発的動機づけの理論と自我同一性の理論は、研究方法上の基礎的相違にも関わらず、両者は人間の本性並びに生に対する深い洞察に基づく、人間性の心理学という点で、軌を一にするものと言えよう」と記している。

ファイとシャープ（Faye & Sharpe, 2008）は自己決定理論に基づいて発達課題であるアイデンティティ達成と親密性達成が動機づけに与える影響を検討している。そして、基本的心理的欲求→発達課題達成→動機づけのモデルと、発達課題達成→基本的心理的欲求→動機づけの二つのモデルを構成し共分散構造分析を行った。なお、ここでの動機づけとは内発的動機づけから外発的動機づけを減算したものが用いられている。前者のモデルでは有能感（基本的心理的欲求）からアイデンティティ達成（発達課題達成）のパス、さらにそこから動機づけへのパスが有意であった。後者のモデルではアイデンティティ達成からは自律性（基本的心理的欲求）と有能感に有意なパスが、親密性（発達課題達成）からは関係性（基本的心理的欲求）に有意なパスが認められたが、動機づけへは有能感からのパスだけが有意であった。この結果を見るかぎり、アイデンティティ形成は直接、間接に動機づけに影響を与えているようである。

さらに伊田（二〇一六）は自己概念や自己調整の視点からアイデンティティと動機づけの関係に注目しオイサーマンら（Oyserman et al., 2007）のアイデンティティに基づく動機づけ（identity-based motivation）の概念について紹介している。その動機づけとは「アイデンティティに整合的な行為に従事するための準備状態であるとともに、世界を意味づける際にアイデンティティに整合する心構えを用いる準備状態を指す」ものであるとしている。そして、学校教育への介入プログラムの開発も行い、次のような説明をしている。アイデンティティに基づく動機づけの構成要素としては①心理的レリバンス（未来が現在とつながっている、接近可能なアイデンティティが選択にとって重要）、②行為へのレディネス（方略がアイデンティティと一貫していると感じる）、③経験された困難さの解釈（重要な事柄は難しいものだ、自分にとって可能なことだ、不可能なことは困難で時間を費やすに値しない）の三つがあるとしている。そのうえで②（端的には努力）を目的変数として①が③を経て②に至るプロセスと③が①を経て②に至るプロセスを想定している。つまり、一つはまず、学習内容の意義や価値が実感され、価値があることは困難が伴うという覚悟や難しいから挑戦に値するという解釈がなされ結果として努力するというのが前者のプロセスである。後者のプロセスは難しいからこそ挑戦に値するという働きかけがなされることで心理的レリバンスが高まり努力するというものである。

このアイデンティティに基づく動機づけは意思決定がなされ自己コントロールを要するという意味で極めて自律性の高い動機づけといえるが、それは通常の単なる内発的動機づけだけから構成されているとは考えがたい。同一化的動機づけ、さらには統合的動機づけにも近い概念のように思われる。

3　キャリア発達の動機づけ

アイデンティティ形成は青年期の課題であるが、それと同時に、あるいはそれとつながっている青年期の課題として重要なのはキャリア発達の動機づけである。学校での学習は職業とは直接、関係がないとはいえ最近では小学校からキャリア教育に関わる授業もあるし、最終的には大部分の国民が職業に就くことはまちがいないことであるので、学習動機づけの理論もキャリア教育や仕事の動機づけとの関わりも視野に入れて考えることが必要だといえよう。つまり、自己決定理論で扱われているのは主に学習動機づけについてであるが、発達的には学校生活の先には職業生活があることを忘れてはならない。仕事と動機づけについて自己決定理論に関係した研究として次のようなものがある。

ライアンとデシ（Ryan & Deci, 2017）によれば人々にとって仕事は生きるための収入の源でもあるが、自己実現や個人的満足感を得るための一つのかたちでもあり、外発的動機づけも内発的動機づけも働いていると考えられる。そしてアメリカでも有名企業の労働者はＲＡＩ（Relative Autonomy Index）と同じような動機づけ指標で見ると自律性が高い動機づけがみられるという。しかし、一方で、労働がきついのに給与が低いような職場では動機づけが低下し、ストレスが高まりウェルビーイングが低下することも知られている。また、ウィークディとウィークエンドを比較したところ、前者の方が基本的心理的欲求である自律性、有能感、関係性、いずれも低かったことが報告されている。

このように仕事の動機づけは、内発的動機づけだけから構成されるのではない。しかし、現代の大学までの学校の授業では内発的動機づけを促すことを中心に指導がなされている。そのようにして育った彼らが職業生活に突入すると、周りからの配慮がされることは少なく、また、勝手に自分の好きなことを選んでやっているわけにはいかず、厳しい状況にさらされる。そのズレの大きさ、すなわち学校と職場の環境の相違が、就職して数年も経たないうちに退職してしまう若者を増やしているのかもしれない。

杉本（二〇一二）によれば、最近の若者は「働くこと」とやりたいことや好きなことを結びつける傾向が強いという。例えば浜島（二〇〇四）の研究では高校生で仕事を見つけようと思う時に、とても重視するものとして「仕事の内容」が66・3％、「自分に合っているかどうか」が70・5％で、それに対して「給与」は31・6％、「会社名などの知名度」は4・9％にすぎないことが報告されている。また岩田

（二〇〇四）の調査でも「自分の好きなことを活かして将来の職業を選ぶ」という考えに共感すると答えたのは高校生の63・7%であったとしている。また、関ら（一九九九）の国際比較研究を見ると日本の学生はアジア圏の学生と同様、「自分に適性があること」を最も重視しており、かつ日本独自の傾向としては「やり甲斐があること」を次に重視している傾向が示された。他方、他の国々に比べて収入の高さを重視する者が少ない傾向が認められた。この結果は日本では職業選択も内発的動機づけが極めて重視されていることを物語っている。このような傾向が示されているのは現在の若者は経済的に支援してくれる家族がいるなどして生存が保障されていること、さらに子どもの頃より個性重視の教育を受けてきたこと、何事も内発的動機づけで物事に取り組むことが望ましいという学校教育の指針のようなものが影響しているることがあると考えられる。しかし、現実には内発的動機づけに基づく職業選択はかなわないことが多く、進路決定ができない若者を多く生み出す結果にもなっているとしている。

このように学習の先にあるキャリア発達や仕事の動機づけも勘案すると、学習の動機づけも内発的動機づけ一辺倒の教育というより、まずは外的動機づけを取り入れ的動機づけや同一化的動機づけに内面化させていくことが必要で、それらの動機づけこそもっと重視する必要があるように思われる。

4　感情中心の動機づけから価値中心の動機づけへ

前にも述べたように内発的動機づけは興味、関心と関係し、感情的色彩が強い。だが、これに対して外発的動機づけの中でも内面化する段階の取り入れ的動機づけや同一化的動機づけは、どちらかといえば本人がそれほど気の進まないことに対しても社会ではこのように行動するのがよい、あるいは自分にとってこう行動するのが大切という、いわば「価値」に従った動機づけだといえる。だが「価値」は一定の知識を吸収し、良し悪しの判断ができるようにならないと機能しないと考えられる。一方、感情は自然に発するものだから乳児、幼児の段階から機能する。よって、小さい頃、子どもは自分の感情に基づいて行動することが多い。快不快、好き嫌いの感情が行動を左右する。従って学習でも楽しいことや面白いことには没頭するが、面白くないこと、楽しくないことは自分からはしようとしない。

幼児たちはやがて義務教育という学校制度で一日、何時間も縛られる生活に移行する。ただ、まだ小学生の頃は学校で要求されることの量も少なく、学習内容も高度なものはないが、中学、高校に進めば授業も多くなり、学ぶ内容も高度になり、さらに部活動などにも拘束されるようになる。社会からの要求が多くなればなるほど、快の時間は減少し子どもが自由裁量で決定できる行動は少なくなる。いわゆる内発的動機づけの機能する生活の部分が減少する。そして、発達に伴い子どもたちの知的レベルは高まり、外界からの様々な働きかけを吸収し、社会がどのような仕組みになっているのかについても理解できるようになる。さらに多くの経験を通して自分自身の特徴についても理解できるようになる。外界から注入される多様な情報は自分の中で精選され、本人の価値観を形成する。そして、学びについての価値観も形成されると、単に感情的判断だけで学習行動を取捨選択しなくなる。つまり感情より価値を優先した行動がとれるようになる。

それが、ここでいう自律性という言葉に対応する。感情的に嫌なことでも自分で価値を認めたら自己責任をもって自分で行動を自己管理してやり抜こうとするようになる。本研究（第7章）でも示されたように、小学校時代は外的動機づけと内発的動機づけが機能する割合が高いが、中学、高校、大学に進むにつれて、取り入れ的動機づけや同一化的動機づけが作用する割合が高まる。このことは感情優先の判断から価値優先の判断に移行していくことを意味していよう。

取り入れ的動機づけや同一化的動機づけの増大は他者から強制されねばやらないような外的動機づけと呼ばれるものが発達に伴い減少していくことも意味している。同じ内容を与えられても、これまでは単に感情的に拒否的であったことが、感情的には拒否的であれ、価値が優先し、自分を叱咤激励して対応していこうとする姿勢が生まれるからである。大きな視点で見れば動機づけは感情を基盤としたものから価値を基盤としたものに変化していく。

5　内発的動機づけの質的変化という見方

ところで、内発的動機づけは感情中心の動機づけだと述べたが、それは主に発達的には子どもの頃に生じる内発的動機づけのことを指している。だが、前章で触れたように内発的動機づけも一つではなく、幾種類か存在するという考え方もあろう。

もともと内発的動機づけはやっていること自体、現在の行為そのものが楽しいからやりたいという動機づけで、小さい頃は主に偶然、遭遇するような楽しいこと、他者から与えられた楽しいことに没頭するような場合に働くことが多い。理科の授業である教師が例示した実験に興味が湧き、自分から率先してやってみようとするような場合に働くような内発的動機づけである。これは内発的快楽に基づいた内発的動機づけといえよう。また、算数の授業で面積の求め方を学び、それに興味をもち、面積を求める問題が並んでいるドリルを教師に指示されないところまでやろうとするような場合、内発的動機づけが働いているといえる。

ただ、これらはいずれも初めから計画的に自分でやろうとしたことではない。授業の中で出会ったことに対して内発的動機づけが湧いたのである。しかし、このような内発的動機づけとは別の、自分からしかけていくような内発的動機づけもあるように思われる。それは前にも述べた熟達の類の向上心を含むもので、自生的な点に特徴がある。何をどこまでどのようにやりたいのかを自分で目標を定めてそれに向かっていこうとする。つまり、通常の環境との相互作用で偶然喚起された内発的動機づけの後で、自分がどのようなことに内発的に動機づけられるのかをある程度認識したうえで、その内発的動機づけをさらに追求できるような環境を自ら構成して目標をもって行動していくものである。それはそれまでの必ずしも本人の意思だけを反映していない内発的動機づけでなく、自律性のレベルが高い動機づけである。これを自生的内発的動機づけと呼び、従来の定義がやや曖昧な内発的動機づけと区別したい。

高校の英語の授業でイギリスの小説の一部を読んで関心を持ち、夏休みにはノーベル賞に輝いたカズオ・イシグロの英語で書かれた『遠い山なみの光』を一冊、読み切りたいとか、文章を書くことが好きで続けたいと思っているが良い文章を書けるようにするために毎日、朝日新聞の天声人語をじっくり読んで大学卒業までにどんな内容でもほぼ理解できるようにしたい、という目標を自分で立ててそれに向けて努力しようとするのはこの種の自生的な内発的動機づけが働いているといえよう。

前者の従来の内発的動機づけと後者の自生的内発的動機づけの相違点は第一に前者は比較的短期間で終わるが後者は未来の向上を見据えているので比較的長期間持続するという点である。第二に前者は自分で考えて判断したり、反省することは少ないが後者の内発的動機づけが働く場合は自分で考え判断して行動することが多い。つまり、本人自身が全く他人に頼ることなく自分で生成した目標に挑もうとしている点に特徴がある。

このような自生的内発的動機づけはこれまでの内発的動機づけの概念に全く含まれていないわけではなく、質問項目にも類似したものは存在するが、明確に区別して扱われていないように思われる。ただ、その目標に向けた行動が展開されるとすると、手段的行動なので内発的動機づけということにはならないのではという疑問も生じるが、筆者はここでいう向上心というのは最終的には目標到達が目指されるが、その一歩一歩向上する過程そのものにも喜びを見出すものという意味で目的的行動も含まれていると考えている。

また、向上目標を自己決定するということは、前者の内発的動機づけに比べて自律性がより高いということを意味している。本書で扱った研究の多くで内発的動機づけの自律性は必ずしも明確なものでなく、同一化的動機づけよりも低いのではないかとみなされるところもあったが、それは本研究で扱った内発的動機づけは主に内発的快楽を中心としたもので、熟達を重視した自生的内発的動機づけの側面が十分配慮されていなかったこともあるように思われる。

一方、自生的内発的動機づけはどこまでの未来の時間を想定するかによって幅があるが、かなり広いものとして先に示したアイデンティティに基づく動機づけもこれに近いものと考えることができる。ただし、自生的内発的動機づけでの向上目標、また、アイデンティティにあたるものは、かなり個別的なものになると考えられる。個人個人にとってかなり思い入れの強い特殊な領域の自生的内発的動機づけが働く場合が多いといえよう。

6　学習動機づけの分類と発達に関する新たな枠組みの試案

これまで述べてきたことをまとめ自分なりの動機づけの分類と発達に関する新たな枠組みの試案を提示しておきたい。図示すれば図9-2のようになる。図の横軸は発達を想定している。そしてそれはほぼ他律から自律への変化に相当すると考える。そして、それぞれの動機づけの増進や衰退は線の幅で表示して

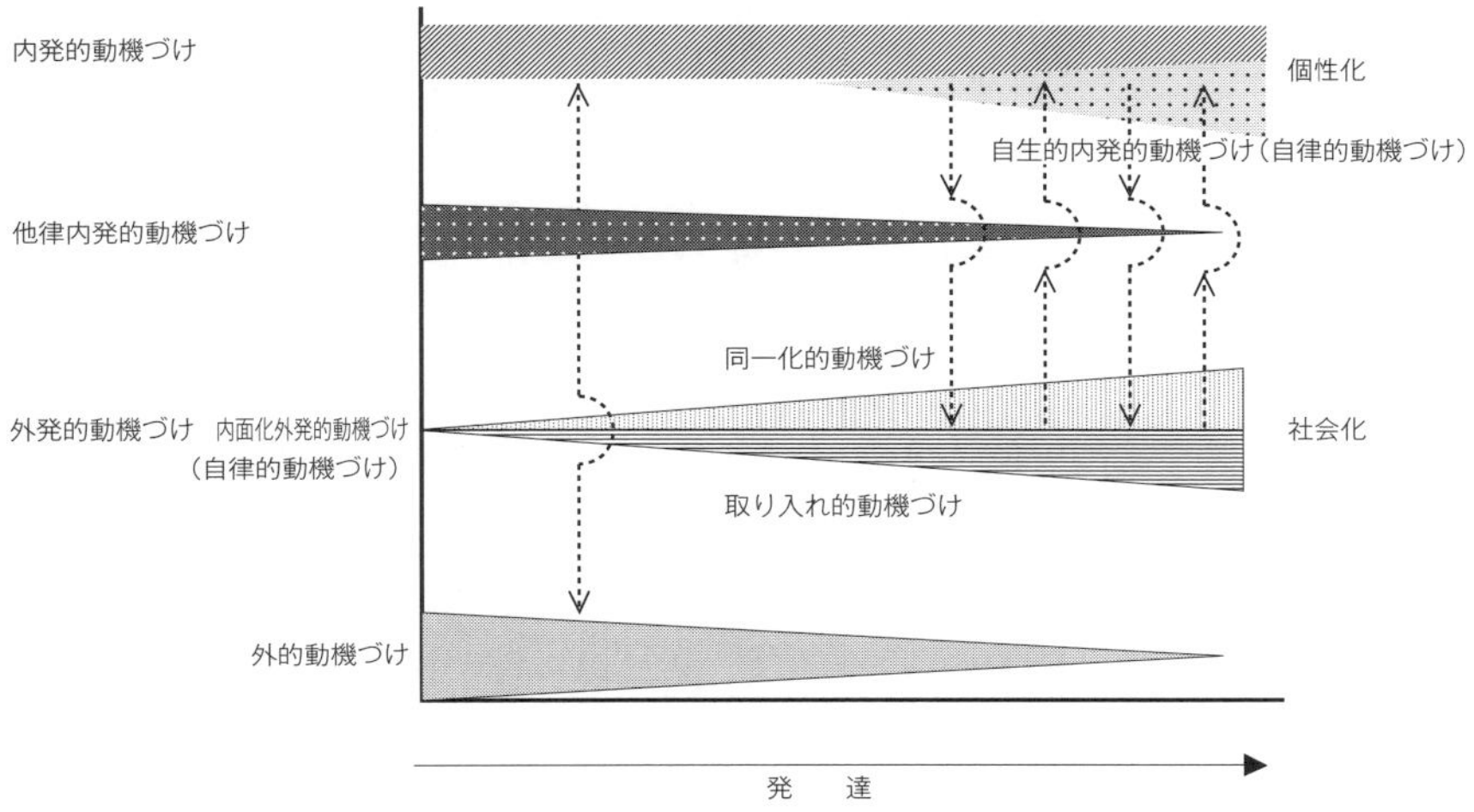

図9-2　学習動機づけの分類と発達に関する新たな枠組みの試案

いる。

図の上側には内発的動機づけを下側には外発的動機づけを位置づけている。自己決定理論の有機的統合理論が社会化の理論であるとすれば、その適用がふさわしいのは外発的動機づけであると考える。本来、それほど積極的でないことに対しても、社会で一人前に人として生きていくための社会的な価値を自分の中に取り入れて十分に自分でも納得できるものにして自律的動機づけを高めていくところに教育の焦点が当てられていてしかるべきである。外発的動機づけは教育者側からすれば、子どもたちが成長して世の中で幸せに生きていくために身につけてほしいことを教育する際に子どもの側に形成させるための動機づけである。

他方、内発的動機づけに関しては、誰もがそれで学習できるようになるのは理想ではあるが、それを社会化という枠組みでとらえるのは無理がある。内発的動機づけは興味・関心を基本として形成されると考えられ、その興味・関心は親からの遺伝や家庭環境の影響を受けるだけでなく、成長に伴い、極めて多様化するという現実がある。最も、幼少期の頃は見るもの聞くもの初めてのことが多く、概して誰もが好奇心旺盛に思われるが、義務教育が始まると学習に限っても好きな教科、嫌いな教科は成長とともに特化していき、さらに同じ教科でも領域により内発的動機づけが生じるか否かが異なってくる。社会化というよりは個性化の問題といえる。

このように試案の第一の特徴は外発的動機づけを自己決定理論のように連続帯上にあるとみなすというよりも異なる性質を持つものとして二つに区分してとらえる点である。しかし、それは自律性という次元での区別というよりも、社会化により生成されるものと、むしろ個性化により生成されるものという区分である。そして、自律的動機づけという言葉は個性化により形成される内発的動機づけに適用するのはふさわしくないと考える。自律性は社会的価値の浸透の際に機能するもので、社会化により生成される動機づけにだけ適用されるべきであろう。

第二に自律性の程度が異なる二つの内発的動機づけの提案である。内発的動機づけは自己決定理論では自律性が最も高い性質を持つものと考えられているが筆者は必ずしもそうは考えない。もともと内発的動機づけは幼児や動物を用いた実験から概念化された歴史的流れもあり、乳幼児の行動には確かに内発的動機づけを含むものが多い。しかし、それらは自律性が高いといえるだろうか。答えは否である。確かに他者から働きかけられずとも新奇な刺激等によって主体的に行動が生じるが、それは子どもが置かれた環境下の何らかの刺激が本人の認知、価値面というよりも感覚、感情面をゆり動かしたからであり、自分で考えて自分の行動をコントロールしようという意味での自律性はそれほど働いていない。外的な刺激を受けて本人が即、能動的に反応するだけであれば自律性が高いとはいえない。自律性は自分の意思で状況判断をして自己決定し自己調整しながら行動するという特徴を伴うものなので、新奇性に引きつけられて何も考えるまもなく感情的に反応することとは異なろう。ただし、これは先に述べた通常の教室場面でよく使われ、自己決定理論でも主に想定されていると考えられる内発的動機づけである。

一方、向上心に軸足をおいた自生的内発的動機づけは年齢的にもかなり成長してから生じるもので自律性はかなり高いものと考えられる。ただ、自生的内発的動機づけが通常の内発的動機づけに代替するわけではなく、並行して存在するが、内発的快楽を中核にした動機づけはやや減少気味になり、自生的内発的動機づけは成長とともに増加する傾向にあると予想される。従って、従来の内発的動機づけを自律的動機づけとするのはふさわしくないが、自生的内発的動機づけは自律的動機づけと考えられる。ただこの二つの内発的動機づけ区分はあくまで筆者の仮説的な考えで、なんら証拠はない。また、本研究で扱った内発的動機づけの質問紙の項目が全て内発的快楽をみたものでもない。ただ、相対的には語尾に楽しい、面白いなどの感情的形容詞が大半であることは確かである。今後の実証的研究が必要になる。さらにこの自生的内発的動機づけはいわゆる統合的動機づけに近いものともいえるかもしれない。また最近注目されているエンゲージメントの概念とも無関係でないと考えられる。

第三に外発的動機づけは外的動機づけと、取り入れ的動機づけおよび同一化的動機づけの二つに区分するのが妥当と考える。取り入れ的動機づけと同一化的動機づけはいわば内面化した外発的動機づけとでもいうものである。この根拠はこれまでみてきたように様々な面で両者には相違があるからである。例えば、取り入れ的動機づけ・同一化的動機づけは有能感の影響を受けていたが、外的動機づけは受けていない。動機づけとメタ認知方略や粘り強さとの関係についても、取り入れ的動機づけと同一化的動機づけは正の相関が多かったが外的動機づけは負の相関か無相関であった。自己決定理論では取り入れ的動機づけと同一化的動機づけの間に境界線を引き、外的動機づけや取り入れ的動機づけを統制的動機づけ、同一化的動機づけと内発的動機づけを自律的動機づけとして扱うことが通例となっているが、筆者はむしろ外的動機づけを取り入れ的動機づけおよび同一化的動機づけと区別するべきと考える。それは、先にも述べたように取り入れ的動機づけを、自律性の弱いものとしてでなく、むしろ自律性が芽生えたものとして肯定的に位置づけようという意図もある。従って、筆者の考える自律的動機づけとは外発的動機づけのうちの同一化的動機づけと取り入れ的動機づけから構成される。一方の外的動機づけは大人になれば、他者から強制されて学ぶというようなことは当然少なくなるが、たとえ大学生であっても全くないということはなかろう。

第四に現実の学習行動を考えると、自律性が育ち、子どもたちが発達するに伴い、取り入れ的動機づけや同一化的動機づけのいわゆる内面化した外発的動機づけと内発的動機づけは並行的に働いたり、相互作用し、対立するというよりは支えあう関係になるのではないかと考える。そもそも基本的心理的欲求理論では本来、内発的動機づけの一側面であるコンピテンス（有能感）が充足されることが自律的動機づけの形成につながると考えている。そして、本研究の結果では内発的動機づけと同一化的動機づけだけでなく、取り入れ的動機づけも、有能感に支えられていることが示された。それは内面化した外発的動機づけ自体がすでに内発的動機づけの一側面を包含しているともいえる。また、特に自生的内発的動機づけが主に機能して何らかの事柄が進行するような場合、進行過程では当然、失敗などにも直面する。そのような場合、心理的に快でない状態でも働く取り入れ的動機づけや同一化的動機づけも持つ人の方がレジリエンスは高いように思われる。一方で、同一化的動機づけが主で大学の専門科目の単位をとろうとするような場合、内発的動機づけが全く働かない場合よりは内発的動機づけも並行して働く方が授業自体楽しく学習効果もあがると予測される。このように現実場面では内発的動機づけと外発的動機づけは相互に排他的でなく、むしろ同時に働いたり、相互作用したりしているし、また、その方が有益と考えられる。

そして、第五は独自の概念として構成した内発的動機づけを高めるために外部から喚起される他律内発的動機づけは内発的動機づけ―外発的動機づけの次元上にないものといえる。そして、この動機づけは基本的には成長に伴い漸次減少していくものと考えられる。また、他律内発的動機づけは内発的動機づけそのものを増大させたり、逆に外的動機づけを増大させたりする働きもあると思われる。このような学習動機づけは低学年では盛んに用いられようが、成長に伴い減少するものと考えられる。ただし、たとえ大学生でも他律内発的動機づけが全く機能しないという学習場面はほとんどないものと思われる。

引用文献

Ryan, R. M., & Deci, E. L.　2017　*Self-determination theory: Basic psychological needs in motivation, development, and wellness.* New York: The Guilford Press.

Heider, F.　1958　*The psychology of interpersonal relations.* New York: Wiley.

de Charms, R.　1968　*Personal causation: The internal affective determinants of behavior.* New York: Academic Press.

White, R. W.　1959　Motivation reconsidered : The concept of competence: *Psychological Review,* 66(5),297-333.

Baumeister, R. F.　1991　*Escaping the self: Alcholism, spirituality, masochism, and other flights from the burden of selfhood,* New York: BasicBooks

Leary, M. R.　2007　*The curse of the self: Self-awareness, egotism, and the quality of human life.* Oxford University Press.

伊田勝憲・乾真希子　二〇一一　学習意欲研究における自律性の位置づけ―内発的動機づけの批判的検討を通して―　釧路論集：北海道教育大学釧路分校研究報告　四三、七―一四.

伊田勝憲　二〇一五　「擬似内発的動機づけ」の概念化可能性を探る―自律的動機づけ形成のデュアルプロセスモ

デル構築―　静岡大学教育学部研究報告　人文・社会・自然科学篇　六五、一三九―一五〇.

Vallerand, R. J. & Ratelle, C. F.　2002　Intrinsic and extrinsic motivation: A hierarchical model. In E. L.Deci & R. M. Ryan(Eds.) *Handbook of self-determination research*. Rochester, N.Y.: University of Rochester Press. pp.37-63.

安藤史高・布施光代・小平英志　二〇〇八　授業に対する動機づけが児童の積極的授業参加行動に及ぼす影響―自己決定理論に基づいて―　教育心理学研究　五六（二）、一六〇―一七〇.

岡田涼・中谷素之　二〇〇六　動機づけスタイルが課題への興味に及ぼす影響―自己決定理論の枠組みから―　教育心理学研究　五四（一）、一―一一.

西村多久磨・櫻井茂男　二〇一三　中学生における自律的学習動機づけと学業適応との関連　心理学研究　八四（四）、三六五―三七五.

外山美樹　二〇一五　自律的な理由で勉強することが適応的である　ベネッセ教育総合研究所　小中学生の学びに関する調査報告書　一―九.

Ratelle, C. F., Guay, F., Vallerand, R.J., Larose,S., & Senecal, C.　2007　Autonomous, controlled, and amotivated types of academic motivation: A person-oriented analysis. *Journal of Educational Psychology*, 99(4), 734-746.

Assor, A., Vansteenkiste, M., & Kaplan, A.　2009　Identified versus introjected approach and introjected avoidance motivations in school and in sports: The limited benefits of self-worth strivings. *Journal of Educational Psychology*, 101(2), 482-497.

Loevinger, J.　1976　*Ego development*. San Francisco: Jossey-Bass

梅本貴豊・田中健史朗・矢田尚也　二〇一八　協同学習における動機づけ調整方略尺度の作成　心理学研究　八九（三）、二九二―三〇一.

石田梅男　一九八一　内発的動機づけ　遠藤辰雄（編）アイデンティティの心理学　ナカニシヤ出版　一四九―一六一.

Faye, C., & Sharpe, D.　2008　Academic motivation in university: The role of basic psychological needs and identity formation. *Canadian Journal of Behavioral Science*, 40(4) 189-199.

伊田勝憲　二〇一六　アイデンティティに基づく学習動機づけの形成　静岡大学教育学部研究報告（人文・社会・自然科学篇）六七、一五九―一七〇.

Oyserman, D., Fryberg, S. A., Yoder, N.　2007　Identity-based motivation and health. *Journal of Personality and Social Psychology*, 93(6), 1011-1027.

杉本英晴　二〇一二　何のために働くのか　若松養亮・下村英雄（編）詳解　大学生のキャリアガイダンス論―キャリア心理学に基づく理論と実践―　金子書房　四三―五八.

浜島幸司　二〇〇四　仕事をみつける前に思っていること　モノグラフ・高校生、七三、一二―一五.

岩田考　二〇〇四　好き・自由・不安―仕事への淡い期待と確かな不安―　モノグラフ・高校生　七三、二一―二三.

関文恭・吉田道雄・篠原しのぶ・吉山尚裕・三角恵美子・三隅二不二　一九九九　働くことの意味に関する国際比較研究―五カ国の大学生の比較―　九州大学医療技術短期大学部紀要、二六、一―一〇.

真の動機づけ

研究随想 9　悩む大学院生

先日、数年前、私の授業に参加していて、今は大学院博士課程に在籍している人がやってきた。どうも直接、具体的な研究内容に関係することというよりも研究者の姿勢といったものに悩んでいるらしい。本人としては十分に価値があると思える研究課題に取り組みたいようだが、それが未だ見つからないという。そして、着々と学位論文を目指している人の発表を聞いても、なぜ、こんな研究をわざわざするのかと納得できないことが多いようだ。一方、業績はほとんどないが、物事の本質を突き、幅広い知識を持つ人に魅力を感じるという。

そういえば私も大学院生の頃、達成動機の研究をしている外国の研究者の間で遊びのような輪投げを課題にした実験から動機づけのモデルが構築され、多くの研究論文が蓄積されているのを知った。そして、幼稚にみえた研究方法が自分の理想としている心理学とはあまりにズレがあると感じ、こんなことを一生続けていく価値があるのかと悩んだことがあった。ただ、私たちの頃は院生も少なく、大学院期間中に業績をあげなくても就職できた。しかし、今は課程内博士の取得が就職のための最低の必要条件のようなところがある。真の動機づけからくるテーマを探して彷徨していると、ワーキングプアの予備軍になる危険性もある。

私がその院生に言った言葉は「学位論文はちゃちゃっと片付けて、その後、じっくりほんとうに取り組みたい課題を研究する手もあるよ」。いいかげんで軽薄なことを言ってしまったようでもあり、後味が悪い。さりとて、他に気の利いたアドバイスも思いつかなかった。腕組みをして考えている間に時は流れ、数年後、その院生は奨学金の返済に追われ、研究する暇もなく非常勤講師やその他のアルバイトで汲々としているかもしれないからだ。

彼ができるだけ早く真の動機づけが発揮できる研究課題に出会ってほしいと願っているが、長い目で見れば、こういう悩みを抱く院生の方がいつか味わい深い研究をしてくれるような気もしている。

第10章　学習動機づけの新たな枠組みから、教育実践を考える

1節　外的動機づけからの脱出のために

1　働きかけの順序性を考える

これまで、自己決定理論を検討することで、内発的動機づけと自律的動機づけの意味を再考し、前章で筆者なりの新たな動機づけの枠組みを提案した。ここでは、その枠組みや検討結果をいかに教育に活かせるかを考えたい。

動機づけを高めるにあたっての一つの注意点は働きかけの順序であると思われる。そこで寺田ら

（二〇一七）のシンポジウムの報告を見てみよう。このシンポジウムでは大学で学習支援センターに訪れた学生にどのような支援がなされ、どのような変化があったのかが報告されている。基本的には自己調整学習を促し支援するもので、シンポジストの一人は四年生の卒業論文（以下、卒論）対応について報告している。問題の学生は卒論支援以前の問題として修得単位が足りずに困っていたという。そこで、まず、教え手は他愛もない対話を繰り返し、学生の緊張感を取り除き、センターへの来室を習慣づけようとした。そして対話を繰り返すなかで学生の性格や特性、置かれている状況を捉え、教え手は二つの目標を課した。一つは各授業で三回以上は休まないこと、もう一つは履修する各授業の課題レポートを全て期限内に提出することである。そして、学生が多少の努力をすることでクリアできそうな目標を設定し、一定期間、教え手の管理・指導下で学習を進めさせた結果、学生は単位を全て修得できたという。その結果として卒論作成への意欲も芽生えた。その後、教え手主導から学生主導へ、すなわち、教え手が学生に話しかけ、目標設定をするやり方から学生が教え手に話しかけ目標を定位するやり方に徐々に切り替えていった。そして、その後は教え手は、卒論執筆が順調に進んでいるかを見守ることが中心的支援になっているとしている。

このプロセスは自己決定理論から解釈すれば、非動機づけ、あるいは外的動機づけ状態にあった学生に対して、教え手がソーシャルサポートなどをして学生との関係性を築き、まず学習習慣をつけるように指導している。そして、いろいろな約束事を作りそれを実行させようとしているが、これは指導という点からすれば統制的側面を帯びたものということになろう。しかし、望ましい人間関係が成立していることで、学生はそれを受容して励むことができる。さらに有能さを自覚させるために多少の努力で達成できる目標を与えて学習をさせたことは第5章で述べたが構造という働きかけの一部で適切な困難度の課題を与えることに相当しよう。これらの積み重ねによって単位が完全に修得できたことがその学生の有能感、自信を大いに高め、卒論への積極的な取り組みに至らせたものと考えられる。そこで、教え手はこれまでの自分が先頭になって引っ張っていくような方針を変更し、卒論作成にあたってはいわば自律性支援的な立場で指導している。このように、まず、ある程度の自律性が形成されるまでは関係性や有能感への欲求を充足させる支援が必要であり、ある程度自律性が形成されれば本人の自律性を尊重する自律性支援が望ましいと考えられる。

実はこの指導のプロセス、順序は対象者の発達段階と異なるが、速水（一九九八）で提案したプシュルモデルと類似している。ただし、プシュルモデルでの「自尊感情」という言葉はここでは「有能感」に置き換えて考える。自律的動機づけの形成には有能感の形成が第一であるが、そのための働きかけをする教師なり親なりとの人間関係は特に子どもの成長に伴い大切になる。教育者は子どもとの間に親密な人間関係を築き、一定の方向性を与え、承認することで子どもに有能感を形成させることができる。その後、発達に伴い外からの働きかけをするのを弱めて本人の自律性を尊重して支援してやるという流れである。

ライアンらの理論では基本的心理的欲求の充足の順序性に関しては明確でないように思われるが、自律性の欲求が最も中心的なものでそれこそ最初から充足させていくべきものと考えているようにも推測される。しかし、この報告で語られたように、自律的動機づけが乏しい学生に対しては、まずは何よりも教育者は関係性をよくし、サポートすることで彼らの有能感を形成させてやることが先決に思われる。有能感が一定程度形成されない前に自律性ばかりを迫っても、彼らは何をどのように取り組んでいけば学習が促進されるのかよくわからずかえって混乱する。最初はどうしても教育者が一定の方向づけをする必要があろう。それはここでいう統制的指導を含んでいようが、親密な人間関係の中でソーシャルサポートと合わせて行っていくことが重要に思われる。そのうえで、一定の有能感が形成されたら徐々に統制を弱め、自律性支援を中心に働きかけていくことが有効だと考えられる。

さて、ここでは働きかけの順序性として自律性を求める前に関係性への欲求を充足させることで、まずは有能感を形成させることが肝要であることを説いてきた。これを読んで、関係性と有能感は同時なので第4章1節4で筆者が有能感、関係性、自律性の順序であると書いたことと矛盾するのではという指摘があるかもしれない。しかし、筆者はここでも有能感が満たされることが自律的動機づけの形成にとって最も大切なことと考えていることにかわりはない。有能感は他者とは無関係に本人の成功体験だけで生じたり、誰が承認しても形成されることもある。ただ特に成長して自己意識が明確になると同じように承認されてもどのような人間関係の人から承認されたかは有能感の形成に大きな役割を果たすものと考えられる。しかし、関係性への欲求が充足されても有能感が感じられないようでは自律的動機づけの基礎が形成されたとはいえない。

2　外的動機づけを少しでも自律化させることが必要

これまでにみてきたように外発的動機づけでも外的動機づけと取り入れ的動機づけや同一化的動機づけの間には性質上の境界線が存在した。外的動機づけの段階では有能感もソーシャルサポートも満たされていないと考えられた。彼らは外からの働きかけを統制的な圧力とだけ感じているために、言われたことのみにいやいや従うということになろう。自律性支援—統制の研究でも外的動機づけは明らかに統制的指導と正の相関がみられた。では、自律性支援をすればよいかといえばそうではない。先の報告にもあったように彼らにはまだ、自分なりの意思で目標を定め自己決定して学習行動を自己コントロールしていく力がない。何らかの方向づけが必要になろう。それが統制的働きかけと解釈されることもある。しかし、それは教育者との人間関係の問題で解決可能である。学習者が教育者に好意を持つようになれば教育者からの働きかけは圧力というよりも助言という性質が強くなろう。その意味でも人間関係をよくしていく試みが最も重要と考えられる。

一方、授業を楽しくするために内発的動機づけを喚起するような働きかけも考えられる。本稿でいう他律内発的動機づけを高める試みは効果が期待できるだろうか。その働きかけそのものは内発的動機づけの促進につながることが多い。しかし、注意すべき点もある。本研究の他律内発的動機づけの内面化の程度の分析結果によれば、内面化前疑似群では外的動機づけが他の群に比べて相対的に高かった。そのような結果から推測すると外的動機づけの高い人にとっては他律内発的動機づけが必ずしも内発的動機づけを高めるのでなく、疑似内発的動機づけを高めることになるように思われる。外発的動機づけの内面化があまり進んでいない状況での他律内発的動機づけの働きかけは、かえってマイナスに作用して授業で面白い場面だけを期待するようになろう。

2節　内面化された外発的動機づけ形成のために

1　取り入れ的動機づけを支える

さて、外的動機づけの段階を脱出できると次の段階は取り入れ的動機づけの段階ということになる。前にも述べたようにここで初めて自分から学習しようという意思決定ができる。これは大きな進歩と考えてよい。

とはいえ、まだその芽は小さなものであるし弱々しいものであるといわざるをえない。その動機づけを維持するために大切なことはやはり有能感を感じさせ、自信をもたせることに尽きるだろう。どんな小さな成功も目ざとく見つけて承認してやることが大切に思われる。もちろん、常に成功できるわけではないので失敗した場合には大きなショックにならないように、その失敗経験にこだわるよりも教育者が本人と一緒になって失敗の原因について考えてやることが大切であろう。取り入れ的動機づけで動いている人はその結果だけに目がいきがちであるが、なぜ、うまくいかないかを考えさせることで建設的になり前向きになることができる。

ところで、取り入れ的動機づけは昨今のポジティブ心理学の影響か、精神的健康とか、ウェルビーイングとの関わりで心理学の専門家だけでなく多くの人たちにややネガティブに受けとめられている傾向が強い。一方で、前にも述べたように冷静に考えれば、勉強や仕事の生産活動の領域では通常、この動機づけが最も多く機能しているとも考えられる。

もちろん、そのような動機づけばかりをもてばストレスが高まることになるが、そのような動機づけで物事を開始したとしても目標に到達できれば、人は大いに達成感を感じることができる。

教育者が取り入れ的動機づけに対してネガティブな先入観を持つべきでなく、誰もが必然的に抱く動機づけと捉えて、それと格闘している人を少しでも援助してやる態度を持つべきであろう。

2　同一化的動機づけに向けて

同一化的動機づけは学校教育を推進する自律性の高い動機づけといえる。そして、その動機づけで行動していること自体をほとんど意識せず、自然にその行動ができるようになった場合を自己決定理論の提唱者たちは統合的動機づけと呼んだと考えられる。ただ、本書では統合的動機づけに関しては実証的データを全く有していないので触れないことにする。

さて、その同一化的動機づけを高めるためには、有能感を高める働きかけが先の取り入れ的動機づけの場合と同様に必要と考えられる。具体的には承認を与えることになるが、精緻化した承認とでもいうような、本人にとってよりふさわしいかたちの承認が大切であろう。それぞれの個人の特徴によく注意して、相対評価的というよりは個人個人の伸び、個人内評価的なきめ細かい承認が大切である。

さらに、これまでの研究から、ソーシャルサポートがこの動機づけを促進することが指摘できる。ここでいうソーシャルサポートとは児童・生徒の感情に寄り添うこと、共感して励ますことを意味している。特に本人が思ったように学習が進まないというような場合、内面化されたはずの価値観が少し揺らぐことがある。そのような時に周りに応援してくれる人がいると感じるのは大きな力になろう。しかし、子どもたちの感情の動きをしっかりととらえられるように常にアンテナを張っている必要があろう。

一方で、第5章では自律性支援によっても同一化的動機づけが高められるとの知見も得られた。これは本人の考えや判断にできるだけまかせるような指導を意味しており、先の二つの働きかけと矛盾するようにも感じられる。しかし、このようなできるだけ本人の判断にまかせるような働きかけと一生懸命後押しするような働きかけが同時になされることこそが自律を促すことになるのである。先に述べたように前著（速水、一九九八）で筆者はプシュルモデルと称し、児童生徒をプッシュ（押す）する働きかけとプル（引く）する働きかけが重要だと書いたがここではプッシュは承認したり、共感したりして背中を押してやること、プルは「さあ、一人で歩いてみなさいよ」と前から声掛けをして直接的ではないが、間接的に前に引いてやることと考えてもよい。

第6章の研究結果から動機づけの自己調整方略は同一化的動機づけと最も関係が深いことも指摘された。同一化的動機づけが高いと動機づけの自己調整方略をよく使うようになるともいえるし、動機づけの自己調整方略の使用が同一化的動機づけを高めるとも考えられる。本来、自己調整方略は自ら考えて実行するものであるが、具体的な動機づけ自己調整方略について教示しておくことで今まで知らなかった方法で自ら同一化的動機づけをさらに高めることもできよう。

3節　内発的動機づけを高めるために

1　他律内発的動機づけの功罪

本稿での検討事項の一つは速水（一九九八）で仮説としてあげた疑似内発的動機づけの存在そのものについてであった。そこで第3章の研究では、教室場面の他者から喚起される楽しいからやるという意味での内発的動機づけを他律内発的動機づけと命名してそれを測定する尺度を作成し、小、中、高、大学生に実施した。そして、授業の内容そのものでなく、授業の仕方や形態、それを進める人たちから発せられる行動から生じる他律内発的動機づけがあることが明らかにされた。

そして、この他律内発的動機づけと他の動機づけとの関係をピアソンの相関係数で見たところ、発達段階で多少異なるが、内発的動機づけとの関係が最も強く、自律性が低くなるにつれてその動機づけとは徐々に弱い関係になった。とはいっても外的動機づけとも有意な相関がみられた。だが、第3章で記したように各動機づけの間に相関関係があることから前述のピアソンの相関係数は見かけ上の相関にすぎないかもしれない。そこで他の動機づけの値を一定と考えた場合の偏相関係数を算出してみた。その結果、他律内発的動機づけは内発的動機づけと外的動機づけという両端の動機づけと有意な正の関係がどの学校段階でも認められた。他律内発的動機づけが内発的動機づけと相関が高いことは予想通りの結果といえるが、外的動機づけとも有意な関係にあったことは注目すべきである。つまり、他律内発的動機づけを高める働きが最も他律的な外的動機づけを高めることにもつながっていると推測できるからである。これは教育者が楽しく勉強させせようとする試みによってかえって人から言われないと勉強しないという子どもを育てることにもつながっていることを意味する。それが他律内発的動機づけの高い子どもたちの一部に生じる疑似内発的動機づけの高い子どもたちである。

そこで教育実践に向けていえることは、教師の内発的動機づけを高めるための働きかけは意図通りの効果を得る場合も多いが、常に内発的動機づけを促進するだけでなく、外的動機づけを高め、逆効果になる場合もあるということである。そのような人たちも生じることに注意して指導することが大切である。教師は力をいれていた内発的動機づけを喚起する授業で子どもたちが自分の意図したように楽しく授業に参加すると自分で満足してしまい、他の授業での子どもの観察が疎かになることも多い。しかし、授業によっては子どもがやや受け身的にならざるをえなく、反復練習を伴う場面も少なくないので、そのような場合に、面白い授業の時ははしゃいでいたのに、急に意気消沈したり、やる気をなくしたりしている子がいないか、しっかり観察することが大切である。そして、もし、そのような子どもがいれば、おそらく疑似内発的動機づけを持つ子どもである。彼らに対しては面白くない授業の場面で特に丁寧に説明してやり、援助、助言をしてやることが必要である。達成の過程をチェックしてやり、進歩していることを確認し励ましてやるのがよい。幸い他律内発的動機づけの高い子どもは社交性が高いことが分かっており、彼らは教師に注目されることでかなりやる気を出すことができる。

2　自律性支援を活かす

本研究で従来の指摘どおり、確かに自律性支援は内発的動機づけを促進することが示された。ただし、逆の概念に当たる統制との関係では、特に統制的指導を強く受けている群でそうでない群よりも自律性支援と内発的動機づけの関係は強いことも見出された。本研究結果からいえるのは、一定程度指示的な指導を受けている人たちの方がそうでない人たちよりも自律性支援を受けた時に内発的動機づけが高まるということである。逆にいえば、「自分の思うようにやりなさい」と言われても何ら方向性が示されていないとどのようにしていけばよいのか混乱するのかもしれない。また、筆者は先に自分の向上目標を自分で決定していく自律性の高い自生的内発的動機づけとでも呼ぶものが別にあるのではないかと指摘したが、本研究で対象となった大学生は、まだ、その域に達している人は少ないのかもしれない。それゆえ、自律性のあまり高くない人たちには自律性支援のみというよりもある程度の指示的な指導があった方がよいように思われる。

3　内発的動機づけを高める手立てとしての選択

内発的動機づけを重視する教育界の姿勢は教育制度としての様々な選択と無関係でないように思われる。そこには、できるだけ本人の好きなことをさせ、内発的動機づけが働きやすい教育環境を整えるのがよいという教育行政を司る人たちの考えが表現されているといえよう。

例えば、中学校のような義務教育においても選択教科が徐々に増加していることが指摘できる。高校においてはさらに選択の幅が以前に比べて広がっている。学習する教科が選択ということになれば、当然、受験のあり方も変わってくる。高校受験も大学受験も昔に比べて受験科目数を減らしている傾向にある。このような学修科目、受験科目の選択数の減少は比較的自分の得意な、あるいは好きな教科だけを習得し、テストを受ければよいということを意味する。この選択にも内発的動機づけの概念が影響しているように思われる。要するに内発的動機づけの重視は好きなことだけを学習すればよいという安易な考えにも連なっているという懸念がある。

選択は本当に内発的動機づけを高めることにつながっているのだろうか。ここではパタール（Patall, 2012）の選択と動機づけの関係についてのレビューを基にして、選択が動機づけを高めるものかを心理学的検討を通してみていきたい。レヴィン以来、選択が動機づけを高めるという考えは認知的不協和理論や帰属理論の中でも論じられているが自己決定理論でも選択することが内発的動機づけをもたらすと考えられている。例えばザッカーマンら（Zucherman,M et al., 1978）は六つのパズルの中から三つを選択して実行した群と三つを割り当てられて実行した群で、後の自由遊びの時間にそのパズルで集中して遊んだ時間を比較したところ、前者の方が長かったという結果を報告している。また、コルドバとレッパー

（Cordova & Lepper, 1996）はコンピュータを使った算数ゲーム課題でゲーム名やアイコンを選択させる群とそうでない群を設定して比較したところ、前者の方が高い内発的動機づけを示し、さらに算数テストでの正解数が多かったと報告している。また、アマビルとギットマー（Amabile & Gitomer, 1984）はコラージュを作る時その課題素材を選択させる群と選択させない群を設定し比べたところ、選択させた群の方がより創造性に富むコラージュを作ったとしている。そして、パタールら（Patall et al., 2008）は様々な設定場面での選択の内発的動機づけや関連結果への効果について四一の研究結果のメタ分析を実施した。その結果、全体として、選択をさせることが内発的動機づけ、努力、課題遂行量、認知されたコンピテンスなどを高めると結論している。

しかし、一方で実際は選択が動機づけに全く影響しなかったり、負の影響を与えることを示す研究も少なくないことも指摘されている。シュワルツ（Schwartz, 2000）は今やアメリカ人は朝食のシリアルから何から何まで選択でき、昔の人たちに比べたらずっと好ましい生活状況下にあるが、鬱の人や自分を不幸と感じる人が増加していることに注目している。そして、適当な選択は確かに人にとって利益をもたらすかもしれないが、選択肢の数が多すぎたり、選択機会が多すぎたりすると別の選択肢をあきらめるのにコストを要したり、選んだ選択肢を後悔することにつながり、動機づけや幸福感が低下するとしている。これは学習とは関係ない分野の研究だが、学習場面でも生じるような気がする。

認知された自律性の性質と内発的動機づけとの関係を探求するモデルでリーヴら（Reeve et al., 2003）は因果の内的位置（活動が外的力によるのでなくその個人により始められ、自分で統制できるという個人の認知）と意思（個人がある行動に従事するように強いられるのでなく自由に感じるという感覚）の二つは自己決定の妥当な指標であったが、認知された選択はそうではなかったとしている。そのことは共分散構造分析により明らかにされ、自律性が先の三つのどれを含むと最もモデルとフィットするかが検討されたが、認知された選択や選択させることはモデルの適合度を一貫して減らし、自律性と内発的動機づけの間の関係を弱めたと結論づけている。

また、バウメイスターら（Baumeister et al., 1998）は自己調整の観点から選択活動も自己制御も努力を要し、それらは限定されたリソースから引きだされるので、あまり使いすぎると枯渇する可能性があるとしている。意思を伴う活動や自己調整は結果的に自我枯渇（ego depletion）を招き、その人は活動を始める力を低減させ、選択する力も自己調整する力も失っていくと述べている。そして具体的な研究としてディベートでどちらの側に立つか選択権を与えられた群と与えられなかった群の比較をして、前者は後者に比べて長時間、ねばることなく、その後のパズルの解決にもあまり取り組まなかったとしている。

さて、対立する結果が示されており、選択は内発的動機づけにとって有効なことか否か混乱する面もあるが、特に自己決定理論の枠組みから考えるならば、選択が基本的心理的欲求を満たすようなものか否かが決め手になろう。ただし、ここでは関係性ということはほとんど無関係で自律性と有能感が満たされる選択か否かが肝要と考えられる。前にも引用したが、パタールら（Patall et al., 2008）は選択の内発的動機づけへの効果についてのメタ分析の結果として、選択の効果は部分的に自律性の感覚が増大する程度によっているとしている。そして第一に特別の選択肢を選ぶように微妙に圧力をかけられたり、魅力度が異なる選択肢を与えられたりした選択は真の選択の持つ感覚を減少させる望ましくない効果をもたらす、第二に選択に対して外的報酬が与えられると、報酬が外的な力で統制されているという感覚を当事者に伝えるため、報酬を選択したり報酬を与えられない場合に比べて選択の効果はゼロに近いものになるとしている。このようにただ選択させれば内発的動機づけが高まるわけではなく、児童・生徒にとって選択がどのような意味を持つかを十分に考慮して実行することが望まれる。

4　引く力としての自己との関連性

内発的動機づけをもって前のめりになっている児童・生徒に押す力はあまり必要とは思われない。引く力こそ重要である。そして、その引く力となるのは端的にいえば、その個人との関連性のある事象がその授業で扱われることであろう。従って基本的には個人個人、魅力に感じるものが異なるので一概に言えないが、比較的共通性を持つことでいえば日常生活や社会生活で身近に感じていることを教材にすることが肝要だろう。現実に現在の特に小・中学校ではそれぞれの教科の単元の内容を身近なものにするためにいろいろな工夫がなされている。

藤川ら（二〇一八）のＮＰＯ法人企業教育研究会は独自に「企業と連携した授業づくり」を行っているが、そこで考えられているような課題は内発的動機づけを引き出すだけでなく、企業との関係から社会的な重要性も意識され、同一化的動機づけも促進するようなものと考えられる。その研究会の授業づくりの狙いは子どもたちに学校内だけでは出会えない「リアルな社会とのふれあい」を提供することだとしている。変化していく社会に対応してキャリア教育、食育、情報モラル、環境問題、防災など教育すべき新しい課題が次々に生まれている現実がある。そのような課題を使って子どもたちに魔法をかけて子どもの心を奪うような授業を構成し、発表している。

例えば、中学生を対象にして「未来の生徒会選挙」をテーマにしたアニメ教材を作り、楽しみながらデータ分析を行い、近年注目されているビッグデータのようなものが社会でどのように活用されているかを理解させようとしている。そのような授業を通して自分の身の回りでデータ分析が様々に活用されており、世の中で生起していることを理解するうえで数学の勉強が役立つことを自然に学ばせるものになっている。また、この授業の構成には実際に日本アイ・ビー・エム株式会社の社員が関与し、授業にも参加している。

これは単にこれまでの通常の内発的動機づけの高め方とは異なる。これまでの多くはその授業内だけに留まるような児童・生徒の内発的動機づけを高めるものであったが、企業が関与することで、子どもたちにはこのようなことを将来の仕事として考えたいという者まで現れる可能性がある。現代という生の社会の一部と対面させ、日頃の教科学習の意味をその問題に関連させ、自分の将来像まで考えさせる機会を与えるという意味でまさに「自生的内発的動機づけ」も促進できる授業であると考えられる。今、中学で勉強している自分と現代社会との関係、今の自分と将来の自分との関係などを思い描くことが特性的、持続的な内発的動機づけにつながっていくと思われる。

引用文献

寺田未来・石上浩美・福嶋ゆい・中川和亮・中島梓　二〇一七　他律から自律を促す学習支援とは―分野越境から実践をふりかえり諸理論とのリンクを試みる―　日本教育心理学会第五九回総会発表論文集　四二―四三

速水敏彦　一九九八　自己形成の心理―自律的動機づけ―　金子書房

Patall, E. A.　2012　The motivational complexity of choosing: A review of theory and research. In R.M.,Ryan(Ed.) *The oxford handbook of human motivation*.pp.248-279.Oxford University Press.

Zuckerman, M., Porac, J., Lathin, D.,Smith, R., & Deci, E. L.　1978　On the importance of self-determination for intrinsically-motivated behavior. *Personality and Social Psychology Bulletin*, 4(3), 443-446.

Cordova, D. I., & Lepper, M. R.　1996　Intrinsic motivation and the process of learning: Beneficial effects of contextualization, personalization, and choice. *Journal of Educational Psychology*, 88(4),715-730.

Amabile, T. M., & Gitomer, J.　1984　Children's artistic creativity: Effects of choice in task materials. *Personality and Social Psychology Bulletin*, 10(2), 209-215.

Patall , E. A., Cooper, H., & Robinson, J. C.　2008　The effects of choice on intrinsic motivation and related outcomes: A meta-analysis of research findings. *Psychological Bulletin*, 134(2), 270-300.

Schwartz, B.　2000　Self-determination: The tyranny of freedom. *American Psychologist*, 55(1), 79-88.

Reeve, J., Nix, G., & Hamm, D.　2003　Testing models of the experience of self-determination in intrinsic motivation and the conundrum of choice. *Journal of Educational Psychology*, 95(2),375-392.

Baumeister, R. F., Bratslavsky, E., Muraven, M., & Tice, D. M.　1998　Ego-depletion: Is the active self a limited resource? *Journal of Personality and Social Psychology*, 74(5), 1252-1265.

藤川大祐・阿部学（編）ＮＰＯ法人企業教育研究会（著）　二〇一八　企業とつくる「魔法」の授業　教育同人社

忍耐力

研究随想 10
掃除と学力の関係

二〇一五年二月二一日のNHKのナビゲーションという番組で福井県がなぜ、学力が高いのかについて報道がなされていた。そこでは第一に福井県の先生の多くが小・中両方の教員免許をもち、実際に小・中両方の学校を経験している人が多いこと、さらに中学の教科指導では、同一学年でなく、全ての学年を担当するように割り振られていることなどがあげられていた。すなわち、先生たちは小・中をとおした九年間の学習の流れを十分把握していることになる。そうすれば理解できない子どもに直面した時、どこでつまずいていたのかなどの推測もしやすいというのである。

しかし、私が最も感心したのは、福井県の児童・生徒たちが掃除を実に真面目にやる姿であった。ふつう小学校も高学年になると、先生に言われても掃除をサボろうとし、あまり真面目に取り組まなくなる子どもは多くなる。そして、中学では大半が掃除に取り組んでいないと思われる学校も少なくない。しかし、福井県では清掃時、まず、全員が体育館に集まり、正座して瞑想してから一斉に雑巾がけをしていた。なぜ、掃除を重視するかについて先生は、勉強もつらいものなので掃除のつらさをのりこえることが勉強のつらさをのりこえることにつながると述べていた。さらに福井では宿題も多いらしい。毎日多くの教科で宿題が出され、朝必ず提出することが義務付けられているようだ。さらに家では家族がそれをチェックすることも求められているという。

内発的動機づけとはいいがたいが私は納得できる気がした。

第11章　内発的動機づけと自律的動機づけの融合

1節　内発的動機づけを見直す

1　内発的動機づけの現実

前にも述べたように学校場面では内発的動機づけによって学ばせることが最もよいことであり、そのように授業を構成することが望ましいという考え方がやや神格化している。もちろん、全ての学習で内発的動機づけだけで学習ができるのは理想である。そして、学ぶこと自体が楽しいのであれば、学業の問題で悩むこともなく精神的にも健康でいられるに違いない。しかし、内発的動機づけによる教育が目指される中、残念ながら、現実として勉強が好き、学習が楽しいという子どもの数は期待されるほど多くはない。ベネッセ教育総合研究所（二〇一四）によれば、勉強が好きかどうかを尋ねたところ、とても好き、まあ好きと肯定的に答えた割合は小学四年生で66・8％、小学五年生で62・8％、小学六年生で55・6％、中学一年生で38・8％、中学二年生で36・6％と学年があがるにつれて激減している。

日本の児童・生徒の内発的動機づけは高くないという指摘は多いが、現実に今の教室を覗いてみれば、教室内では昭和の中頃と比べたら各段に明るい声が飛び交っているように筆者には思われるし、教室で使われている教材もデジタル教科書やパソコンだけでなく、実に多様だ。では、なぜ、特に中学生・高校生では内発的動機づけは高まらないと判断されやすいのだろうか。

まず、第一は何よりも内発的動機づけ自体の定義が曖昧で、前にも指摘したように特に日本の学会や教育界では「内発的快楽」を偏重しているきらいがあることである。内発的動機づけとはその個人の内部から湧き上がるものというのが最も中核的な意味で、熟達、挑戦、独立達成等も含まれる概念であるが、そちらはあまり焦点が当てられず、面白さや楽しさから湧き上がるものという側面が強調されていると考えられる。私自身も先のベネッセ教育総合研究所の例や第1章の国立教育政策研究所の例（二〇一六）を出して現代の子どもたちの内発的動機づけがあまり高くはないことを示そうとしてきたが、それらの調査の具体的内容は「楽しいか」とか「好きか」という「内発的快楽」だけを見ようとしているように思われる。それゆえ、今さらという感じもしないわけではないが、内発的動機づけを明確に再定義してそれに則って検討していくことこそ研究のうえでも実践のうえでも肝要と思われる。

それに関連して、特に最近の思春期の子どもは勉強に真剣に取り組んでいると仲間に見られることをむしろ嫌う傾向にある。そのため「勉強が好きだ」とか「勉強が楽しい」とか勉強について肯定的な回答をすると、それこそ仲間外れにされるとか、ダサイとか批判されるのではと心配する者も少なくない。さらに、日本人は文化的伝統としてポジティブな感情を明確に表出しない傾向があり、質問紙に表れるのはやや抑制された結果だとも考えられる。それは自尊感情の質問紙での比較文化的研究で日本が他国に比べて相当低い結果になることと通じるところがあるように思われる。

第二に今の世の中には昔に比べて子どもたちの好奇心を誘うものがあまりに多いことがあげられる。テレビゲームだのスマートフォンだの興味を持って遊ぶもの、操作するものが子どもの身の回りに散在している。教師が授業のために自作した教具であっても、そのようなものに比べると面白さ、新奇さは低いのかもしれない。つまり、好奇心なり、興味を感じるレベルが高くなっていることがある。川島（二〇一八）はスマホが学力を破壊するとして、スマホをやめるだけで偏差値が一〇上がることをデータから論証している。

第三には子どもの親たちの多くは楽しく勉強させることより、優秀な成績をとり、優れた上級学校に行くことが子どもにとって何より幸せなことだという信念が依然強いことである。そのため、いくら教師が授業を工夫してもそれは一種の清涼剤的なものとしか受けとめられない。子どもの学力習得の状況によっては学校教育を軽視して、塾での学習を中心的な学びの場ととらえる親もいる。教育を支援する親たちの中核的価値観が変化しない限り内発的動機づけの歓呼は表面的でむなしいものになる。

このように現代の児童・生徒の内発的動機づけが低いと判断される要因はいろいろあるが、ＯＥＣＤによる生徒の学習到達度調査で実際の成績がかなり高いのは、現実には内発的動機づけ以外の何らかの動機づけで勉強をすすめているためと考えることもできる。

2　内発的動機づけへの期待

近年ではＡＩの発達の目覚ましさが多くの人の知るところとなり、仕事の効率化などで期待が集まる一方、現在、人間が行っている仕事の多くが何十年か後にはＡＩにとって代わられるだろうと予想され、さらにはシンギュラリティ（真の意味でのＡＩが人間の能力を超える地点）の到来が喧伝され、一種の恐怖ももたらしている。教育においても、これまで学習の中心であった物事を覚えていくことが人間よりもＡＩの方が優れているという報告などからすれば、これから学校教育でつけていく学力そのものの中身が問われているともいえる。

そこでこれから特に教育すべき学力について多くの識者によって指摘されているのは答えが一つでない問題を解く力とでもいうようなものである。論理的に明確に説明ができる知識についてＡＩは確実に答えを導くことができるが、多面的に解釈し、多くの観点を組み合わせ、新しい知見を導くような仕事がＡＩは不得意であるらしい。そこで求められるのが柔軟な思考力とか創造力とかいうものである。しかし、「東ロボくん」開発のリーダーで最もＡＩに精通していると思われる新井（二〇一八）は現在の中・高生の教育でまずもって最も力をいれるべきは読解力を磨くことだと断じている。

もっとも、創造力であれ、読解力であれ、内発的動機づけで学習すればその効果は上がるものと予想される。内発的動機づけは学習対象に集中させる、没入させる力があると想像されるからである。その意味で内発的動機づけを重視する教育は間違っていない。

だが、考慮せねばならないのは学ぶ内容は学年が上がるにつれて難しいものになっていくという現実である。それは当然のことで今まで習ったことの繰り返しや前よりも易しいことをやっていたのでは学ぶ意味がない。学年があがるにつれて学習者にとっては心理的に負荷のかかるのは当然といえる。それ故ますます、学習者たちが楽しく面白く感じるような授業での仕掛けをして児童・生徒の内発的動機づけを高めていこうというのは理に適ったことといえる。しかし、そのような教師の工夫により生じる内発的動機づけは主に学習のとっかかりに働くものである。学習内容の困難度があがるほど、学習開始から理解にいたるまでの時間は長くなっていく。その間に、教師から与えられた内発的動機づけは消滅してしまうことが多い。つまり、それは十分内面化していないまま終わる内発的動機づけなのである。これから期待されるのは本人自身の側でしっかり生成され、持続的な内発的動機づけ、第9章で自生的内発的動機づけと呼んだものである。しかし、それは外発的動機づけの形成や内面化と不可分な関係にあるものと思われる。

2節　自律的動機づけを見直す

1　自律的動機づけの再定義

自己決定理論で自律的動機づけという場合は自律性の次元上で高い自律性を有する内発的動機づけ、統合的動機づけ、同一化的動機づけの三つをまとめたものであった。一方、自律性の低い、外的動機づけ、取り入れ的動機づけは統制的動機づけあるいは他律的動機づけとしてまとめられた。しかし、筆者は自律性の程度の概念は社会化を想定した外発的動機づけの分類に適用されるべきで、内発的動機づけは別次元のものとして扱うのがよいという理由で内発的動機づけを自律的動機づけの範疇にいれないことを提案した。また、自己決定理論では取り入れ的動機づけと同一化的動機づけの間に統制―自律の区分がなされているが、筆者の諸変数と動機づけの関連の研究から、その区分はむしろ、外的動機づけと取り入れ的動機づけの間ですべきと提案した。すなわち、筆者は取り入れ的動機づけと同一化的動機づけを自律的動機づけと呼ぶのがよいと考える。

取り入れ的動機づけを自律的動機づけとしてみなすことにこだわるのは、社会の価値を受容し自分の意思で行動することを決定し自分で行動調整しようとする姿勢は、他者から言われたままに自分の意思を全く反映させないで動こうとする姿勢と絶対的な違いがあると思うからである。そして、現実の社会では我々は自分の好き嫌いとは関係なく、新しい行動の仕方を身につけなければならないことはあまりに多い。そのような場面で機能するのは外的動機づけか、取り入れ的動機づけのどちらかであろうが、外的動機づけで行動する場合は自分と課題なり、仕事との関係がほとんど意識されていない。ただやりさえすれば、大人や上司から叱られなくて済んだり、報酬が得られたりする。しかし、取り入れ的動機づけで行動する場合は自分との関係が認知され意識されている。やらなければ恥ずかしいと感じ、やっておかねば将来不安だという感情が芽生えることは自分が自律的に勉強なり仕事することに責任を感じていることに他ならない。同一化的動機づけの段階になればさらに勉強や仕事に価値を感じることでより能動的な取り組みになる。

人は一方的にやらされていると感じればそれ以上のやる気は生じにくいが、自律性の度合いが高まるほどやる気は高くなる。他律的環境下でもより自律的に行動することが勉強や仕事を効率化し、さらに精神衛生上も望ましい。特に就職の場合、望まない分野に就職が決まり、外的動機づけで仕事を始めざるをえない人も少なくない。しかし、もし、それだけの動機づけしか持たないとすると長期間続けることは難しい。当然だが、抑うつ的な気分が蔓延するからである。一方、職場での他の人たちとの関わりや、これまで全く想像しなかったような経験から自分と仕事との関係を見直し、仕事に少しでも自分の意思を反映できるところを見出すと、つまり自己責任を感じるようになると仕事の楽しさも経験できるようになる。たとえ楽しくなくても自分の意思で自分の行動をコントロールできるようになる自律的動機づけの育成こそ、人間形成に最も大切であると考えられる。

ただ、本書で扱った研究は自律性の概念を見つめ直すことを重要な観点として掲げながら、実際のその査定については項目内容がそれに十分見合ったものであったのか検討することなく、実行されていることを反省せざるを得ない。具体的には基本的心理的欲求として自律性の概念を扱っているが、他者の作成した項目を利用しただけで項目の内容的妥当性自体が疑わしい。ここでいう自律性の概念に対応する自律性の尺度そのものを作成して検討することも必要であろう。

2　自律的動機づけと内発的動機づけが支え合う

学習行動も通常一つの動機づけだけに作用されるものではない。前にも述べたように複数の動機づけが働いているとみるのが自然であろう。ところでこれまで内発的動機づけと外発的動機づけの関係については外的報酬が内発的動機づけを低減させるというアンダーマイニング効果があまりにも刺激的なものだったためか、その他の側面についてはあまり論じられていない。特に外発的動機づけといっても自律性を持つ内面化された外発的動機づけ、筆者のいう自律的動機づけと内発的動機づけの関係をどのように捉えるべきであろうか。

調査から得たデータで相関を見る限り、両者はかなり強い関係があり、全体として内発的動機づけが高い人は自律的動機づけも高いといえる。有能感は両方の動機づけに強く関係していたが、有能感は動機づけを規定するだけでなく、動機づけを持つことで有能感が高まるという逆の関係も考えられる。そして、ある対象について取り入れ的動機づけや同一化的動機づけで学習し始めた人が、学習がどんどん進み有能感や効力感をますます強く感じるようになりより能動的に学習したいという内発的動機づけを高めることは十分考えられる。その場合は自律的動機づけが基になって内発的動機づけが形成されたことになろう。

また、本書では内発的動機づけの中でも成長に伴い自生的内発的動機づけと称するような比較的遠い未来の目標に向けて持続する動機づけがあると提案したが、これは長期にわたるだけに常に快感情を経験するわけでなく、その過程では負の感情、不快感情とも遭遇することも予想される。そのような内発的動機づけは、外発的な自律的動機づけをほとんどもたないような人は成立しがたいと考えられる。自律的動機づけを持つ人は基本的には負の感情と対峙した経験を持つ人と考えられ、そのような動機づけは自生的内発的動機づけを支えることになろう。

一方、自律的動機づけだけを持つ人よりも内発的動機づけも持つ人の方が、社会的重要性だけから学習するような場合もより明るく積極的に取り組めるように思われる。

つまり、両者は融合することでより理想的な動機づけとして機能するといえよう。ただ、ここで融合という言葉は次のようにかなり広い意味で用いたい。まず、同じ対象なり目標への動機づけの場合、第一は同時に内発的動機づけと自律的動機づけが文字通り融合してどちらか一方の動機づけとはいえないかたちで働く場合である。それは統合的動機づけと呼ばれるものに近いかもしれない。第二には目標のある側面には内発的動機づけが、別の側面には自律的動機づけが働く場合である。たとえば読解力をつけることを目指す場合、自分の好きな小説や詩の読解力は内発的動機づけで、苦手な論説文の読解力は自律的動機づけでという具合である。第三には時間的な違いで、目標到達のために最初の頃は内発的動機づけが、目標到達に近づくと自律的動機づけが働くような場合である。さらに人は一つだけの対象や目標に向かって学習しているわけではない。多くの目標に同時に向かっているともいえる。ある目標に自律的動機づけで向かっていた人が、別の目標には内発的動機づけで向かうような場合、自律的動機づけを経験したことは別の目標での内発的動機づけで行動する場合にも望ましい影響があると考えられる。たとえば、自律的動機づけである資格試験の勉強をしている人が、趣味の料理についてさらに深く学ぼうとする場合、基本的には内発的動機づけが働くがどんどん手の込んだ料理を学ぼうとすれば、試験勉強で機能している自律的動機づけも生かされると考えられ、これも融合と呼ぶことにする。要するに学習動機づけとして内発的動機づけだけがあればよいわけでなく、自律的動機づけとして再定義した同一化的動機づけや取り入れ的動機づけも必要で、逆もまた真なりということになる。

ノーベル賞受賞者の山中伸弥教授はある講演（山中、二〇一〇）で自分の恩師の一人である元グラッドストーン研究所の所長であり、フォルクスワーゲン（Volkswargen）に乗っていたロバート・メイリー博士から研究者としての人生の成功には「VWが大切」ということを言われたと語っている。そのVはVisionであり、WはWork hardだという。つまり、ビジョンをもって、そのために一生懸命に働くことが大切だという。そして、日本人の場合はハードワークの方は問題ないがともするとビジョンを失っている、としている。

このように研究者にとっても夢や希望を含んだ長期的目標を持つということは極めて大切なことである。それは、現在の日本の青少年に対しては逆に夢をもてばやること自体が楽しいが、地道に日常的に学習することが大切であることも示唆していよう。だとすれば、日々の努力は目標到達への手段でもある。ハードワークは苦しさを内包しており、内発的動機づけだけでは行えない強い意思が必要である。自律的な外発的動機づけが内発的動機づけと一緒に働くことで大きな成果が期待できるものと思われる。

引用文献

ベネッセ教育総合研究所　二〇一四　小中学生の学びに関する実態調査速報版
文部科学省国立教育政策研究所　二〇一六　ＯＥＣＤ生徒の学習到達度調査―二〇一五年調査国際結果の要約―
http://www.nier.go.jp/kokusai/pisa/pdf/2015/03_result.pdf
川島隆太　二〇一八　スマホが学力を破壊する　集英社
新井紀子　二〇一八　ＡＩ vs. 教科書が読めない子どもたち　東洋経済新報社
山中伸弥　二〇一〇「日本人は一生懸命働く。ただ、そこにビジョンがない」
https://logmi.jp/business/articles/37307

向上心

研究随想 11

こうと決めた道、ひたすら反復

お笑い芸人、プロボクサー、俳優、画家と多才な片岡鶴太郎さんは中学三年の時、夏休み前の成績はクラスの下から数えて二、三番だったが、憧れの年上の女子生徒が通う高校に入りたくて夏休みに猛勉強し、夏休み明けの実力テストでは学年で十番以内になったという（二〇一八年三月一日　朝日新聞夕刊）。その時の担任の先生の「お前は、やればできる」と励ましてくれた言葉が自信につながったようだ。そして、これを通して「何かを得るには反復練習」という人生で核となる教訓をえたと述べている。現在はスティーブ・ジョブズらの影響を受け瞑想に関心を持ち、毎日、瞑想やヨガを四時間、その後一日一食の食事に二時間かけ修行者のような生活を一日も欠かさずに六年続けているという。「自分の気持ちに従い、反復して高めることが、気持ちのいい生き方を開くのです」と言っている。

鶴太郎さんは当時、おそらくあまり好きではなかった学校の勉強を、反復練習することで克服した。そして、憧れの女子生徒のいる高校に入りたいという外発的動機づけで学習行動を推進するために反復練習という最も基本的な方法を用いた。その方法でそれなりの成果を得たことで、大人になって内発的動機づけで始めたことも、その道を究めようとして、同じように反復練習しているということであろう。これは向上心という意味での内発的動機づけで行うことも、本来外発的動機づけを働かせる時の常套手段である反復練習という本人にとっては多少なりとも忍耐を伴う方法が必要ということである。そういえば、幸田露伴の『努力論』にも努力しないと「好きなこと」は実現しないという意味のことが書かれている。

伸縮する心

研究随想　12

他者の栄光

私がかつて勤務していたN大学ではここ数年、ノーベル賞受賞者が続き、沸きに沸いている。受賞者の名前を冠した建物が建ったり、大学内の通りの名前が「ノーベルロード」などとなり、観光名所になったりした。総長ら大学の主要メンバーたちは、入学式や卒業式など様々な場面での挨拶で、しばしば自由闊達を校風とするN大学だからこそノーベル賞に値するような研究ができたのだと胸を張る。いや、自分などもN大学と全く関係のない人たちとの雑談ではしばしば誇らしげに話していたような気がする。

それだけではない。ごく最近ではN大教育学部附属高校の生徒が将棋の世界で卓越した実力を示し、日本中が注目するところとなっている。聞くところによるとN大に所属する院生や教員たちまでも他大学の研究仲間たちに何かのきっかけを見つけて、ついついその生徒の話までしてしまうという。

人は自分に少しでも関係がある人が特に優れたことをして栄光に浴すると、自分も快適な気分になり、やる気まで高まり、そうでない立場の人に話したくなるようだ。冷静に考えれば、先ほどの例も気分を良くしている人たちは直接、当人に会ったこともない人が多い。

人は、意識はしなくとも常に少しでも自分の自尊感情を高められる機会をうかがっているのではなかろうか。例えば、スポーツ観戦の好きな人の多くはある選手やあるチームのファンである。そこでテレビや新聞で選手の活躍やチームの勝利の情報をいち早く得ようとする。だが、逆のこともある。ひいきの選手やチームが負けたことで一日中重い気分で、仕事への意欲まで減退する。

学生のスポーツ界で活躍した人がプロのチームに入る際の記者会見で「みんなに勇気を与えられようになりたい」とよく言うが、私のようなひねくれ者は、この言葉を聞いてライバルチームを応援する人は勇気を奪われるかもしれないのにと思ったりする。

たとえ、世界規模のノーベル賞やオリンピックの金メダルであったにしても、受賞者に勇気づけられ、やる気を高める人は確かに多いが、それに届かなかった人を応援なり支援していた国の人たちの心は、残念ながら萎縮する可能性が高い。

おわりに

内発的動機づけの概念に出会って以来、それに関する多くの学術的研究論文や教育雑誌論文を読むたびに自分の経験や、自分が観察した学校での児童・生徒・学生たちから推測する心象風景とのずれを感じてきた。本書を書き終えてやっとそのもやもやが幾分晴れたという喜びはある。しかし、一方で、ここで論じたことは教育心理学を専門にしていない人や学校教育に関わっていない人にとっては、あまりにも常識的なことのようにも思える。

ほぼ半世紀もの間、教育に携わる人たちは教育心理学の卓見として仰ぐ「内発的動機づけ」にややががんじがらめになってきたのではあるまいか。少なくとも教育現場では「内発的動機づけ」だけでは教育がたちゆかないことを十分認識していながら、教育をみんなで議論したり、自分なりの教育論を文字におこすような公的な場では、内発的動機づけを批判したり、内発的動機づけに背を向けたりすれば、真っ当な教育者ではないように見られると感じていたのではなかろうか。その意味で「内発的動機づけ」は教育心理学の世界では神話だったといえる。

今年の正月に例年のように娘たち夫婦とともに孫たちも我が家に集まった。小学一年生の孫は正月のご馳走を食べるのもそこそこに畳の上に何やら開いてゲラゲラ笑いながら書き始めた。私が近くによって見るとそれは二、三年前から話題になっている「うんこドリル」だった。漢字の練習や計算の練習に「うんこ」という言葉がはいるだけでこれほど子どもの、まさに本書でいう他律内発的動機づけを高めるものかと感心した。しかし、一方で、数年後にもこの孫は寝食も忘れて勉強するだろうかとも考えた。

思春期にさしかかるであろうこの孫にとって数年後にも「うんこ」が効力をもつとは思えない。

勉強を多かれ少なかれ重荷に感じるようになるのは小学校高学年以降であろう。その頃からの教育にも「内発的動機づけ」だけを金科玉条のごとく考えるのはいかがなものだろうか。学校教育が一人の社会人、大人としての知識、技能、思考力を培う場であるとしたら、何よりも自分の意思で自分をコントロールしながら学習を進めていく自律的な姿勢こそもっとも大切である。もちろん、内発的動機づけを否定しているわけではない。個性化を図る意味でそれぞれの個人が何に内発的動機づけをもてるかを探っていくことは教育の一側面として貴重なことではある。ただ、通常の授業を中心として学習指導要領に記された共通の内容を学ぶには内発的動機づけというよりも同一化的動機づけや取り入れ的動機づけといった私が自律的動機づけと再定義した動機づけが中核をなしていることを教育者たちにはもっと強く認識してほしいし、そのような動機づけで教育することに自信をもってほしい。

とはいえ、私が展開した考え方がむろん絶対的なものではない。いや一仮説にすぎないと思っている。昨年、ノーベル生理学・医学賞を受賞された本庶佑博士が医学の世界の知識や理論も絶対的なものでなく教科書に書かれていることやネイチャーやサイエンスに掲載された論文の多くは必ずしも真実でないと公言され、理系のような文系よりはずっと固い「物」を扱う領域でそうなのかと仰天したが、柔らかすぎる「人」を扱っている心理学なら今、理論と言われているものの多くが仮説にすぎないと言えよう。そして、まったく横柄にも古希を過ぎ、ますます頭がまわらなくなった一介の教育心理学者が、世界中の教育心理学者に知られているような自己決定理論に対しても仮説ととらえ、ここで反論したことになる。堂々と横たわるライオンの背後から痩せ細った老犬がやっと「ウッー、ワン」と一声吠えただけのような気もするが……。

しかし、現在のわが国の心理学の研究論文を眺めても、多くが外国の研究者の理論や枠組みを援用して、それを確認するようなものが多いことは半世紀前の学界の状況とあまり変化していないように思われる。外国で誰も使っていないような概念を持ちだすだけで論文として体をなしていないとみる人さえいる。私は本書の中でも勝手に独自に創作した概念をいくつも繰り出した。おこがましい言い方だが日本の研究者が外国の研究に対するコンプレックスから離脱するためにも新たな自作の心理学的構成概念も駆使して、もっと自由に自分の仮説を生成することも必要ではなかろうか。

本書での私の考え方に対しても研究者のみならず、教育関係者の皆様からも様々な視点からご批判をいただくことを願っている。一つの枠にとらわれないで自由に意見を戦わせることで少しずつ真実に迫れるものと考えている。

平成三十一年　三月

速水敏彦

学校段階差の多重比較結果（TukeyHSD）
右上は内発的動機づけ　左下は同一化的動機づけ

	小学生	中学生	高校生	大学生
小学生		***	***	***
中学生	***		**	
高校生	***			***
大学生		**	***	

＊…p<.05　＊＊…p<.01　＊＊＊…p<.001

右上は取入れ的動機づけ　左下は外的動機づけ

	小学生	中学生	高校生	大学生
小学生			***	***
中学生	***			
高校生	***			
大学生		***	*	

＊…p<.05　＊＊…p<.01　＊＊＊…p<.001

右上は他律内発的動機づけ

	小学生	中学生	高校生	大学生
小学生		***	***	***
中学生			***	***
高校生				
大学生				

＊…p<.05　＊＊…p<.01　＊＊＊…p<.001

第７章に関連して

○調査対象

大学生123名（男子74名，女子47名，不明２名）である。

なお，対象者は教育心理学の受講生で各動機づけについての説明は既に講義の中で聞いていた。ただし，講義の中でそれらの発達的変化についてはふれていない。

○５つの動機づけの学校段階差について

学校段階（４水準）を独立変数とした動機づけの多変量分散分析結果

Wilks' λ =.77, F（15, 3489.75）=23.68 p<.001

各動機づけごとの分散分析結果

内発的動機づけ：F（3,1268）=65.85, p<.001,

同一化的動機づけ：F（3,1268）=34.35, p<.001,

取り入れ的動機づけ：F（3,1268）=10.20, p<.001,

外的動機づけ：F（3,1268）=12.42, p<.001,

他律内発的動機づけ：F（3,1268）=53.63, p<.001

第6章に関連して

調査1

○調査対象

大学生77名であった。

○各動機づけ平均値の検定（対応のある t 検定）

同一化的動機づけ　対　内発的動機づけ：t（76）=2.91, p<.01
同一化的動機づけ　対　取り入れ的動機づけ：t（76）=2.37, p<.05
同一化的動機づけ　対　外的動機づけ：t（76）=4.23, p<.001

調査2

○調査対象

研究対象は大学生287名であった。男子120名，女子167名

○自律性支援と統制の動機づけへの影響

自律性支援と統制を独立変数とした動機づけの多変量分散分析結果

自律性支援×統制の交互作用：Wilks' λ =.96, F（5, 256）=2.31，p<.05

自律性支援の主効果：Wilks' λ =.96, F（5, 256）=2.21，.05< p <.10

統制の主効果：Wilks' λ =.97, F（5, 256）=1.83，n.s.

動機づけごとの分散分析結果（有意差が認められたもののみ示す）

内発的動機づけ

自律性支援×統制の交互作用：F（1,260）=4.01, p<.05

自律性支援の主効果：F（1,260）=6.65, p<.01

同一化的動機づけ

自律性支援の主効果：F（1,260）=8.03, p<.01

外的動機づけ

統制の主効果：F（1,260）=7.59, p<.01

○統制の３群の分け方

統制について高・中・低の３群にほぼ３分の１ずつ分けるために次のようにした。統制の平均値は2.89，標準偏差は0.55 であり，平均値からプラス，マイナス1/2標準偏差未満を統制中群（104名），プラス1/2標準偏差以上を統制高群（84名），マイナス1/2標準偏差以下を統制低群（75名）とした。

第5章に関連して

○研究対象

大学生287名　　男子120名，女子167名

○尺度の信頼性係数（α係数）

自律性支援　α =.819，統制 α =.709

○自律性支援および統制の平均値と標準偏差

	平均	標準偏差
自律性支援	3.27	0.51
統制	2.89	0.55

○自律性支援および統制と動機づけの関係

各動機づけを基準変数、自律性支援・統制を説明変数にした重回帰分析（数値は標準偏回帰係数）

	自律性支援	統制	R^2
内発的動機づけ	.161**	-.106	.042**
同一化的動機づけ	.182**	-.049	.038**
取り入れ的動機づけ	.059	.084	.009
外的動機づけ	.030	.242***	.058***
他律内発的動機づけ	.162**	.082	.029*

＊…p<.05　＊＊…p<.01　＊＊＊…p<.001

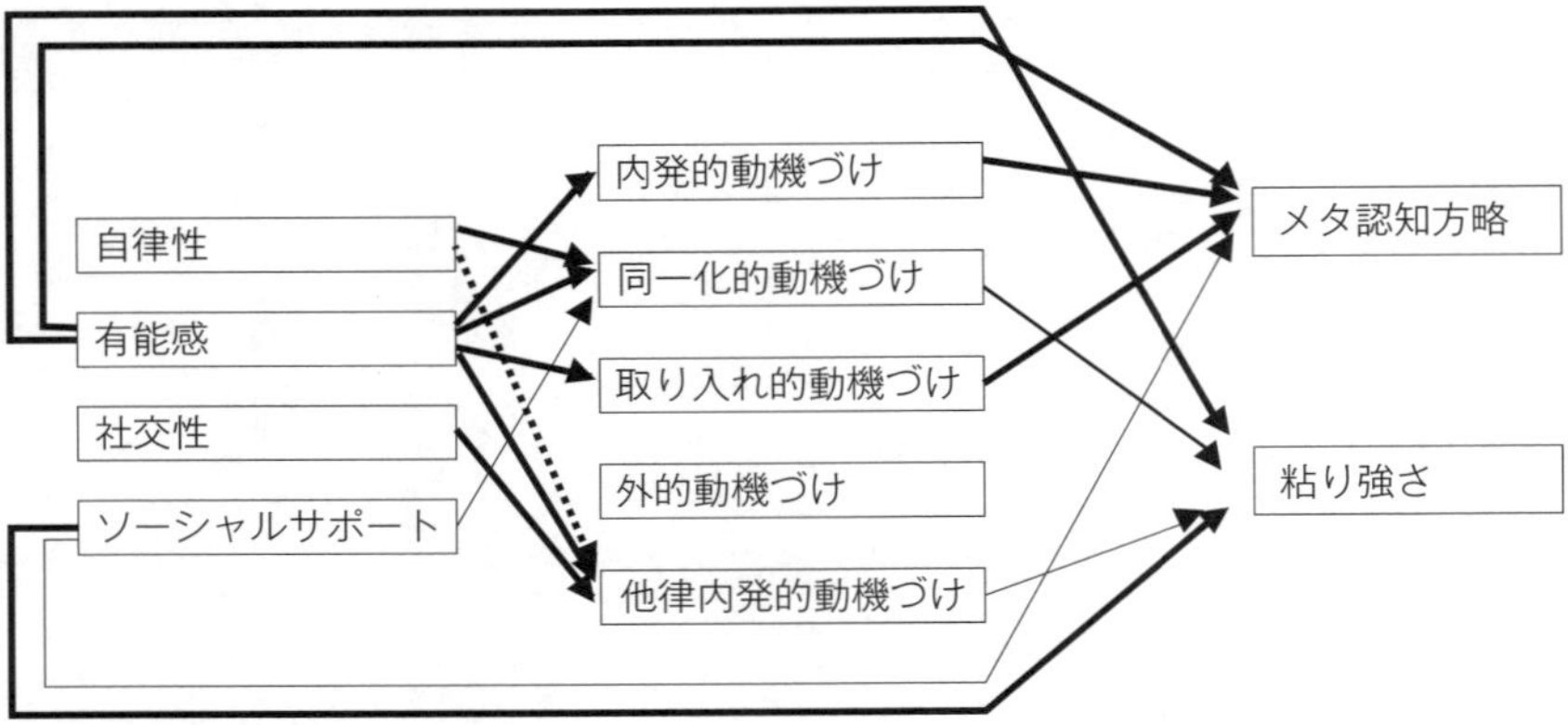

図　高校生の場合のパス図　→ $p<.05$　→ $p<.01$　→ $p<.001$

実線は正のパス　破線は負のパス

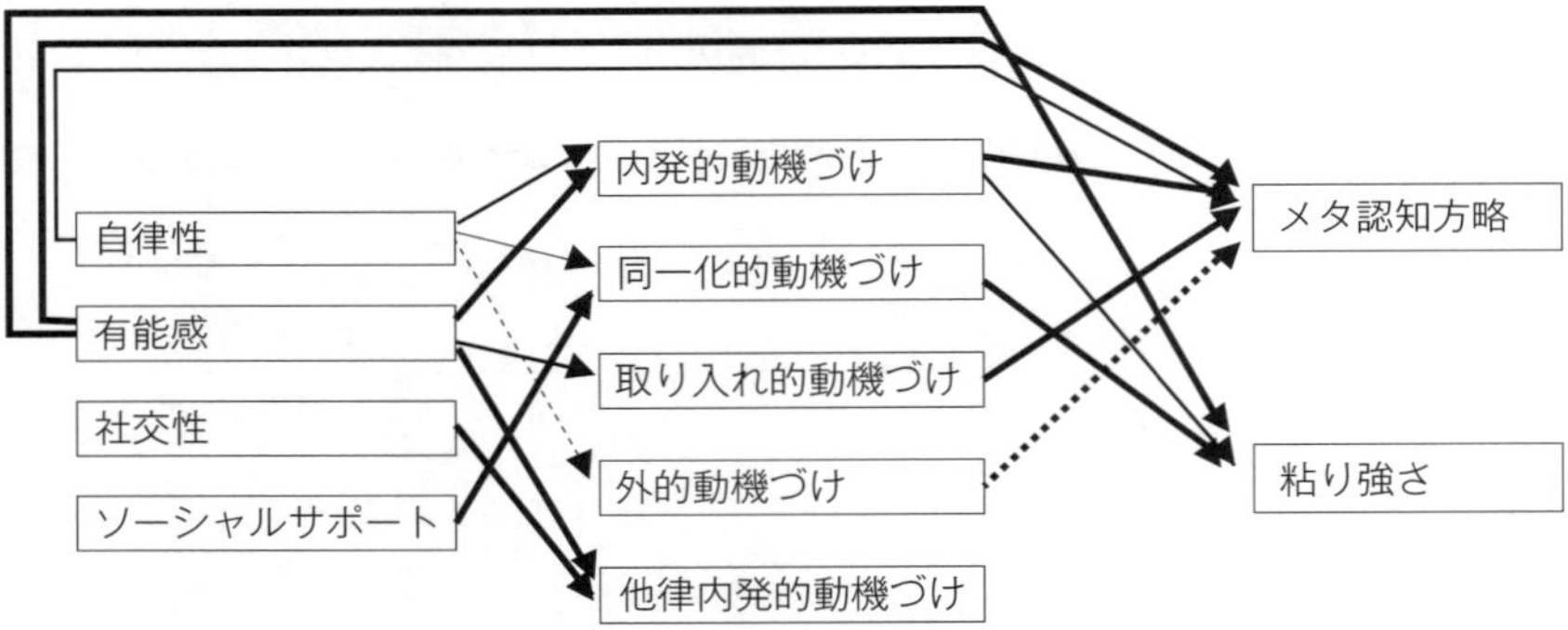

図　大学生の場合のパス図　→ $p<.05$　→ $p<.01$　→ $p<.001$

実線は正のパス　破線は負のパス

○パス図

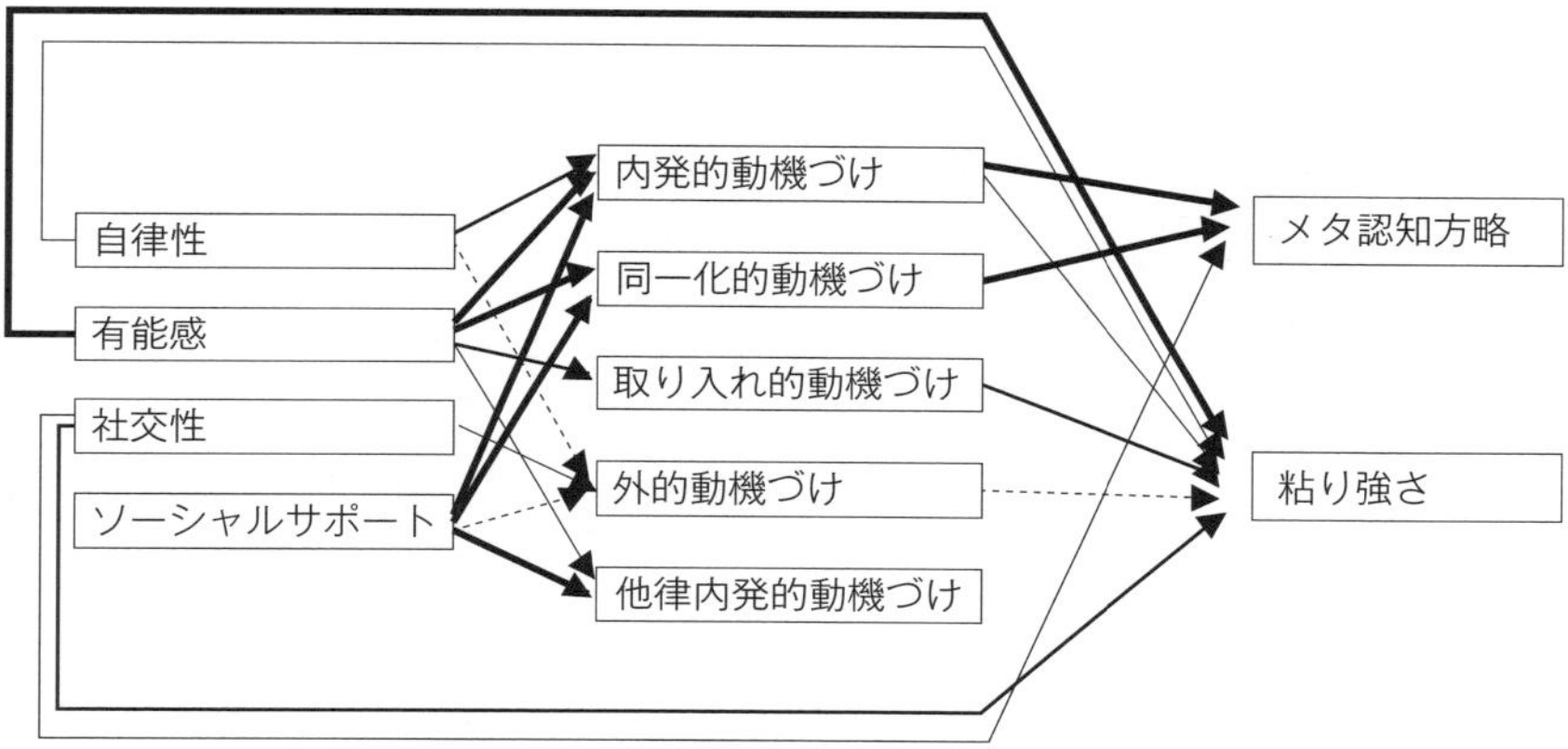

図　小学生の場合のパス図　→ $p<.05$　→ $p<.01$　→ $p<.001$

実線は正のパス　破線は負のパス

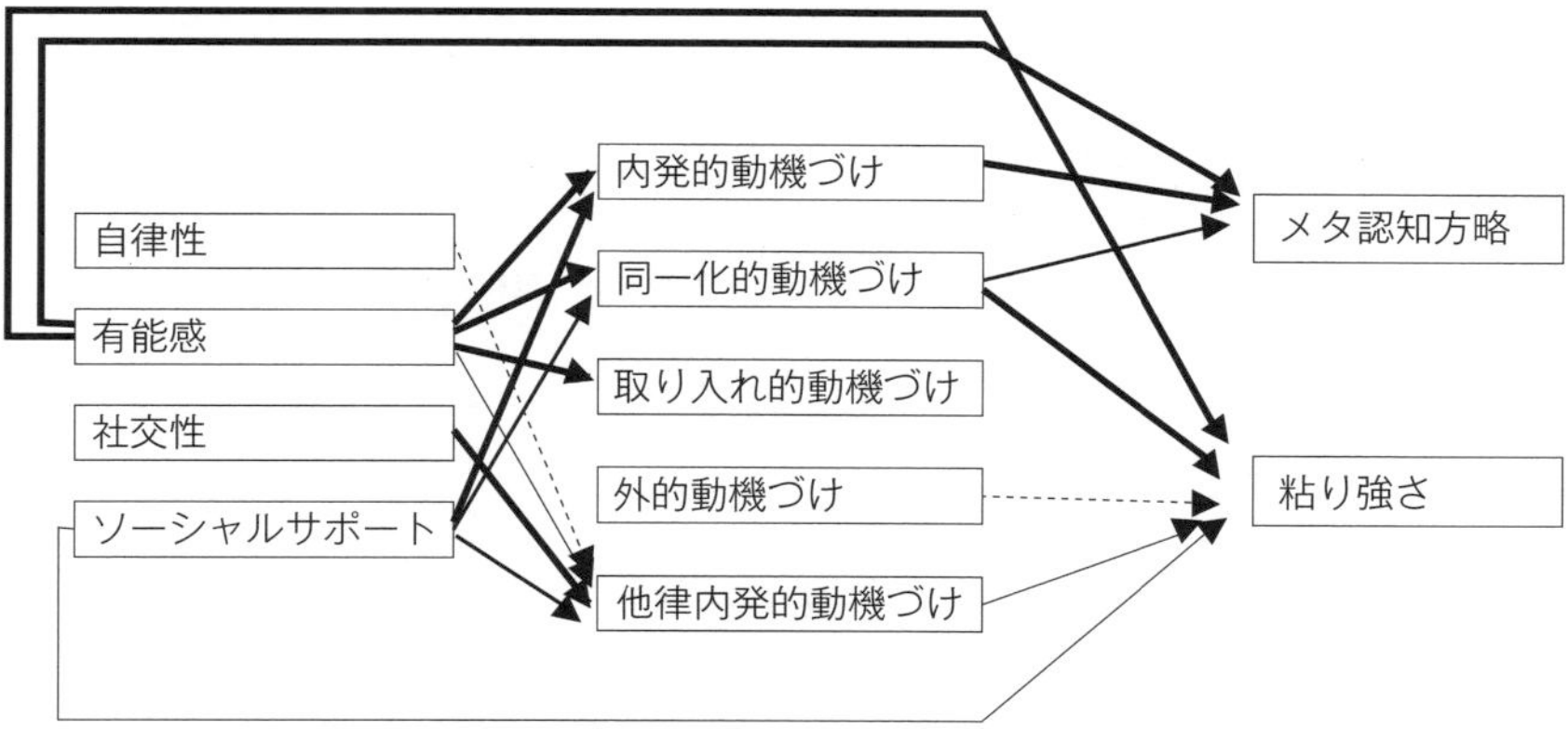

図　中学生の場合のパス図　→ $p<.05$　→ $p<.01$　→ $p<.001$

実線は正のパス　破線は負のパス

○メタ認知方略および粘り強さを基準変数，基本的心理的欲求と動機づけを説明変数とした重回帰分析結果

メタ認知方略の重回帰分析（数値は標準偏回帰係数）

	小学生	中学生	高校生	大学生
内発的動機づけ	.411***	.309***	.211***	.342***
同一化的動機づけ	.253***	.381**	.135	.074
取り入れ的動機づけ	.075	.125	.148***	.223***
外的動機づけ	-.024	-.088	-.030	-.163***
他律内発的動機づけ	-.019	.088	-.067	-.090
自律性	.066	-.048	.035	.131**
有能感	-.014	.240***	.324***	.207***
ソーシャルサポート	.065	.064	.077*	.038
社交性	.130*	-.248	-.087	.072
R^2	.593***	.492***	.497***	.521***

＊…p<.05　＊＊…p<.01　＊＊＊…p<.001

粘り強さの重回帰分析（数値は標準偏回帰係数）

	小学生	中学生	高校生	大学生
内発的動機づけ	.207*	.046	.074	.195**
同一化的動機づけ	.126	.411***	.211**	.354***
取り入れ的動機づけ	.171**	.059	.032	-.002
外的動機づけ	-.139*	-.162*	.000	-.013
他律内発的動機づけ	-.076	.192*	.109*	.035
自律性	.136*	-.087	.059	-.041
有能感	.258***	.344***	.482***	.389***
ソーシャルサポート	-.044	.151*	.114***	.086
社交性	.189**	-.165	-.090	-.070
R^2	.593***	.458***	.542***	.496***

＊…p<.05　＊＊…p<.01　＊＊＊…p<.001

○メタ認知方略および粘り強さ尺度の信頼性係数（α係数）

	小学生	中学生	高校生	大学生
メタ認知方略	.814	.826	.831	.795
粘り強さ	.849	.837	.792	.784

○メタ認知方略および粘り強さの学校段階差

学校段階（4水準）を独立変数とした分散分析結果

メタ認知方略：$F(3,1357)=28.20, p<.001$

粘り強さ：$F(3,1349)=33.90, p<.001$

Bonferroniの多重比較

右上はメタ認知方略について　左下は粘り強さについて

	小学生	中学生	高校生	大学生
小学生		***	***	**
中学生	***			***
高校生	***			***
大学生	***		*	

＊…p<.05　＊＊…p<.01　＊＊＊…p<.001

取り入れ的動機づけの重回帰分析（数値は標準偏回帰係数）

	小学生	中学生	高校生	大学生
自律性	-.115	-.007	-.039	-.145
有能感	.278**	.314***	.366***	.242**
ソーシャルサポート	-.033	.148	-.065	.023
社交性	.143	-.012	.002	.044
R^2	.094**	.132***	.119**	.056*

＊…p<.05　＊＊…p<.01　＊＊＊…p<.001

外的動機づけの重回帰分析（数値は標準偏回帰係数）

	小学生	中学生	高校生	大学生
自律性	-.179*	.011	-.100	-.163*
有能感	-.020	-.076	.002	.050
ソーシャルサポート	-.163*	-.008	-.025	-.022
社交性	.179*	.171	.062	.074
R^2	.048*	.023	.009	.025

＊…p<.05　＊＊…p<.01　＊＊＊…p<.001

他律内発的動機づけの重回帰分析（数値は標準偏回帰係数）

	小学生	中学生	高校生	大学生
自律性	.005	-.090*	-.176***	-.063
有能感	.188*	.100*	.265***	.346***
ソーシャルサポート	.263***	.169**	.086	.078
社交性	.110	.575***	.565***	.397***
R^2	.207***	.451***	.481***	.331***

＊…p<.05　＊＊…p<.01　＊＊＊…p<.001

○動機づけを基準変数，基本的心理的欲求を説明変数とした各学校段階ごとの重回帰分析結果

内発的動機づけの重回帰分析（数値は標準偏回帰係数）

	小学生	中学生	高校生	大学生
自律性	.190**	.003	.066	.201**
有能感	.303***	.416***	.451***	.306***
ソーシャルサポート	.271***	.297***	-.040	.086
社交性	.052	-.037	.035	-.019
R^2	.402***	.289***	.246***	.203***

＊…p<.05　＊＊…p<.01　＊＊＊…p<.001

R^2 は重相関係数でここで得られた重回帰方程式からえられる推測値と実測値の相関で，この値が高いほどそれぞれの説明変数から基準変数を説明する割合が高いことになり説明率ともいわれる。なお，ここで用いたすべての重回帰分析は強制投入法による。

同一化的動機づけの重回帰分析（数値は標準偏回帰係数）

	小学生	中学生	高校生	大学生
自律性	.059	.071	.247***	.173*
有能感	.372***	.358***	.255***	.028
ソーシャルサポート	.227***	.240**	.120*	.337***
社交性	.109	-.052	-.071	.050
R^2	.388***	.225***	.182***	.185***

＊…p<.05　＊＊…p<.01　＊＊＊…p<.001

○基本的心理的欲求の４変数の学校段階別比較

学校段階（４水準）を独立変数とした基本的心理的欲求の多変量分散分析結果

Wilks' λ =.92, F（12, 3453）=9.88, p<.001

各基本的心理的欲求ごとの分散分析結果

自律性：F（3,1308）=0.13, n.s.

有能感：F（3,1308）=9.48, p<.001

ソーシャルサポート：F（3,1308）=10.14,　p<.001

社交性：F（3,1308）=19.88, p<.001

Bonferroni の多重比較

右上は自律性　左下は有能感

	小学生	中学生	高校生	大学生
小学生				
中学生				
高校生	***			
大学生			**	

＊…p<.05　＊＊…p<.01　＊＊＊…p<.001

右上はソーシャルサポート　左下は社交性

	小学生	中学生	高校生	大学生
小学生			***	
中学生	***		**	
高校生	***			***
大学生	***			

＊…p<.05　＊＊…p<.01　＊＊＊…p<.001

第４章に関連して

○基本的心理的欲求尺度の信頼性係数（α係数）

	小学生	中学生	高校生	大学生
自律性	.693	.677	.716	.667
有能感	.802	.797	.813	.804
ソーシャルサポート	.823	.941	.914	.904
社交性	.774	.844	.886	.850

○基本的心理的欲求間の相関係数

右上は小学生，左下は中学生の場合

	自律性	有能感	ソーシャルサポート	社交性
自律性		.668***	.448***	.531***
有能感	.450***		.427***	.558***
ソーシャルサポート	.174*	.304***		.485***
社交性	.466***	.614***	.356***	

＊…p<.05　＊＊＊…p<.001

右上は高校生，左下は大学生の場合

	自律性	有能感	ソーシャルサポート	社交性
自律性		.463***	.147***	.499***
有能感	.487***		.228***	.609***
ソーシャルサポート	.149**	.201***		.271***
社交性	.421***	.593***	.293***	

＊＊…p<.01　＊＊＊…p<.001

大学生の場合，内面化の程度（4水準）を独立変数とした動機づけの多変量分散分析結果：Wilks' λ = .03, F（9, 710.80）=8.08, p<.001

各動機づけの分散分析結果

同一化的動機づけ：F（3,294）=15.22, p<.001

取り入れ的動機づけ：F（3,294）=10.67, p<.001

外的動機づけ： F（3,294）=4.34, p<.01.

多重比較 Bonferroni の検定結果

右上は同一化的動機づけ、左下は取り入れ的動機づけ

	内面化完了	内面化進行中	内面化前疑似	両内発低
内面化完了				**
内面化進行中			***	***
内面化前疑似		***		
両内発低		***		

＊…p<.05　＊＊…p<.01　＊＊＊…p<.001

右上は外的動機づけ

	内面化完了	内面化進行中	内面化前疑似	両内発低
内面化完了		**	**	
内面化進行中				
内面化前疑似				
両内発低				

＊…p<.05　＊＊…p<.01　＊＊＊…p<.001

右上は外的動機づけ

	内面化完了	内面化進行中	内面化前疑似	両内発低
内面化完了				
内面化進行中				
内面化前疑似				
両内発低				

＊…p<.05　＊＊…p<.01　＊＊＊…p<.001

高校生の場合，内面化の程度（４水準）を独立変数とした動機づけの多変量分散分析結果：Wilks' λ＝.70, F（9, 1392.25）=24.71, p<.001

各動機づけごとの分散分析結果

同一化的動機づけ：F（3,547）=47.81, p<.001

取り入れ的動機づけ：F（3,547）=54.00, p<.001

外的動機づけ：　F（3,547）=10.70, p<.001.

多重比較 Bonferroni の検定結果

右上は同一化的動機づけ、左下は取り入れ的動機づけ

	内面化完了	内面化進行中	内面化前疑似	両内発低
内面化完了			*	***
内面化進行中			***	***
内面化前疑似	*	***		*
両内発低	***	***	***	

＊…p<.05　＊＊…p<.01　＊＊＊…p<.001

右上は外的動機づけ

	内面化完了	内面化進行中	内面化前疑似	両内発低
内面化完了			*	
内面化進行中				***
内面化前疑似				***
両内発低				

＊…p<.05　＊＊…p<.01　＊＊＊…p<.001

多重比較 Bonferroni の検定結果

右上は同一化的動機づけ、左下は取り入れ的動機づけ

	内面化完了	内面化進行中	内面化前疑似	両内発低
内面化完了			***	***
内面化進行中	*		***	***
内面化前疑似		*		
両内発低		***		

＊…p<.05　＊＊＊…p<.001

右上は外的動機づけ

	内面化完了	内面化進行中	内面化前疑似	両内発低
内面化完了		**	***	
内面化進行中				
内面化前疑似				*
両内発低				

＊…p<.05　＊＊…p<.01　＊＊＊…p<.001

中学生の場合，内面化の程度（4水準）を独立変数とした動機づけの多変量分散分析結果：Wilks' λ =.67, F（9, 472.30）=9.44, p<.001

各動機づけごとの分散分析結果

同一化的動機づけ：F（3,196）=21.70, p<.001

取り入れ的動機づけ：F（3,196）=15.82, p<.001

外的動機づけ：F（3,196）=1.41 n.s.

多重比較 Bonferroni の検定結果

右上は同一化的動機づけ、左下は取り入れ的動機づけ

	内面化完了	内面化進行中	内面化前疑似	両内発低
内面化完了			*	***
内面化進行中			**	***
内面化前疑似		*		
両内発低	***	***	*	

＊…p<.05　＊＊…p<.01　＊＊＊…p<.001

31	次々考えていくことが楽しいから	.91	-.10	.87	.02	.78	.08	.61	.19
32	やさしい問題を解くことが多いから	.08	.44	.29	.35	.28	.42	-.03	.53
33	疑問を解決するのがおもしろいから	.79	.01	.93	-.08	.88	-.08	.65	.15
34	仲間が授業を盛り上げてくれるから	.12	.57	.09	.66	-.08	.69	-.10	.67
35	勉強している内容をもっと詳しく知りたいから	.84	-.15	.76	.06	.82	-.01	.80	-.04
	因子間相関		.56		.62		.68		.63
	説明率（%）		48.14		53.74		52.94		42.40

△印は削除された項目

○尺度の信頼性係数（α係数）

	小学生	中学生	高校生	大学生
内発的動機づけ	.925	.935	.931	.907
同一化的動機づけ	.864	.844	.861	.871
取り入れ的動機づけ	.775	.859	.847	.851
外的動機づけ	.736	.791	.780	.747
他律内発的動機づけ	.827	.859	.869	.779

○他律内発的動機づけ内面化４群の動機づけの比較

小学生の場合，内面化の程度（４水準）を独立変数とした動機づけの多変量分散分析結果：Wilks' λ =.55, F（9, 462.56）=14.26, p<.001

各動機づけごとの分散分析結果

同一化的動機づけ：F（3,192）=35.49, p<.001

取り入れ的動機づけ：F（3,192）=11.55, p<.001

外的動機づけ：F（3,192）=7.88, p<.001

第3章に関連して

○研究対象

男女別の対象者の人数

	小学生	中学生	高校生	大学生
男子	124	99	373	62
女子	107	122	232	246
不明				8
計	231	221	605	316

注）この対象者の全てが調査項目にもれなく回答したわけではない。それぞれの結果の分析では対応する項目の回答が不完全なものは除去しているので，分析段階でのデータ数はこの人数と必ずしも一致しない。なお，このことは他の調査でも同様である。

○内発的動機づけ項目と他律内発的動機づけ項目の因子分析結果

内発的動機づけおよび他律内発的動機づけ項目の学校段階別因子分析結果
（数値は因子負荷量）

項目		小学生		中学生		高校生		大学生	
		因子1	因子2	因子1	因子2	因子1	因子2	因子1	因子2
1	教材や教科書などがおもしろいから　△	.23	.28	.57	.12	.46	.19	.63	-.06
2	自分でわからないことを調べるのが楽しいから	.63	.04	.85	-.20	.82	-.12	.66	-.03
6	先生の教え方が楽しいから	.11	.66	-.02	.77	.22	.58	.45	.14
7	わかるようになっていくのがおもしろいから	.75	.05	.77	.00	.83	-.09	.89	-.15
11	ゲーム感覚でできる授業だから	-.06	.44	.14	.39	.21	.44	-.20	.60
12	理解できると達成感が生じるから	.74	.01	.72	-.03	.73	-.06	.81	-.10
16	先生が授業で退屈しないようにしてくれるから	-.21	.84	.06	.67	.07	.70	.07	.56
17	勉強していると疑問が次々出てくるから	.38	.31	.53	.21	.57	.09	.46	.27
21	教室全体が楽しい雰囲気だから	.19	.55	-.12	.74	-.21	.80	.04	.57
22	むずかしいことに挑戦していくことが好きだから	.74	.05	.63	.13	.65	.14	.31	.39
26	グループ学習が楽しいから	.27	.49	-.07	.68	.04	.65	-.06	.65
27	新しい解き方ややり方を見つけることがおもしろいから	.76	.09	.84	-.01	.73	.06	.54	.24
28	わかりやすい内容だから　△	.37	.27	.47	.37	.40	.43	.19	.44
29	知識や技能が高まるのがうれしいから	.81	-.10	.77	-.01	.77	.01	.84	-.19
30	おもしろい先生だから	-.17	.82	-.05	.84	-.03	.79	.22	.39

資　料

第２章に関連して

○研究対象

学年	人数
中学１年	62
中学２年	56
中学３年	43
高校１年	105
高校２年	84
高校３年	71

○各尺度の信頼性係数（α係数）

内発的動機づけ	.919
同一化的動機づけ	.914
取り入れ的動機づけ	.867
外的動機づけ	.797

ま行 --------------------------------

や行 --------------------------------

ら行 --------------------------------

な行 --------------------------------

は行 --------------------------------

た行 ----------------------------------

さ行 --------------------------------

あ行 --------------------------------

か行 --------------------------------

索　引

人名 ----------------------------------

著者紹介

速水 敏彦（はやみず・としひこ）

1975年　名古屋大学大学院教育学研究科博士課程満期退学

名古屋大学名誉教授，教育学博士

著書に，『自己形成の心理―自律的動機づけ―』（単著，金子書房），『他人を見下す若者たち』（単著，講談社現代新書），『仮想的有能感の心理学―他人を見下す若者を検証する―』（編著，北大路書房），『感情的動機づけ理論の展開―やる気の素顔―』（単著，ナカニシヤ出版）などがある。

内発的動機づけと自律的動機づけ

教育心理学の神話を問い直す

2019年５月24日　初版第１刷発行　　　検印省略

2022年10月31日　初版第４刷発行

著　者　速　水　敏　彦

発行者　金　子　紀　子

発行所　株式会社金子書房

〒112-0012　東京都文京区大塚３－３－７

電話03-3941-0111㈹／FAX03-3941-0163

振替00180-9-103376

URL　https://www.kanekoshobo.co.jp

印刷 藤原印刷株式会社／製本 一色製本株式会社

ISBN 978-4-7608-3038-1 C3011　Printed in Japan